Entspannte Wochenenden

50 romantische Regionen

Mit Extra-Heft!

INHALT

Stonehenge auf schwedisch:
die Schiffssetzung Ales Stenar.

01 Skåne

Südschweden

Schweden für Anfänger; erstens: Der kleine Kringel über dem „a“ macht aus dem Laut ein langes »o« – wir reden also von »Skooone«. Zweitens: Auch der Norden hat seinen Süden; für einen Bewohner Lapplands ist Skåne fast so exotisch wie Sizilien. Und drittens: Kein Mensch kann verstehen, warum ausgerechnet das Städtchen Ystad den Schriftsteller Henning Mankell zu den blutrünstigen Kriminalromanen inspirierte, in denen Kommissar Kurt Wallander zu literarischem Weltruhm aufstieg. Aber so sind sie, die Dichter: ahnen das Abgründige selbst noch in der friedlichsten Idylle. Wer also über die spektakuläre Öresundbrücke in Malmö oder per Fähre in Trelleborg oder Helsingborg die südschwedische Provinz erreicht, der folgt noch den Spuren dänischer Geschichte, bewegt sich aber schon in sehr schwedischer Landschaft: alte Städte in prachtvoller Backsteingotik, Kultstätten der Wikinger, Schlösser und Zitadellen inmitten von waldigen Hügeln und Seen von oft atemberaubender Schönheit. Wer mag, der wandert. Oder bummelt mit dem Auto die Küste entlang, setzt sich in ein Straßencafé – wir sind ja im Süden – und genießt weiten Blick über das Meer. Sehr zu empfehlen ist der Fisch aus den zahllosen Räuchereien, gern begleitet von einem Schnaps, der ebenfalls aus der Region kommt. Und wem es an der Küste zu bunt wird, der biegt ab ins Landesinnere und genießt die grenzenlose Ruhe des Nordens.

www.visitskane.com

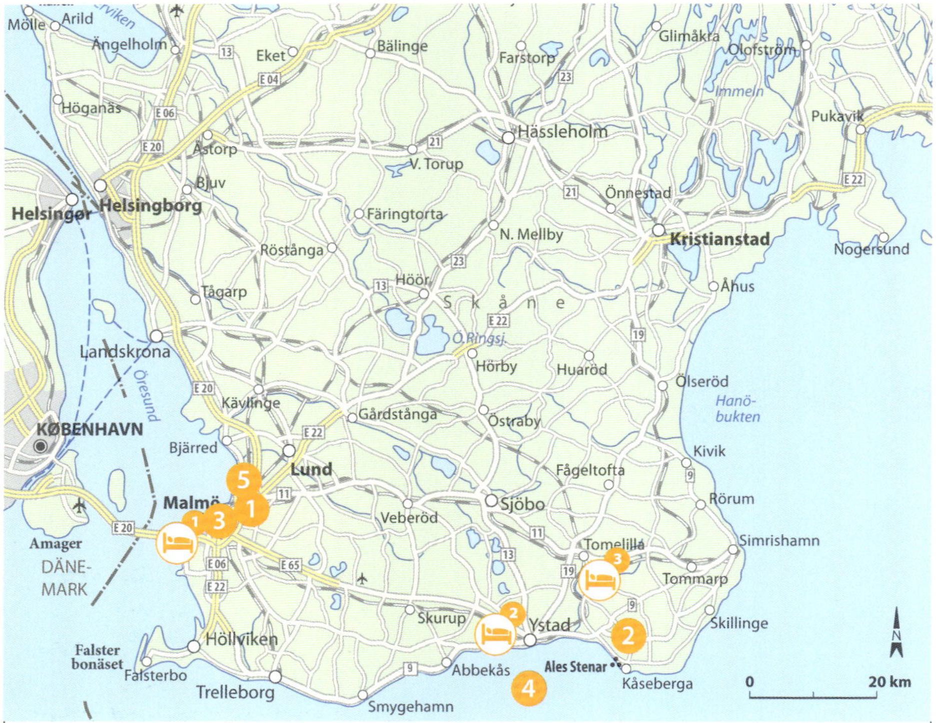

1 Malmö
2 Ales Stenar
3 Turning Torso
4 Angeln auf der Ostsee
5 Ribersborgs Kallbadhus
1 Savoy Hotel
2 Ystads Saltsjöbad
3 Onkel Enkels Pensionat

Entspannt unterwegs

Wer in Malmö aufs Rad steigt, steigt dadurch auch gleich ein ins schwedische Lebensgefühl. Radfahren ist cool und die Größe der Stadt ideal, um sie auf dem Sattel sitzend zu erkunden. Ähnlich wie Kopenhagen hat auch Malmö ein exzellent ausgebautes Netz an Fahrradwegen.

Beste Reisezeit

Südschweden sollte man am besten zwischen Mai und Aug. besuchen, wenn der Sonnenuntergang lange auf sich warten lässt und das Leben von Touristen und Einheimischen sich draußen auf den Straßen Malmös und an den langen Sandstränden abspielt. Aber Achtung vor gemeinen Mückenschwärmen!

1 Malmö

Schwedens drittgrößte Stadt orientiert sich stärker am Nachbarn Kopenhagen als am fernen Stockholm. Dass hier viel Dänisches im Spiel ist, verraten Dialekt und Geschichte. Die für Schweden ganz untypischen Fachwerkhäuser in der Altstadt verbreiten eine heimelige Atmosphäre. Als Erweiterung des großen benachbarten Marktplatzes wurde im 16. Jh. Lilla Torg – der Kleine Platz – angelegt. Zahlreiche Fachwerkhäuser säumen die Freifläche. Ein fast schon mediterranes Flair bekommt der Platz, sobald das Wetter etwas wärmer wird, denn dann ist jeder Quadratmeter mit den Stühlen und Tischen der vielen Cafés, Bars und Restaurants besetzt.

Tourist Info: Skeppsbron 2, Malmö, Tel. +46 40/34 12 00, Mo–Fr 9–17, Sa/So 10–14.30 Uhr, www.malmotown.com

2 Ales Stenar

Vom Fischerdorf Kåseberga führt ein 500 m langer Pfad an der Küste entlang zu Ales Stenar, der größten Steinsetzung des Landes. Auf einer Wiese oberhalb imposanter Klippen wurden in der Bronzezeit 58 Steinblöcke aufgestellt. Welche Bedeutung die gewaltige Anlage hatte, ist unklar, vermutlich eine astronomisch-religiöse. Denn die beiden größten, je 3,3 m hohen Menhire weisen in die Richtung, in der zur Zeit der Sommer- und Wintersonnwende die Sonne auf bzw. untergeht.

Kåseberga, 20 km östlich von Ystad

Malmös schraubenförmiger Turning Torso ist ein architektonischer Höhepunkt.

3 Turning Torso

Das 190 m hohe, in sich verdrehte Hochhaus »Turning Torso« vom spanischen Stararchitekten Santiago Calatrava ist wortwörtlich der Höhepunkt des modernen Stadtviertels Västra Hamnen, das auf einem ehemaligen Werftgelände liegt. Das Innere des höchsten Wolkenkratzers in ganz Skandinavien können Besucher zwar nicht betreten, trotzdem ist er ein absoluter Fototipp für Malmö: Die Ansicht des Turms ist mindestens so gut wie die Aussicht. Besonders im Abendlicht und nachts ein Spektakel!

Lilla Varvsgatan, Malmö

4 Angeln auf der Ostsee

Kaum eine Freizeitbeschäftigung bringt Ruhe und Spannung so gut zusammen wie Angeln. In Ystad gibt es mehrere Fischer, die Besuchern die besten Fischgründe vor der Küste zeigen.

Mehrere Anbieter, bspw. Fishing SOS, Båtmansgatan, Ystad, Tel. +46 707/90 89 07, www.fishingsos.com

5 Ribersborgs Kallbadhus

Die traditionsreiche Badeanstalt am Ribersborg-Strand von Malmö ist ein architektonisches Schmuckstück. Wo früher Baden angesagt war, werden heute in den 2009 renovierten Räumlichkeiten ausgezeichnete Massagen angeboten und der Blick aufs oder – mit etwas Mut – ein Sprung ins Meer genossen.

Limhamnsvägen, Brygga 1, Malmö, Tel. +46 40/26 03 66, Mai–Aug. Mo–Fr 9–20, Mi bis 21, Sa/So 9–18, Sept.–Apr. Mo–Fr 10–19, Mi bis 20, Sa/So 9–18 Uhr, www.ribersborgskallbadhus.se

Hotels

Savoy Hotel
Im renovierten Traditionshaus im Stadtzentrum von Malmö sind zahlreiche Jugendstil-Elemente erhalten geblieben, darunter Fensterbilder und fein geschnitzte Treppengeländer. Die Gäste werden in üppig dimensionierten Zimmern einquartiert.
Norra Vallgatan 62, Malmö, Tel. +46 40/664 48 41, DZ ab 70 €, www.elite.se

Ystads Saltsjöbad
Das traditionsreiche Kurhotel befindet sich in einem kleinen Kiefernwäldchen direkt am Ostseestrand. Das Saltsjöbad besitzt 140 modern ausgestattete Zimmer, einen umfangreichen Wellnessbereich sowie eine gemütliche Terrasse.
Saltsjöbadsvägen 15, Ystad, Tel. +46 41/11 36 30, DZ ab 180 €, www.ysb.se

Onkel Enkels Pensionat
17 km nordöstlich von Ystad wohnt und schläft man in »Onkel Enkels Pensionat« in einer ländlichen Umgebung, die an Erzählungen von Astrid Lindgren erinnert. In drei kleinen Häuschen sind acht liebevoll eingerichtete Zimmer untergebracht. Auf der Veranda und im Garten kann man die Beine hochlegen und genussvoll entspannen. Die Pension ist an Ostern sowie Mai–Okt. geöffnet.
Ulltorps Kyrkby, Tomelilla, Tel. +46 41/71 89 00, DZ ab 100 €, www.onkelenkel.se

02 Fünen

Dänemark

Wie bitte? Das soll der Norden sein? Ein sanft gewelltes, üppig grünes Land, in dem nicht weniger als 123 Schlösser und Herrenhäuser zu bestaunen sind. Ein Märchenland, ein sommerliches Blumenmeer, ein Badeparadies, eingefasst von feinem Sandstrand. Wer will, kann tagelang zwischen den Dünen liegen, die Wolken am blauen Himmel zählen und auf die Stille lauschen. Oder dem Märchendichter Hans Christian Andersen in den idyllischen Gassen seiner Heimatstadt Odense persönlich begegnen. Kann ein Segelboot nehmen, eine Fähre oder ein sorgsam gepflegtes Oldtimerschiff und sich gleich vor der Küste durch eine Inselwelt treiben lassen, die ohne alle Ironie den Namen »dänische Südsee« trägt. Irgendwo warten immer ein kleiner Hafen, eine Uferpromenade mit fröhlich bunten Giebeln und ein frisch gezapftes Bier an einem Tisch mit Kerzenlicht und Blick aufs Meer. Ein Dorf duckt sich mit seinen reetgedeckten Dächern zwischen die Hügel; ein Heimatmuseum empfängt seine Gäste mit der Erinnerung an Wikinger und Walfänger, mit Buddelschiffen und liebevoll gemalten Stillleben. Irgendwann wird klar, warum Dänemark in den Listen der Vereinten Nationen als das glücklichste Land der Welt geführt wird. Zugegeben, es ist möglich, die Insel auf dem Weg nach Kopenhagen in 45 Min. zu durchqueren. Aber irgendwann, der Effekt ist hier garantiert, spielt Zeit einfach keine Rolle mehr.

www.visitfyn.de

Bunte Häuschen, wie hier bei Ærøskøbing, sind nicht das einzig Märchenhafte an Fünen.

1. Odense
2. Ærø
3. Schloss Egeskov
4. Fjord- & Bæltecentret
5. Kurt Hansen
6. Dermal Care

- 1 Falsled Kro
- 2 Hesselet
- 3 Klatretræ

1 Odense

In der Inselhauptstadt wurde Hans Christian Andersen geboren, und das »H. C. Andersen Hus« ist mit zahlreichen Briefen, persönlichen Gegenständen, Andersen-Ausgaben aus aller Welt und einer Hörbibliothek eine echte Kultstätte für Märchen-Fans. Doch Odense bietet kulturell noch weit mehr: beispielsweise den Münzhof Møntergården. Das ist ein Komplex von Fachwerkbauten aus dem 16./17. Jh., in dem das stadthistorische Museum und die interaktive Ausstellung »Fuenen – at the centre of the universe« untergebracht sind. Das Carl Nielsen Museet erzählt vom Leben und Werk des gleichnamigen Komponisten. Odense gehört ohne Zweifel zu den Städten, die man auch mehrmals besuchen kann und in denen man dennoch immer wieder neue, überraschende Facetten entdeckt.

Tourist Info: Vestergade 2, Odense,
Tel. +45 6/375 75 20, Sept.–Juni Mo–Fr 10–16.30, Sa 10–13 Uhr, Juli/Aug. Mo–Fr 9.30–18, Sa 10–15, So 11–14 Uhr,
www.visitodense.com

2 Ærø

Müsste man ein anderes Wort für Idyll finden, hieße es wohl »Ærø«. Dass sie die Insel der Segler ist, das wird besonders in Marstal und Søby deutlich. Unverbrauchte Natur und feine Sandstrände, wohin man auch blickt. Bemerkenswert ist die Steilküste bei Vordrup Klint im Südosten der Insel. Und ein Schmuckstück ohnegleichen ist die Stadt Ærøskøbing. Fachwerkhäuschen an Fachwerkhäuschen in verwinkelten Gassen – seit dem Mittelalter ist die Vergangenheit hier allgegenwärtig, denn äußerlich wurde kaum etwas verändert; die Stadt steht unter Denkmalschutz.

Tourist Info: Ærøskøbing Havn 4, Ærøskøbing,
Tel. +45 6/252 13 00,
Mo–Do 10–15, Fr 10–14 Uhr,
www.arre.dk

3 Schloss Egeskov

Auf Fünen liegen unglaubliche 123 Schlösser, die man jedoch nicht alle von innen besichtigen kann. Egeskov zählt zu Europas schönsten Renaissance-Wasserburgen und ist für Besucher geöffnet: Rote Backsteinmauern, Türme und Treppengiebel spiegeln sich im Wasser vor dem Grün des herrlichen Parks mit Buchsbaumhecken, einem Bambus-Irrgarten und einem Kräutergarten. Je nach Jahreszeit kann man auch Pflanzen kaufen. Einen ganzen Tag kann der Besuch des wunderschön gelegenen Schlosses mühelos füllen.

Egeskov Gade 18, Kværndrup,
Tel. +45 6/227 10 16,
Mai–Mitte Okt. tgl. 11–16, Juli bis 19 Uhr,
www.egeskov.dk

4 Fjord- & Bæltecentret

Die Magie des Meeres: Im 40 m langen Unterwassertunnel des am Hafen von Kerteminde gelegenen Erlebniszentrums

Beste Reisezeit

Charakteristisch sind die langen Tage im Sommer, genauer zwischen Mai und Anfang Aug. Am 1. Juli liegen zwischen Sonnenauf- und -untergang 17,5 Std. Mitte Aug. lockt außerdem das Blumenfestival nach Odense. 200 000 Pflanzen zieren dann die Hauptstadt von Fünen.

Fjord & Bælt fühlen sich die Besucher dem Beltmeer ganz nah – und das, ohne dabei nasse Füße zu bekommen. Durch die Guckfenster zu beobachten sind Seehunde, Eiderenten, Quallen und zahllose weitere Fische, Vögel, Krebse und Muscheln in ihrem nachgestalteten natürlichen Umfeld. Noch näher kommt man den Tieren am Fühlbecken, denn dort kann man z. B. Krebse und Plattfische berühren. Eine weitere Attraktion ist das Freibecken mit den drei Schweinswalen Eigil, Freja und Sif. In der Ostsee um Fünen leben rund 1500 dieser kleinsten Wale der Welt.

Margrethes Plads 1, Kerteminde, Tel. +45 6/532 42 00, Feb.–Nov. Di–So 10–17 Uhr, www.fjordbaelt.dk

Reetgedeckte Windmühlen wie die »Søby Mølle« prägen das Landschaftsbild von Ærø.

5 Mal- und Zeichenkurse

Der Künstler Kurt Hansen bietet ein- und zweitägige Kurse im Zeichnen und Aquarellmalen, sowohl für Anfänger als auch für erfahrenere Hobbykünstler an – so lernen die Teilnehmer, ihre Urlaubseindrücke auf besondere Weise festzuhalten.

Willemoesgade 2d, Assens,
Tel. +45 40 35/40 37,
www.artdesign.dk

6 Dermal Care

Winnie Brandt Larsen und ihr Team verwöhnen die Haut ihrer Kunden und bieten individuell zugeschnittene Behandlungen, insbesondere für das Gesicht, an.

Vestre stationsvej 23, Odense,
Tel. +45 6/591 20 62,
Mo–Fr 10–18, Sa/1. So im Monat 10–14 Uhr,
www.dermalcare.dk

Entspannt unterwegs

Sommerurlauber radeln gern auf Fahrradwegen oder schmalen Landstraßen über die Inseln Ærø und Langeland, vorbei an Feldern, Windmühlen und reetgedeckten kleinen Katen mit bemalten Haustüren. Verleihe: Pilebækkens Cykeludlejning, Pilebækken 5, Ærøskøbing, www.bike-erria.dk; Lapletten, Engdraget 1, Rudkøbing, www.lapletten.dk

Hotels

Falsled Kro
Stilvolle Zimmer und luxuriöse Annehmlichkeiten bieten Erholung im idyllischen Reetdachhaus aus dem 16. Jh. Noch mehr Gutes liegt ganz nah: Das gleichnamige Restaurant ist eine der besten kulinarischen Adressen Dänemarks.
Assensvej 513, Millinge, Tel. +45 6/268 11 11, DZ ab 280 €, www.falsledkro.dk

Hesselet
Das Tophotel liegt im Forstgebiet Christianslund direkt am Meer, nördlich der Stadt Nyborg. Die Umgebung lädt ein zu Aktivitäten wie Golf, Tennis, Baden, Radeln oder Wandern – aber auch zum Innehalten und Ausblick genießen: Vom Hesselet aus ist die mit ihrer Länge von 18 km beeindruckende Großer Belt-Brücke »Storebælt« zu sehen, die Seeland und Fünen verbindet.
Christianslundvej 119, Nyborg,
Tel. +45 6/531 30 29, DZ ab 160 €,
www.hotel-hesselet.dk

Klatretræ – Übernachten in Bäumen
Ein besonderes Erlebnis in der Natur verspricht der Anbieter Klatretræ. Ihr Bett, eine Hängematte in einer Baumkrone, erklimmen die Gäste unter fachkundiger Anleitung. Oben angekommen, lässt es sich zur Musik des Waldes besonders gut schlafen – ein Gurt schützt vor nächtlichen Sturzflügen.
Vestergårdvej 57 b, Middelfart,
Tel. +45 6/167 83 81, DZ ab 190 €,
www.klatretrae.dk

Beim Anblick solcher Häuser wird Keitums Ruf als »friesisches Juwel« nachvollziehbar.

03 Sylt

Schleswig-Holstein

Mehr als Sylt kann man als Urlaubsinsel nicht werden. Sie belegt den Platz ganz oben. Die »Königin der Nordsee« muss sich nicht um Liebhaber bemühen. Sie schätzt ihre vielen Stammgäste, ist aber offen für alles Neue. Ihre Kontaktanzeige läse sich vielleicht so: »Naturverbundene Lady ist für zweisame Strandspaziergänge genauso zu haben wie für den Tanz bis in den Morgen. Nacktbaden ist ihr so vertraut wie anspruchsvolle Kultur. Sie steht auf Austern und Schampus, zieht sich aber gern auch auf eine Tasse Tee mit Kluntjes zurück. Sie mag sportliche Beweglichkeit und stellt das passende Terrain. Sie verströmt Frischluft zum Freidenken, ist stetig wie die Folge von Ebbe und Flut, besteht aber auf dem Reiz des ständigen Wechsels. Sie läuft keinem Trend nach – sie macht ihn selbst.« Woran deutlich wird: Die lang gezogene Insel wird durch die Menschen geprägt, die sie betreten, aber sie hält ihnen auch den Spiegel vor. Sylt ist eine Diva, die jeden überrascht: den Romantiker mit mondäner Schickeria, den Wattwanderer mit Haute Cuisine, den Partygänger mit einer Natur von bisweilen atemberaubender Stille. Sie bietet sich an als Familieninsel genauso wie als Fluchtburg für den, der Einsamkeit sucht. Der Austausch ist intensiv. Und oft genug mündet der Zauber der ersten Begegnung in eine lebenslange Freundschaft.

www.sylt.de

1 Keitum
2 List
3 Hörnum-Odde
4 Morsum-Kliff
5 Malkurs
6 Sylter Welle und Syltness Center
1 Friesenhof
2 Hapag 54° Nord
3 Haus Noge

1 Keitum – Dorf mit Kirche

Das »friesische Juwel« mit seinen 200 Jahre alten Kapitänshäusern, grasbewachsenen Friesenwällen und hundertjährigen Kastanien, Buchen und Linden mutet wie ein bewohntes Freilichtmuseum an. Keitum brilliert bundesweit an der Spitze aller Dorfidyllen. Exklusive Boutiquen, kleine Teestuben und Galerien, kreative Kunsthandwerker und Köche lassen die Tage zu einem persönlichen Gourmet- und Kulturfest werden. Die spätromanische Seefahrerkirche St. Severin mit Prominentenfriedhof und Weinberg thront über dem Dorf. Ein grandioses Gesamtkunstwerk.

Tourist Info: Gurtstig 23, Keitum,
Tel. +49 46 51/299 03 97,
Mo–Fr 9–17, Sa 10–13 Uhr,
www.insel-sylt.de

2 Lister Hafen

»Komm, wir gehen Kreuzfahrtschiffe gucken!« Damit kann List etwas bieten, was auf Sylt niemand hat. Alle paar Wochen ankert eines dieser riesigen Schiffe unweit des Hafens. Für Seefahrtromantiker ist dies der Ort zum Träumen – manchmal untermalt von einem Leuchtfeuerwerk an Bord. Viele setzen sich einfach nur ans Ufer, um das Treiben zu verfolgen. Direkt im Hafen liegen ein Seenotkreuzer, Yachten und der letzte Krabbenkutter Sylts. Hier ist Leben, hier herrscht fröhlichbuntes Treiben und hier steht die »nördlichste Fischbude Deutschlands«.

Ellenbogenspitze und Hafen, List

3 Hörnum-Odde

Wie die Natur die Insel im Griff hat, lässt sich hier sehr anschaulich beobachten: Mal spülen im Jahr 20 m, mal 40 m Küstensaum an der Südspitze Sylts einfach so ins Meer. Die Hörnumer Odde verliert im Frühjahr und Herbst Teile vom Strand, Plattformen und Stege. Eine Stunde Spaziergang reicht bei Niedrigwasser leider mittlerweile, um die an drei Seiten meerumspülte Heide- und Dünenlandschaft zu erleben und dabei die Spuren der letzten Stürme zu sehen. Im Osten befindet sich die sanfte Wattseite mit artenreichen Salzwiesen, dem Vogelschutzgebiet Sandnehrung und der ruhigen See zum Planschen. Im Westen liegt die raue Seeseite mit langem Badestrand, starker Brandung und den gefährdeten Schweinswalen. Mit Glück erlebt man in einer windstillen Hochsommernacht das Meeresleuchten, ein hinreißendes Funkeln und Blitzen: winzige Mikroorganismen, die zur Biolumineszenz angeregt werden.

Tourist Info: Rantumer Str. 20, Hörnum,
Tel. +49 46 51/962 60, Mo–Fr 8.30–17,
Sa 9–13 Uhr, www.hoernum.de

Beste Reisezeit

Von Juli bis Okt. verwandeln sich die hinteren Räume der Sylt-Quelle in Rantum in das Meerkabarett, das ein buntes Programm angesehener Künstler aus Musik, Kabarett, Comedy und Theater bereithält.

Hotels

Friesenhof
Auf einem parkähnlichen Gelände, 5 Min. zu Fuß vom Strand entfernt, befindet sich der familiengeführte Gasthof Friesenhof mit komfortablen Ferienwohnungen und Hotelzimmern.
Hauptstr. 26, Wenningstedt,
Tel. +49 46 51/94 10, DZ ab 140 €,
www.sylt-friesenhof.de

Hapag 54° Nord
Schon die genieteten Alubleche der Möbel und das Zeichen der Hapag-Reederei an der Bar erinnern an die Ursprünge des 1914 erbauten Hauses. Wer heute in den exquisiten, designten Zimmern übernachtet, erlebt coole Weltläufigkeit. Mit Sauna und Dampfbad, Balkonen mit Meerblick und Frühstücksbüfett im originellen Container-Restaurant wird der Aufenthalt zum Erlebnis.
Strandstr. 2, Hörnum,
Tel. +49 46 51/44 91 70, DZ ab 120 €,
www.hotel54gradnord.de

Haus Noge
In dem alten Kapitänshaus gleicht kein Zimmer dem anderen. Ob Friesen- oder Zirkuszimmer, alle sind liebevoll mit antiken Möbeln eingerichtet. Im ganzen Haus ziert ausgesuchte moderne Kunst die Wände. In ungezwungener Atmosphäre lässt es sich bis 12 Uhr frühstücken. Zum Strand sind es nur 200 m.
Dr.-Ross-Str. 31, Westerland,
Tel. +49 46 51/928 60, DZ ab 128 €,
www.haus-noge-sylt.de

4 Morgens am Morsum-Kliff

Das Farbspiel des Nationalen Geotops ist an einem sonnigen Morgen beeindruckend: Zum Rostrot des Limonitsandsteins, Weiß des Kaolinsands und zum blauschwarzen Glimmerton der Kliffböden kommen das Gelb der Dünen, das Grün des Strandhafers, das Violett der Heide und der blaue Himmel. Das 1800 m lange und bis zu 21 m hohe Morsum-Kliff zeigt einen Einblick in zehn Millionen Jahre Erdgeschichte. Das Besondere liegt darin, dass die Eiszeitgletscher die Schichten vor rund 150 000 Jahren schräg gestellt haben und sie nun gut sichtbar nebeneinander liegen.

Aussichtsplattform, 2 km östl. von Morsum

5 Malkurse bei Annette Kühl

Kinder und Erwachsene können mit Blick auf das Wattenmeer ihrer Kreativität freien Lauf lassen oder sich von der Künstlerin inspirieren lassen. Acyrl- und Aquarellfarben, malen, spachteln, reißen, kratzen, schneiden, klecksen, kleben – bei Annette Kühl ist alles möglich.

Wattweg 34, Kampen, Tel. +49 174/376 14 22, nach Anm., www.malkurse-sylt.com

Entspannt unterwegs

Lifestyle und Nachhaltigkeit verbinden sich bei den Syltfisch-Produkten, zu deren Sortiment aus Holz gefertigte Fahrräder und E-Bikes gehören. Lässiger lässt es sich kaum über die Insel radeln. Mehrere Verkaufsstellen, Tel. +49 46 51/957 87 77, www.syltfisch.de

Schier endlose Weite: Bei Ebbe im Watt spazieren zu gehen, ist unvergesslich.

6 Sylter Welle

Die schiffsförmige Anlage in den Dünen ist der Ort für Entspannung. Mit Meerwasser-Wellenanlage, Innen- und Außenbecken, der großzügigen Saunalandschaft, Turbo-Rutsche und weiteren Attraktionen ist die Sylter Welle für alle geeignet. Wellness gibt es nebenan im Syltness Center.

Sylter Welle: Strandstr. 32, Westerland, Tel. +49 46 51/99 81 11, Mo–So 10–22, Di/Do/Sa ab 7 Uhr, www.sylterwelle.de, Syltness Center: Tel. +49 46 51/99 81 12, Di–Sa 11.30–19.30 Uhr, www.syltnesscenter.de

04 Nordfriesland

Schleswig-Holstein

Bitte nicht durcheinanderkommen! Ostfriesland liegt weit im Westen, Friesland selbst ist eine Provinz der Niederlande. Dies hier ist Nordfriesland, die schleswig-holsteinische West-, also die Nordseeküste; Amrum etwa, Nordstrand oder Husum, laut Theodor Storm »die graue Stadt am Meer« – was leicht zu widerlegen ist, wenn man einen Blick auf die Blumenbilder, die Landschaften und die Sonnenuntergänge von Emil Nolde wirft: Wie die strahlen und glühen und leuchten! Er lebte oben in Seebüll, auch nicht weit von hier. Also: Schön bei Besinnung bleiben! Nordfriesland ist ein wunderschönes Land. Flach bis zum Horizont, aber überall Wind und Wasser, Luft zum Durchatmen – und ein Himmel …! Warum wohl ist Sylt die Sehnsuchtsinsel all derer, die es sich leisten können? Warum wandern sie selbst im Winter durch das unendliche Wattenmeer? Und weil die Luft so klar ist hier oben und das Licht so intensiv, hat das Land immer wieder die Maler angezogen. Ihre Werke sind hier geblieben und auf der Insel Föhr zu bewundern, im Museum Kunst der Westküste, das längst kein Geheimtipp mehr ist: Nolde natürlich, Max Beckmann, Edvard Munch, Max Liebermann. Und alle sind sie immer wieder hierher zurückgekommen.

www.nordfrieslandtourismus.de

Bunte Insellandschaft: Solche Sandstrände finden sich auf dem ansonsten sattgrünen Föhr im Süden.

1 Schloss Husum
2 Föhr
3 Beltringharder Koog
4 Leuchtturm auf Amrum
5 Hofladen Baumbach
6 Aquaföhr
1 Landhaus Altes Pastorat
2 Ferienwohnungen Arche
3 Hotel Altes Gymnasium

2 Föhr

Das 82 qkm große Föhr mit seiner Inselhauptstadt Wyk und den 16 kleinen und großen Dörfern stellt sich selbst gern als das »freundlichste Plätzchen in der wilden Nordsee« dar. Eine grüne Insel, denn mehr als die Hälfte ist ebenes, fettes Marschenland, Bauernland mit Pferd und Rind auf den Fennen und Schafherden auf den Deichen. Der Tourismus ist neben der Landwirtschaft der wichtigste Wirtschaftsfaktor. Zu allen Jahreszeiten. Auch wenn Winterstürme die wilde See über die Mole und auf die Strände peitschen, wenn Sand und Salz auf der Haut prickeln, wenn sich Büsche und Bäume unter dem Druck der Winde borstig beugen. Dann zeigt die im Sommer freundliche Insel ihr wahres Wintergesicht.

Tourist Info: Am Fähranleger 1, Wyk, Tel. +49 46 81/300, Mo–Fr 9–17, Apr.–Okt. auch Sa/So 10–13 Uhr, www.foehr.de

Beste Reisezeit

Frühjahr und Sommer sind die beliebtesten Urlaubszeiten in Nordfriesland, dann ist die niederschlagsärmste Zeit in der Region. Doch auch außerhalb dieses Zeitfensters lohnt sich ein Besuch. Im Herbst lassen sich die Rastvögel wunderbar beim Vogelzug beobachten. Und auch ein Herbststurm ist ein Erlebnis.

1 Schloss Husum

Das violette Blütenmeer im Husumer Schlosspark zieht alle Frühjahr wieder Besucherscharen an – Millionen blühende Krokusköpfe und viele schöne Schlossgeschichten, das ist dann Husum! Denn die alte Hafenstadt besitzt ein Residenzschloss, das einzige an der Nordseeküste.

König-Friedrich V.-Allee, Husum, Tel. +49 48 41/25 45, März–Okt. Di–So 11–17, Nov.–Feb. Sa/So 11–17 Uhr, www.museumsverbund-nordfriesland.de/schloss-vor-husum

3 Beltringharder Koog

Der Beltringharder Koog ist ein wunderschönes Gebiet für ausgedehnte Spaziergänge und geführte Wanderungen. Der gesamte Koog ist nicht nur ein Speicherbecken, sondern auch ein Naturschutzgebiet, das größte des schleswig-holsteinischen Festlandes. Verschiedenartige, für eine Küste typische Biotope und Lebensgemeinschaften haben sich entwickelt, auch eine wichtige Brut- und Raststätte für Vögel. Die Naturschutzstation Arlau als ausgezeichnetes Informationszentrum

Weithin sichtbar ragt das 66 m hohe Wahrzeichen Amrums aus den Dünen hervor.

bietet eine ganze Reihe von Veranstaltungen, Exkursionen und auch Radtouren an.

Naturschutzstation Arlau, Hattstedter Marsch 42, Hattstedter Marsch, Tel. + 49 48 46/530, www.schutzstation-wattenmeer.de

4 Leuchtturm auf Amrum

Kniepsand, eine gleißende, bis 2 km breite Sandebene zwischen Meeresufer und Dünengürtel – reichlich Raum für Badestrände, Sandburgen und lange Spaziergänge. Auffällig ist der Leuchtturm in den Dünen: Mit 66 m ist er der höchste an der deutschen Küste und bietet von seinem Rundbalkon einen grandiosen Weitblick.

Tanenwai 46A, Nebel, Sommer Mo–Fr 8.30–12.30, Mi bis 14, Do Abend nach Anm., Sa 9.30–12.30 Uhr, www.amrum.de

5 Trockenfilzen lernen

Im Hofladen Baumbach gibt es alles rund ums Schaf: Neben Lammfleisch werden Käse, Pflegeprodukte und Textilien angeboten. Kinder und Erwachsene, die selbst etwas aus Wolle kreieren möchten, können unter Anleitung von Anke Abel in einem 2,5-stündigen Kurs das Filzen lernen.

Pohnshalligkoogstr. 1, Nordstrand, Tel. +49 48 42/495, nach telefonischer Anm., www.lammfleisch.de

6 Aquaföhr

Ob Wellenbad, Sauna, Fitness, Massagen oder Thalasso-Anwendungen mit Schlick, Meerwasser oder Algen – im Aquaföhr am Wyker Strand lässt es sich so richtig abtauchen, und das in reinem Nordseewasser und in gesunder, jodhaltiger Luft.

Stockmannsweg 1, Wyk, Mo–Fr 10–21.30, Sa/So 10–18 Uhr, www.aquafoehr.de

Entspannt unterwegs

Pferdesattel statt Fahrradsattel. Föhr ist die deutsche Pferdeinsel schlechthin. Nicht nur Holsteiner Warmblut und Friesen lassen den Boden unter ihren Hufen dröhnen, Lusitanos und Shetlandponys fühlen sich auf Föhrer Wiesen ebenso wohl. Eine elegante Art der Fortbewegung. Und ein Erlebnis.

Hotels

Landhaus Altes Pastorat
Der perfekte Rückzugsort: Nur acht Luxuszimmer befinden sich im reetgedeckten, historischen Gebäudeensemble inmitten eines Bauerngartens, umgeben von einem Friesenwall aus Feldsteinen. Ausgestattet mit Sauna und Tepidarium sowie Restaurant mit saisonaler, regionaler Küche.
Süderende, Föhr, Tel. +49 46 83/226, DZ ab 145 €, www.landhaus-altes-pastorat.de

Ferienwohnungen Arche
Hier hat man die Wahl zwischen 15 eleganten und gemütlichen Ferienwohnungen unterschiedlicher Größe direkt am hohen Strandweg auf Amrum. Gemeinsamer Wellnessbereich mit Sauna, Whirlpool und Ruheliegen sowie Brötchenservice und Fahrradverleih.
Obere Wandelbahn 19, Wittdün, Tel. +49 46 82/13 13, ab 50 €, www.arche-amrum.de

Hotel Altes Gymnasium
Das traditionsreiche Romantikhotel trägt den Namen seiner früheren Bestimmung: Hier drückte Dichter Theodor Storm einst die Schulbank. Jetzt steht es für eine der feinsten Hoteladressen der Region, mit großzügigem Fitness- und Badebereich in der ehemaligen Turnhalle sowie ayurvedischen Anwendungen.
Süderstr. 2–10, Husum, Tel. +49 48 41/83 30, DZ ab 169 €, www.altes-gymnasium.de

05 **Ostfriesland**

Niedersachsen

Nordseeluft spürt man, schon lange bevor die Küste erreicht ist. Kein Parfüm, nichts Liebliches, sondern herb, ehrlich, reine Luft mit einer Prise Salz darin. Das Atmen tut wohl, die ständige frische Brise ist ein Geschenk – wie auch das Watt. Gemeinsam mit einem Naturexperten lassen sich mit etwas Glück die »Lütjen Fief«, die fünf kleinen Meerestiere entdecken: Wattwurm, Herzmuschel, Strandkrabbe, Wattschnecke und Nordseegarnele. Zweimal im Jahr ist das Wattenmeer auch Raststation für Millionen Zugvögel. Dann lohnt es sich, einem gewieften Vogelkundler zu einer »Piep-Show« zu folgen, um Ringelgänse, Knutts und Säbelschnäbler zu bestaunen. Überhaupt können sich die Augen kaum sattsehen an grünen Deichen, langen Sandstränden, herrlichen Dünen und Inseln, mal ruhiger, mal stürmischer See oder gar »Land unter« – Deutschlands bewegtester Landstrich ist eine Erlebnislandschaft. Jede der ostfriesischen Inseln hat ihren eigenen Charakter, mit prächtigen Sandstränden können alle punkten. Und das Kulturangebot: Leers Altstadt bezaubert und hat sich einen Platz in der ersten Liga der Ostfrieslandkrimi-Fans erarbeitet. Emdens Kunsthalle genießt weltweit Anerkennung. Norden zeigt stolz alte Bürgerhäuser und den zauberhaften Landschaftspark am Schloss Lütetsburg, und in Aurich liegen Ostfrieslands Wurzeln mit dem alten Versammlungshügel Upstalsboom, Inbegriff der Friesischen Freiheit.

www.ostfriesland.de

Das Leerer Rathaus im Renaissancestil streckt seinen Turm am Hafen selbstbewusst in den Himmel.

1 Leer
2 Neuharlingersiel
3 Dangast
4 Gyrokopter-Rundflug
6 bade:haus
1 Burg Berum
2 Hotel Strandeck
3 Hotel Voss

1 Leer

Schiffe schaukeln im Hafen, am Ufer flanieren Spaziergänger in der Sonne – wo das Flüsschen Leda in die Ems mündet, liegt Leer. Die Seehafenstadt bezaubert mit romantischer Altstadt und Museumshafen. In historischen Bürgerhäusern reihen sich Lädchen und Cafés aneinander.

Tourist Info: Ledastr. 10, Leer,
Tel. +49 491/91 96 96 70, Mo–Fr 9–17,
Sa 10–13, Juni–Aug. auch 14–18 Uhr,
www.touristik-leer.de

2 Neuharlingersiel

Bunte Kutter dümpeln im Hafen, Fischer bringen ihren Fang an Land: Die stolze, historische Fischerboot-Schönheit steht wie Greetsiel auf vielen Besuchslisten, entsprechend trubelig zeigt sich das alte, von Giebelhäuschen gesäumte Hafenbecken.

Tourist Info: Edo-Edzards-Str. 1,
Neuharlingersiel, Tel. +49 49 74/18 80,
März–Okt. Mo–Fr 8–18, Sa/So 10–15,
Nov.–Feb. Mo–Fr 9–17 Uhr,
www.neuharlingersiel.de

3 Kunst im öffentlichen Raum

Der weite Blick verführt, das besondere Licht inspiriert. Kunst ist in Dangast allgegenwärtig. Zur Expo 2000 schufen sieben Künstler zwischen Dangast und Mariensiel den Skulpturenpfad am Deich mit sieben Werken zur Schöpfungsgeschichte. Der Pfad setzt sich am östlichen Jadebusen fort. Am Dangaster Strand stehen die Plastiken »Grenz- und Stolpersteine«, am bekanntesten ist wohl der große Stein-Phallus. Seit 2014 lässt es sich auf einem neuen Kunstpfad wandeln, der auf Bildtafeln Einblicke in die kreative Vergangenheit des Ortes bietet. Sie stehen dort, wo Künstler der »Brücke« ihr Motiv fanden, und erklären die Bilder.

Dangast, www.kunstamdeich.de

4 Gyrokopter-Rundflug

Am schönsten ist es bei Ebbe: Mit dem offenen Tragschrauber über Küste und Inseln fliegen und aus der Vogelperspektive

Entspannt unterwegs

Fahrrad fahren auf dem Wasser? Ganz genau: Eine Mischung aus Tretboot und Fahrrad sind Hydrobikes, mit denen man sich kinderleicht im Auricher Hafen oder auf dem Jade-Ems-Kanal bewegen kann. Hasseburger Str., Aurich, Tel. +49 160/90 60 05 60, Mitte Apr.–Mitte Okt. tgl. 8–18 Uhr

Geselliger Volkssport: Besonders in den Wintermonaten vertreibt man sich die Zeit in Ostfriesland gerne mit »Boßeln« auf Feldwegen und Landstraßen.

auf das Wattenmeer blicken … und vielleicht zeigen sich ja sogar Seehunde?

Flugplatz Conneforde, Wiefelstede,
Tel. +49 44 58/91 82 20,
www.fliegerfreunde-conneforde.de

5 Boßeln

»He löpt noch!«, sie rollt noch, die Kugel: Vor allem im Winter kann man überall auf Trüppchen von bis zu 30 gut gelaunten Menschen treffen, die Gummikugeln Straßen entlangrollen. Im Sommer ist Punktspielzeit, da geht es ernsthafter zu. »Boßel« bedeutet »Kugel« auf Plattdeutsch, und derer zwei werfen die Spieler mit viel Anlauf die Straße entlang. Das Team, das am weitesten kommt, gewinnt. Nicht wundern: An so mancher Landstraße warnen extra Straßenschilder vor Boßelspielen.

In ganz Ostfriesland, www.bossel.de

6 bade:haus

Norderney war die Keimzelle der Meeresheilkunde in Deutschland, das erste Seebad an der Nordsee kann mit 200 Jahren Thalasso-Tradition aufwarten. Ganzheitliche Gesundheit aus dem Meer – mit diesem Ansatz ist das bade:haus im Bauhaus-Stil heute der Vorzeige-Wellnesstempel der Insel und wahrscheinlich sogar von ganz Ostfriesland.

Am Kurplatz 3, Norderney, tgl. 9.30 bis 21.30 Uhr, www.badehaus-norderney.de

Beste Reisezeit

Am schönsten ist es im Okt. auf der Halbinsel Leyhörn, wenn an den Zugvogeltagen rund um das Schutzgebiet eine Vielzahl an Veranstaltungen geboten werden.

Hotels

Burg Berum
Hinter alten Bäumen verborgen liegt die Burg Berum aus dem 14. Jh. Die Vorburg mit Turm und Tor trotzt bis heute der Zeit. Ein Gästehaus bietet Ferienwohnungen und drei Gästezimmer – besonders stimmungsvoll sind jene im Steinturm hinter Sprossenfenstern. Sehr ursprünglich zeigt sich der ungezähmte »Lost Garden« mit seinen Rosen, Stauden und Kräutern.
Burgstr. 1, Hage, Tel. +49 49 31/77 55, DZ ab 70 €, www.burgberum.de

Dünenhotel Strandeck
Seit 2014 darf sich das Haus offiziell Biohotel nennen. Seine größte Stärke ist das Essen: Zum Frühstück duften Brötchen aus der hauseigenen Bäckerei. Und auch sonst legt man viel Wert auf regionale Produkte, Slow Food und natürlich zertifizierte Bioqualität.
Kavalierpad 2, Langeoog, Tel. +49 49 72/383, DZ ab 126 €, www.strandeck.de

Schokoladenhotel Voss
Schokolade kommt hier auch äußerlich zur Anwendung: Im Wellnessbereich locken Schokopeeling oder Sahne-Zimt-Kakao-Bad. Wer dabei Appetit auf Süßes bekommt, kreiert im Pralinenseminar eigene Köstlichkeiten, bevor er die Nacht im »Chocolat-«, »Praliné-« oder »Trüffel-Zimmer« beschließt.
Bahnhofstr. 17, Westerstede,
Tel. +49 44 88/51 90, DZ ab 114 €,
www.voss-hotels.de

Fast zu idyllisch, um wahr zu sein: Heidschnucken und reetgedeckte Häuser bestimmen das Bild der Lüneburger Heide.

06 Lüneburger Heide

Niedersachsen

Manchmal, wenn die Erika blüht, im Aug. und Sept., leuchtet das Land unter dem hohen Himmel wie ein violetter Ozean. Und manchmal, wenn Nebel darüber hinwegziehen, steht unvermittelt ein hoch aufragender Wacholder am Wegrand, als wäre er dem Wanderer heimlich gefolgt. Wer durch die Lüneburger Heide wandert oder mit dem Fahrrad entlang der Ilmenau oder rund um den Wilseder Berg fährt, der hört sie flüstern: von Geistern aus vielen Tausend Jahren, von kargem Boden, von dunklem Moor und der Armut der umherziehenden Bauern. Zwischen Dörfern aus reetgedeckten Fachwerkhäusern offenbart sich eine Natur von erhabener Stille, die nur manchmal unterbrochen wird vom Balzen des Auerhahns oder einem Laubfroschkonzert. Herden von Heidschnucken ziehen durch das wellige Land; wer Glück hat, kann sich an Heidelbeeren satt essen, kann Fischotter, Seeadler oder Schwarzstörche auf freier Wildbahn beobachten – und gleich nebenan staunen über die prächtige Schönheit der durch Salz reich gewordenen Hansestadt Lüneburg, über die stolze Residenz in Celle oder das Juwel der norddeutschen Backsteingotik, das idyllisch gelegene Kloster Wienhausen. Gasthöfe und Hotels haben die Natur der Region und ihre Ruhe als Schätze erkannt und hüten sie wohl. Und der Honig! Haben wir den köstlichen Honig aus der Heide erwähnt? Unbedingt ein Glas mitnehmen!

www.lueneburger-heide.de

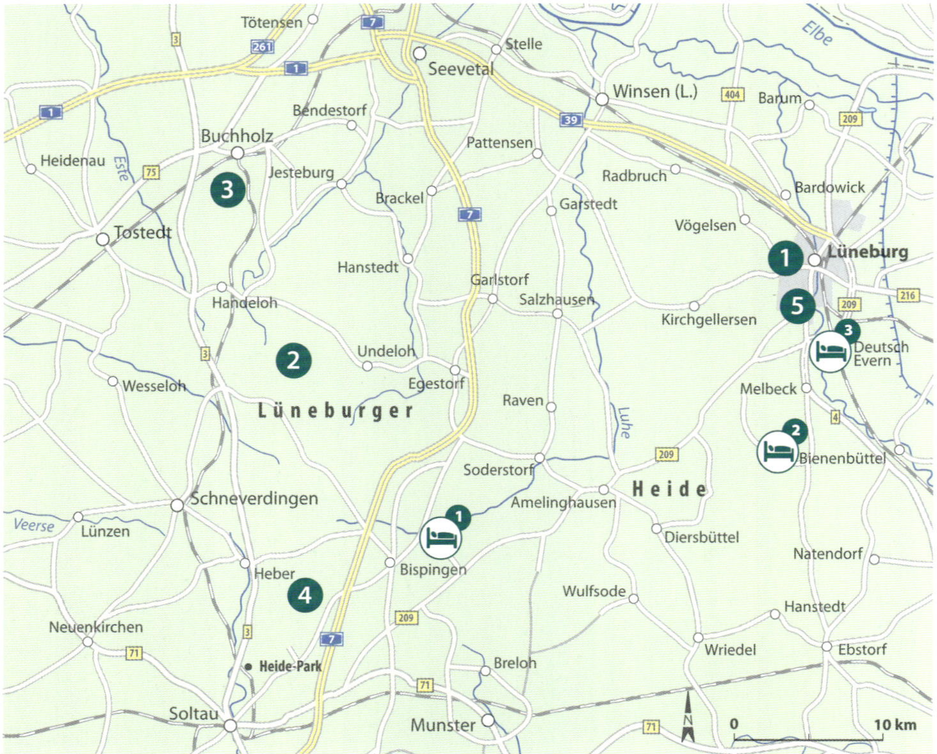

1 Lüneburg
2 Spaziergang durch die Heide
3 Brunsberg
4 Malworkshop
5 Salü
Naturhotel im Spöktal (1)
Hotel Gut Bardenhagen (2)
Hotel Amethyst (3)

Beste Reisezeit

Die schönste Wanderzeit für den Heidschnuckenweg ist die der Heideblüte im Aug. und Sept. Doch auch im Herbst oder im Frühling, wenn das frische Grün der Heidesträucher die Fläche bedeckt, hat der Weg seine Reize – ja sogar im Winter bei Raureif, Schnee und klarer Luft.

1 Lüneburg

Nur 40 km südlich der Hafenmetropole Hamburg liegt mit Lüneburg eine weitere charmante Hansestadt, die einen Besuch wert ist. Neben Lüneburg konnten nur wenige andere Städte in Norddeutschland ihren historischen Kern unzerstört durch den Zweiten Weltkrieg retten. Ein Höhepunkt ist das Rathaus mit seiner berühmten Gerichtslaube. Das Gebäude, ein architektonischer Mix aus Mittelalter, Barock und Renaissance, zählt zu den größten mittelalterlichen Rathäusern Norddeutschlands.

Tourist Info: Rathaus, Lüneburg, Tel. +49 800/220 50 05, Mai–Okt., Dez. Mo–Fr 9.30–18, Sa bis 16, So 10–16 Uhr, Nov., Jan.–Apr. Mo–Fr 9.30–18, Sa bis 14 Uhr, www.lueneburg.info

2 Spaziergang durch die Heide

Der Naturpark Lüneburger Heide zwischen Soltau im Süden und Buchholz im Norden ist ein Paradies für Spaziergänger und Wanderer. Zahlreiche Wanderwege führen durch die Heidelandschaften, Moore und Wälder. Besonders schön ist der Spaziergang zum Totengrund, dem Herzstück des Naturschutzgebiets, wo die ganze Pracht der Heideblüte im Aug. zu bewundern ist. Der Ausgangsparkplatz liegt am Rande der Ortschaft Behringen, am Sellhorner Weg.

Ausgangspunkt: Parkplatz am Sellhorner Weg, Behringen

3 Brunsberg

Absolute Höhenrekorde bricht der Brunsberg mit seinen 129 m über Meereshöhe nicht. Relativ gesehen, entspricht er aber dem Obergeschoss der Lüneburger Heide. Vom »Gipfel« bietet sich ein einzigartiges Panorama über die Lüneburger Heide.

Ausgangspunkte: Parkplätze am Ortsrand von Sprötze sowie in Buchholz

Herausgeputzt: Die historischen Bürgerhäuser und die St. Johanniskirche spiegeln sich in einer Glasfassade in der Lüneburger Altstadt.

4 Malworkshop

Zwischen Soltau und Schneverdingen befindet sich der Hof Surbostel. Idyllisch im Wald gelegen, hat Doris Thom auf dem Gelände ihr »Atelier im Stall«. Regelmäßig werden ihre Werke ausgestellt. Wenn es die Zeit zulässt, bietet sie aber wochenends auch Malkurse an. Dann können Gäste mit Acrylfarben oder Pastellkreide ihre Kreativität umsetzen und weiterentwickeln.

Surbostel 4, Schneverdingen-Heber,
Tel. +49 51 99/486, www.surbostel.de

5 Salü

Über viele Jahrhunderte hinweg bestimmte die Salzgewinnung das Leben der Stadt Lüneburg. Kein Wunder, dass mit der Salztherme Salü die Tradition – mit Strömungskanal, Unterwassermusik etc. auf moderne Weise – fortgesetzt wird.

Uelzener Str. 1–5, Lüneburg, Tel. +49 41 31/72 30, Mo–Sa 10–23, So 8–21 Uhr,
www.salue.info

Entspannt unterwegs

Eine außergewöhnliche Perspektive auf die Natur bekommen Besucher auf einer Kanufahrt. Beispielsweise auf der Ilmenau, die sich gemächlich durch die Landschaft südlich von Lüneburg schlängelt. In Bienenbüttel gibt es einen Verleih, nach ein paar Std. ist man in Lüneburg angelangt.

Hotels

Naturhotel im Spöktal
Die Bio-Apartments, frei stehenden Waldhäuschen und Zimmer des Demeter-Hotels sind im großen privaten Landschaftspark verteilt. Gemütlich wird es am offenen Kamin, in der Bibliothek und in der Fasssauna und kreativ bei Steinbildhauer-Kursen (auf Nachfrage) sowie regelmäßigen Konzert-Abenden.
Spöktal 1, Bispingen-Steinbeck,
Tel. +49 51 94/23 20, DZ ab 60 €,
www.spoektal.de

Hotel Gut Bardenhagen
In den denkmalgeschützten Gebäuden eines ehemaligen Trabergestüts wird moderner Service in stilvollem Ambiente geboten: Design-Zimmer, ein Wellness-Bereich mit Schwimmbad, finnischer Sauna, Dampfsauna und Wärmekabine sowie kulturelle Veranstaltungen lassen keine Wünsche offen.
Bardenhagener Str. 3–9, Bienenbüttel,
Tel. +49 58 23/953 99 60, DZ ab 140 €,
www.gut-bardenhagen.de

Hotel Garni Amethyst
Freundlich eingerichtete Zimmer und Suiten, teilweise mit Terrasse. Nach dem Frühstück mit Blick auf den 5000 qm großen Garten lädt die Umgebung zum Rad- und Kanufahren ein – oder man lässt es sich vor Ort im Innenpool und den Saunen gut gehen.
An der Ilmenau 20, Deutsch Evern, Tel. +49 41 31/220 34 30, DZ ab 129 €,
www.amethyst-lueneburg.de

07 Ostseeküste

Mecklenburg-Vorpommern

Wer ist nur auf die Idee gekommen, die Ostsee als Badewanne der Berliner zu bezeichnen? Geschmacklos und despektierlich! Dabei genügt ein einziger Spaziergang an der Strandpromenade von Kühlungsborn oder Heiligendamm, Ahrenshoop oder Warnemünde, und auch der letzte Spötter ist geplättet vor Respekt. Und Begeisterung! Die Küste von Mecklenburg-Vorpommern mit ihren eleganten Seebädern ist wieder auferstanden, im Glanz ihrer besten Zeiten und zugleich schöner denn je. Immer noch locken feiner Sandstrand, eine zuweilen spektakuläre Küste und eine Badekultur von kaiserlicher Eleganz. Zu entdecken ist ein Hinterland von oft überraschender Schönheit: Ein Sechstel der gesamten Fläche – mehr als in jedem anderen Bundesland – steht unter Naturschutz; Seeadler und Kormorane leben hier, und wer Einsamkeit sucht, wird es in dem spärlich besiedelten Land nicht schwer haben, sie zu finden. Alleen säumen die Straßen, im Frühjahr blüht der Raps bis zum Horizont. Hansestädte wie Rostock oder Greifswald bieten stolze Zeugnisse norddeutscher Backsteingotik. Wismar und Stralsund gehören zum Weltkulturerbe der Unesco. Und das Münster in Bad Doberan, gewiss eine der schönsten Kirchen des Mittelalters, steht immer noch auf der Warteliste …

www.auf-nach-mv.de

Der »alte Herr« und der neue »Teepott« verstehen sich trotz des Altersunterschieds blendend und bestimmen einmütig das Warnemünder Stadtbild.

1 Rostock	4 Leuchtturm Bastorf	1 Baumhaus Grüne Wieck
2 Wismar	5 Bernstein-Werkstatt	2 Steigenberger Hotel
3 Strandwanderung	6 Yoga auf dem Wasser	3 Doberaner Hof

1 Rostock

Seefahrttradition und Hanse garantierten den Aufstieg Rostocks im Mittelalter, ihrem historischer Ruf als »Tor zur Welt« wird die Stadt mit internationalem Flair auch heute noch gerecht. Flanieren auf der Kröpeliner Straße und ein Bummel am quirligen Neuen Markt sind sowohl für Touristen als auch für Einheimische ein Muss. Der IGA-Park mit Schifffahrtsmuseum, Japanischem Garten, kleinem Strand, Ausstellungen und Events spiegelt die ganze Vielfalt der Stadt wider. Bei all den Aktivitäten sollte aber unbedingt noch genügend Energie übrig bleiben für eine Reise durch die Evolution: Auf Darwins Spuren wandelt man seit 2012 im Darwineum des Rostocker Zoos.

Tourist Info: Universitätsplatz 6, Rostock, Tel. +49 381/381 22 22, Nov.–Apr. Mo–Fr 10–17, Sa 10–15, Mai–Okt. Mo–Fr 18–18, Sa 10–15 Uhr, www.rostock.de

2 Wismar

Die schmuck restaurierte Hafenstadt zählt zu den attraktivsten Tourismuszielen an der Ostseeküste. Sie lädt zum Stadtbummeln am Alten Hafen oder durch die Fußgängerzonen der Altstadtgassen ein, vorbei an schick renovierten Giebelhausfassaden, vollen Straßencafés und rege frequentierten Bioläden. Man bestaunt den Marktplatz mit der Wasserkunst, den Turm der Marienkirche oder die wieder aufgebaute Kulturkirche St. Georgen.

Tourist Info: Lübsche Str. 23 a, Wismar, Tel. +49 384/194 33, Apr.–Sept. tgl. 9–17, Nov.–März tgl. 10–16 Uhr, www.wismar.de

3 Strandwanderungen

Der 4,5 km lange, feine Sandstrand mit flachem Ostseewasser in Boltenhagen ist ein Traum für alle Strandliebhaber. Ein Spaziergang am Strand bis zur 30 m hohen Steilküste belohnt mit einem traumhaften

Beste Reisezeit

Das maritime und lebhafte Wismarer Hafenfest ist der Saisonhöhepunkt, 2016 schon zum 25. Mal. Jedes Jahr im Juni herrscht vier Tage lang Volksfeststimmung im Alten Hafen mit Musik, sportlichen Wettkämpfen, kulinarischen Köstlichkeiten und regionalem Kunsthandwerk.

Ein wahr gewordener Kindheitstraum: Im Baumhaus mit den Grillen einschlafen ...

Blick über die Bucht und die Felder- und Wiesenlandschaft des Klützer Winkels.

Ostseeallee, Boltenhagen,
www.ostsee.de/boltenhagen

4 Leuchtturm Bastorf

Weithin sichtbar ist der über 100 Jahre alte Leuchtturm von Bastorf. Der rote Backsteinturm misst nur 20 m, steht jedoch auf einem 78 m hohen Signalberg. Es lohnt sich, die 55 Stufen zur Aussichtsplattform zu erklimmen, denn von oben genießt man einen weiten Blick über das Salzhaff, an klaren Tagen sogar bis Fehmarn.

Zum Leuchtturm, Bastorf,
tgl. 11–16, im Sommer 11–17 Uhr,
www.leuchtturm-bastorf.de

5 Bernstein-Werkstatt

Das Gold des Meeres schimmert in all seinen Farben – von milchig-gelb über braunrot bis honiggelb. Dass Bernstein relativ weich und leicht zu bearbeiten ist, kann man im Deutschen Bernsteinmuseum herausfinden. Zum selbst hergestellten Schmuckstück gibt es ein Lederband.

Im Kloster 1-2, Ribnitz-Damgarten,
März–Okt. tgl. 9:30–18,
Nov.–Feb. Di–So 9:30–17 Uhr,
www.deutsches-bernsteinmuseum.de

6 Yoga auf dem Wasser

»Als ob man schwebt!« Susanne Schramm lädt zum Yoga auf die Wasserbühne der Yachtwelt Weiße Wiek. Yogamatten sind schon da, bei Regen macht ein Pagodenzelt den Sonnengruß möglich.

Zum Hafen 3, Boltenhagen,
Tel. +49 176/23 55 12 36,
14-tägig So 9–10 Uhr, nach Anm.,
www.einfach-nur-yoga.de

Entspannt unterwegs

Radeln ist in! Und im flachen Küstenland gar nicht anstrengend. In jedem Ostseebad können Räder gemietet werden, engmaschiger wird auch das Netz an E-Bike-Leihstationen. OstseeBike in Kühlungsborn liefert die Räder sogar zum Wunsch-Ausgangsort.

Hotels

Baumhaus Grüne Wieck
Nur 800 m vom Naturstrand entfernt und von Bäumen umgeben liegen die sechs prämierten Wabenhäuser für bis zu sechs Personen. Das moderne Design ist was fürs Auge und wurde umweltfreundlich umgesetzt. Sanitäranlagen befinden sich separat auf dem Gelände.
Zur Wieck 4, Hohenkirchen-Beckerwitz,
Tel. +49 384 28/603 62, Haus ab 99 €,
www.gruenewiek.de

Steigenberger Hotel Sonne
Das Tophotel in bester Lage bietet Wellness & Spa (Sauna, Dampfbad, Care Cosmetic) sowie einige kulinarische Highlights: die auch bei Rostockern beliebte Weinwirtschaft, die Havanna Bar & Lounge und das nach Mecklenburgs »Nationaldichter« Fritz Reuter benannte Gourmetrestaurant Reuters. Spezielle Angebote wenden sich an Kreuzfahrtgäste.
Neuer Markt 2, Rostock,
Tel. +49 381/497 30, DZ ab 140 €,
www.steigenberger.com/Rostock

Doberaner Hof
Wecken mit Molli-Pfiff – das familiengeführte, 2013 renovierte und radlerfreundliche Haus punktet in ruhiger und zentraler Lage mit einer Bibliothek im Wintergarten und der Nähe zur Haltestelle der alten Dampflok Molli.
Alexandrinenplatz 4, Bad Doberan,
Tel. +49 382 03/747 40; DZ ab 79 €,
www.hotel-doberaner-hof.de

08 Rügen und Stralsund

Mecklenburg-Vorpommern

Der liebe Gott als Mörtelwerfer? So erzählen sie es sich hier. Da habe der Herr also bei der Erschaffung der Erde noch einen Klecks auf der Kelle gehabt und ihn, knapp bevor die Sonne unterging, vor die Küste der Ostsee geschleudert. Und genau deshalb gibt es hier alles beisammen, was im Rest der Welt nur einzeln zu haben ist: feine Sandstrände, weite Wiesen, Wälder, aus denen Schlösser lugen, kreideweiße Steilküsten und jede Menge Sonne, Wind und Meer. Das ist Rügen, ein kleines Weltreich aus 30 Halbinseln und Inselchen, Nehrungen, Bodden und Buchten, ein Klecks vom Paradies. Und gesegnet mit einem Licht, das die Romantiker einst ganz herzensinnig werden ließ: Caspar David Friedrich konnte sich nicht sattsehen. Sein Gemälde von den schneeweißen Kreidefelsen wurde zum Schlüsselbild einer ganzen Epoche – und bis heute zieht die Insel Menschen mit romantischer Veranlagung an und schenkt ihnen Weite und Einsamkeit. Wer's quirliger mag oder eleganter, der findet aber auch Sport und Badespaß, nobles Stelldichein auf den Seebrücken und Promenaden der Kaiserzeit und ein reges Kulturleben. Morgens dann wieder ans Wasser: Der Sonnenaufgang vor den Kreidefelsen ist unvergleichlich.

www.ruegen.de

Stralsunder Gourmets: Im Helgolandtunnel des Ozeaneums werden die Meeresbewohner drei Mal wöchentlich von Tauchern gefüttert.

1. Ozeaneum
2. Halbinsel Jasmund
3. Insel Ummanz
4. Kap Arkona
5. Töpferei Susan Schmorell
6. IFArelax

- 🛏 1 Kaufmannshof
- 🛏 2 Kurhaus Binz
- 🛏 3 im-jaich

1 Ozeaneum

Am »Tor zur Insel Rügen«, in Stralsund, lohnt sich dieser Zwischenstopp mit Tiefgang: Die Zweigstelle des Meeresmuseums setzt mit ihrem elegant modernen Bau auch einen architektonischen Akzent. Eine der Attraktionen der Ausstellung ist das 2,6 Mio. Liter fassende Aquarium, in dem u.a. die Sandtigerhaidame Niki zu Hause ist und durch eine Panoramascheibe beobachtet werden kann. Beeindruckend sind auch die tonnenschweren Nachbildungen von Walen, deren Gesängen man bei der Betrachtung lauscht. Auf dem Dach tummeln sich einige Pinguine.

Hafenstr. 11, Stralsund, Juni–Sept. tgl. 9.30–20, Okt.–Mai tgl. 9.30–18 Uhr, www.ozeaneum.de

2 Halbinsel Jasmund

Einst eine Insel vor der Insel, wurde diese gigantische Kreidescholle im Lauf der Jahrtausende durch zwei lange Sanddämme mit dem Kernland und Wittow verbunden. Ihre Halterungen sind zwei schmale Landbrücken aus feinem Sand mit herrlichen Stränden. Doch nicht zum Baden strömen die Besucher nach Jasmund. Sie kommen, um die weltberühmten Kreidefelsen am Königsstuhl zu sehen und die Farben und Formen dieser einzigartigen Natur zu erleben. Nirgendwo fühlt man sich der deutschen Romantik so nahe wie hier, und man versteht gut, wieso sich gerade hier ihr populärster Vertreter Caspar David Friedrich so gern inspirieren ließ.

Nationalparkzentrum Königsstuhl: Stubbenkammer 2, Sassnitz, Tel. 03 83 92/661 70, Ostern–Okt. tgl. 9–19, Nov.–Ostern tgl. 10–17 Uhr, www.koenigsstuhl.com

3 Insel Ummanz

Wer Ruhe sucht, der findet sie hier. 1901 wurde das 20 qkm große, flache Eiland durch eine 250 m lange Brücke mit Rügen verbunden. Die Insel ist ein Paradies zur Vogelbeobachtung: einer der wichtigsten Rastplätze Europas für Zugvögel, die sich hier in riesigen Schwärmen einfinden. Der Kranichzug, bei dem in den seichten Gewässern Zehntausende dieser grazilen langbeinigen Vögel auf ihrem Weg von und nach Afrika rasten, ist ein unvergleichliches Naturschauspiel.

Tourist Info Rügen: Tel. +49 38 38/80 77 80, www.ruegen.de

4 Kap Arkona

Am Standort des slawischen Burgwalls, an dem die Ranen im 6. Jh. die Jaromarsburg mit dem Tempel für ihren vierköpfigen Gott Svantevit bauten, sind kaum mehr Reste des Burgwalls auszumachen. Zu sehen sind der ehemalige Funkpeilturm der Kriegsmarine, heute ein Ausstellungszentrum, und ein Stück entfernt zwei Leuchttürme, wovon der höhere noch in Betrieb ist. Von der Aussichtsplattform des kleineren Backsteinturms sieht man, bei klarer Sicht, bis hinüber zur Insel Møn. Gegenüber kann man zum Strand hinuntersteigen oder bis zum nördlichsten Inselpunkt

Beste Reisezeit

Nicht entgehen lassen sollte man es sich, wenn von Juni bis Aug. Seeräuber und Rüganer Kind Klaus Störtebeker während der Störtebeker-Festspiele die Naturbühne am großen Jasmunder Bodden von Ralswiek erstürmt.

Hotels

Kaufmannshof
1906 handelte Paul Hermerschmidt in Bergen mit Kolonialwaren und Delikatessen, drei Generationen später entstand ein Hotel am selben Ort. Es sticht ab vom Einerlei, erfreut das Auge mit vielen netten Details und liegt günstig mitten in der Altstadt von Bergen. An der Bar sitzt man abends mit Einheimischen.
Bahnhofstr. 6–8, Bergen,
Tel. +49 38 38/804 50, DZ ab 90 €,
www.kaufmannshof.de,

Kurhaus Binz
Das traditionsreiche 5-Sterne-Luxushotel im Ostseebad Binz verströmt noch den Charme der Belle Époque. In der ersten Reihe an der Seebrücke zu logieren, ist ein besonderes Vergnügen, der 1500 qm große Spa-Bereich mit Pool- und Saunalandschaft, Anwendungen und Fitnessraum ebenfalls.
Strandpromenade 27, Binz,
Tel. +49 383 93/66 50, DZ ab 128 €,
www.travelcharme.com/hotels/kurhaus-binz

Schwimmende Ferienhäuser im-jaich
Für Individualisten und Seebären: Die im Yachthafen von Lauterbach vertäuten schwimmenden Ferienhäuser sind mit allen Annehmlichkeiten ausgestattet und bieten ein einzigartiges Urlaubsfeeling. Mehr Meer geht nicht!
Am Yachthafen 1, Lauterbach,
Tel. +49 383 01/80 90, kleines Haus ab 85 €, www.im-jaich.de

Gellort laufen. Noch ein Stückchen weiter, und man kommt zum Granitfindling Söbensniedersteen, so groß, dass sieben Schneider darauf Platz haben sollten.

Putgarten, Aussichtsplattform Nov.–März tgl. 11–16, Apr./Mai/Okt. 10–17, Juni/Sept. 10–18, Juli/Aug. 10–19 Uhr, www.kap-arkona.de

5 Töpfern und Malen

Wer mehr über das Drehen auf der Töpferscheibe und über Aufbaukeramik erfahren möchte, kann der Töpferin Susan Schmorell und ihrem Team in der »Alten Küsterei« auf die Finger schauen oder sich selbst ausprobieren. Typische Inselmotive wie leuchtender Mohn, Kraniche und Sanddorn werden von Hand auf die Kannen, Schälchen, Tassen und Teller gemalt. Auch Aquarellmalerei ist möglich.

Werkstatt: Pappelweg 1, Wusse, Tel. +49 383 05/81 11, Mai – Okt. Mo–Fr 9.30–18, Nov.–Apr. Mo–Fr 8.30–17 Uhr, am Wochenende nach telefonischer Absprache

Herrliche Aussichten bieten sich auf und von Karl Friedrich Schinkels Leuchttürmen am Kap Arkona.

6 Eintauchen ins Kreidebad

Kreidebäder, in einer vierprozentigen Konzentration mit Wasser oder Meerwasser für 20 Min. angewendet (Badetemperatur: 38 bis 45 °C), sorgen für absolute Entspannung und verwöhnen Körper und Geist. Die Beigabe von Stutenmilch und anderen Essenzen wird individuell abgestimmt. Anschließend erhält man noch eine Trockenpackung. Danach fühlt man sich wie neu geboren.

Verschiedene Kreide-Anwendungen z. B. bei IFArelax, Strandpromenade 74, Binz, Tel. +49 383 93/911 02, www.ifa-ruegen-hotel.com

Entspannt unterwegs

Das über 80 Jahre alte Zeeseboot »Godewind« lädt zum Ausflug auf die Hagensche Wiek ein. So lässt sich mit Kapitän Otto eines der schönsten Segelreviere der Insel erkunden. Ab Hafen Gager, www.zeesbootgodewind-moenchgut.jimdo.com

09 Usedom

Mecklenburg-Vorpommern

Siehste! Manchmal werden selbst pompöse Versprechen noch wahr. Blühende Landschaften hatte die Politik den Menschen in der alten DDR also ausgemalt – und nun sind sie da! Nicht ganz so flächendeckend vielleicht, wie es der Altbundeskanzler angekündigt hatte. Aber an der Ostseeküste leuchtet wieder die alte Pracht der Bäder, auf der Insel Usedom sogar im Licht eines geläuterten Bewusstseins: Hier haben nicht nur die Kaiserbäder Heringsdorf, Ahlbeck und Bansin mit ihren herrschaftlichen Villen aus der Gründerzeit und den ins Meer hinaus gebauten Seebrücken den mondänen Betrieb wieder aufgenommen. Aufgeblüht ist auch die Natur, für den Besucher durch über 120 km Radwege erschlossen, und doch sorgsam behütet: 1999 wurde praktisch die gesamte Insel einschließlich der zum Festland gelegenen Gewässer zum Naturpark erklärt, ein Garten Eden, ein Refugium für Graureiher, Störche und Seeadler. Und so ergänzen sich 42 km Sehen und Gesehenwerden auf der längsten Strandpromenade Europas und unberührte Winkel in sattem Grün, ein sommerlich gleißender Sandstrand und der Gedanke an winterliche Spaziergänge in vornehmster Einsamkeit. Die neue Blüte der Insel hat übrigens ihren Grund: Nirgendwo sonst in Deutschland scheint die Sonne so oft und so lange – 1917 Std. im Jahr! – wie im Ostseebad Zinnowitz.

www.usedom.de

Strand bei Sellin mit der 1998 in ihrer ursprünglichen Gestalt von 1927 fertiggestellten Seebrücke.

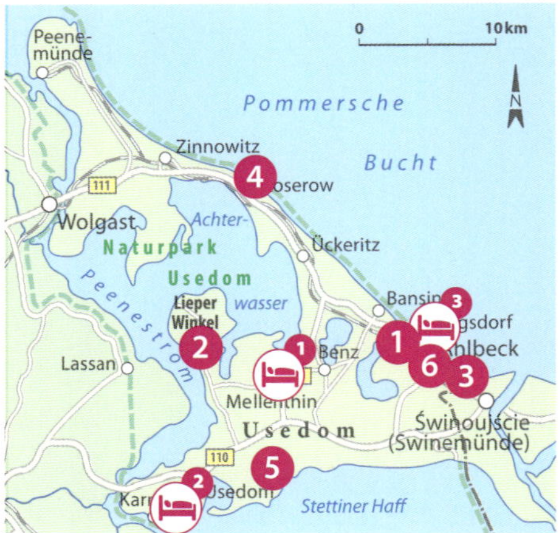

1. Die Kaiserbäder
2. Lieper Winkel
3. Längste Strandpromenade Europas
4. Streckelsberg
5. Fotowanderung mit Harald Nadler
6. Das Ahlbeck Hotel & Spa

- (Hotel 1) Bio-Hotel Gutshof Insel Usedom
- (Hotel 2) Lotsenturm Usedom
- (Hotel 3) Strandhotel Ostseeblick

1 Die Kaiserbäder

Mit dem klangvollen Namen Drei Kaiserbäder knüpfen die ehemaligen Fischerorte Ahlbeck, Heringsdorf, Bansin und das polnische Swinoujscie an ihre blühende Vergangenheit im 19. Jh. an, als in diesen Seebädern die deutsche Kaiserfamilie regelmäßig zu Gast war. Geblieben ist die einmalig restaurierte Bäderarchitektur jener Gründerzeit um 1900, die die Orte als romantisch-freies Urlaubsziel berühmt machten. Viele lokale Reminiszenzen der gloriosen Vergangenheit werden bewahrt. Für die Zukunft steht aber ein hochmoderner, ganzjähriger Badetourismus mit allen Finessen, zu denen auch Heringsdorfs Gourmetrestaurants zählen.

Tourist Info: Ahlbeck, Bansin und Heringsdorf, Tel. +49 383 78/498 80, Nov.–März Mo–Fr 9–16, Sa/So 10–12, Apr./Okt. Mo–Fr 9–17, Sa/So 10–13, Mai–Sept. Mo–Fr 9–18, Sa/So 10–15 Uhr, www.drei-kaiserbaeder.de

2 Lieper Winkel

Im Südosten lohnt ein Ausflug auf die Halbinsel Lieper Winkel. Achterwasser und Peenestrom lassen den Landstrich mit seinen Buchten zur amphibischen Welt werden. Störche stolzieren über die Felder und ganze Graureiherkolonien machen sich auf den Wiesen breit. Stille Stunden am Haff mit einsam am Horizont ziehenden Segeln und grandiosen Naturschauspielen erlebt man hier. Insbesondere Individualisten erkunden die rural geprägte Gegend gerne mit dem Fahrrad, per Boot oder zu Fuß. Wer Ruhe sucht und sich an hübschen, reetgedeckten Häusern und blühenden Gärten erfreut, ist hier richtig.

Zwischen Achterwasser und Peenestrom, www.usedom.de

3 Längste Strandpromenade Europas

Die Kaiserbäder verheißen mit ihrer 12 km langen Strandpromenade mit ihrem 70 m breitem Sandstrand Badefreuden pur – beim Eisbaden sogar im Winter. Dabei wärmen die deutschlandweit meisten Sonnenstunden (über 1900 im Jahr)!

Bansin bis Swinoujscie

4 Streckelsberg

Die mit 60 m, nach dem Golm, zweithöchste Erhebung Usedoms ist seit 1961 Naturschutzgebiet. Schon im 19. Jh. wurde die bis dato unbewaldete Kliffranddüne mit Rotbuchen aufgeforstet, um die Bodenerosion der Düne einzudämmen und den vom Wind auf die Felder getragenen Sand zu stoppen. Später kam eine schützende Brandungsmauer hinzu. Dennoch setzt sich der Abtragungsprozess weiter fort, Sturmfluten brechen immer wieder Teile aus dem Kliff. Vom Strand aus kann der Streckelsberg in wenigen Min. bestiegen werden. Durch das Fernrohr auf der Aussichtsplattform bietet sich ein herrlicher Blick auf die Insel Greifswalder Oie, in südöstlicher Richtung sind die Steilufer der Insel Wollin auszumachen. Liebhaber

Beste Reisezeit

Das herausragende Usedomer Musikfestival wurde mit dem Preis »Deutschland – Land der Ideen« ausgezeichnet. Riesenbeifall erhalten seit 2002 die Peenemünder Konzerte als Zeichen für Frieden und Verständigung. www.usedomer-musikfestival.de, 3 Wochen Mitte Sept.–Mitte Okt.

Leben in der Senkrechten:
Blick aufs Bett im Lotsenturm Usedom

von Sagen und Mythen finden hier einen der Orte, an dem das sagenumwobene Vineta untergegangen sein soll.

Tourist Info: Hauptstr. 31, Koserow, Tel. +49 383 75/204 15, Nov.–März Mo–Fr 9–12.30, 13–16, Apr./Okt. Mo–Fr 9–16, Sa 9–12, Mai/Juni/Sept. Mo–Fr 9–18, Sa 9–12, Juli/Aug. Mo–Fr 9–18, Sa/So 9–12 Uhr, www.seebad-koserow.de

5 Fotowanderung

Der Künstler Harald Nadler lädt regelmäßig zu Fotosafaris ein. In ca. sechs Std. schärft die Gruppe von bis zu fünf Personen gemeinsam ihren Blick für die Schönheit der Natur. Es geht also weniger um die Technik, sondern vielmehr um eine individuelle und kreative Motivsuche. Exkursionschef Harald Nadler fotografiert natürlich auch selbst auf den Touren. Und auch er findet immer wieder neue Motive und Stimmungen seiner Heimatinsel.

Zum Haff 4, Stolpe, Tel. +49 170/691 01 09, Termine nach Absprache, www.fohana.de

6 Das Ahlbeck Hotel & Spa

Im Wellness- und Spa-Bereich des vom Deutschen Wellness Verband ausgezeichneten Hotels stehen auf insgesamt 1200 qm ein Schwimmbad, Fitnessgeräte, ein begrüntes Sonnenliegedeck, finnische Sauna, Sanarium, Dampfbad, Tepidarium, Serailbad, Duo Crystal-Wanne (Farb-, Klang-, Magnetfeld), Duo-Sandliege und ein Privat-Spa mit Dampfbad zur Verfügung. Außerdem werden Beauty-Behandlungen, Massagen und verschiedene Kurse, etwa Yoga und Aqua-Fitness, angeboten.

Dünenstr. 48, Seebad Ahlbeck, Tel. +49 383 78/499 45 00, tgl., www.wellness-usedom.com

Entspannt unterwegs

Radeln ist in! Der Radverleih ist dank der vom Bundesverkehrsministerium geförderten Initiative UsedomRad bestens organisiert. Engmaschiger wird auch das Netz an E-Bike-Leihstationen.
www.usedomrad.de

Hotels

Bio-Hotel Gutshof Insel Usedom
Cornelia Korts und Team laden ins schmucke Landhotel mit Zimmern und Apartments ein. Der Wellnessbereich umfasst Sauna, Solarium und Massage. Ein Hit ist das Landwert-Restaurant mit Bioküche vom Feinsten.
Dorfstr. 24, Mellenthin, Tel. +49 383 79/207 00, DZ ab 60 €, www.gutshof-usedom.de

Lotsenturm Usedom
Rundum glücklich – ein Hotel ganz für sich allein! Im 70 Jahre alten Lotsenturm werden in luftiger Höhe Träume wahr – mit Whirlpool und Frühstück an die Turmtreppe. Alles ist rund, die Deckenhöhe beträgt bis 8 m! Vom 360°-Balkon schweift der Blick über den Peenestrom.
Dorfstr. 28 b, Karnin, Tel. +49 30/89 09 33 51, ab 250 € (für 2 Personen), www.lotsenturm-usedom.de

Strandhotel Ostseeblick
Die Kreativergänzung zum MEERness Spa mit Panoramapool und abendlichem Lichtzauber, Saunalandschaft, Beauty- und Wellnesstreatments bietet das Gourmet-Restaurant Bernstein. Kochkurse, Wein- und Whiskey-Tastings sind im Angebot. Das persönliche Wohlfühlprogramm umfasst u. a. Qigong, Nordic Beach Walking, Aqua-Gymnastik und Kneipp-Anwendungen.
Kulmstr. 28, Heringsdorf, Tel. +49 383 78/540, DZ ab 140 €, www.strandhotel-ostseeblick.de

10 Mecklenburgische Seenplatte

Mecklenburg-Vorpommern

Als der liebe Gott die Welt erschuf, so behauptete einst Fritz Reuter, fing er bei Mecklenburg an. Der Dichter formulierte seine steile These im ortsüblichen Platt, worauf hier mit Rücksicht auf die Bewohner anderer Regionen verzichtet werden soll. Den Menschen um Teterow, Waren oder Plau aber sprach er aus der Seele. Zumal er gleich noch einräumte, dass zu Beginn des Werkes, oben an der Ostseeküste, noch ein paar winzige Fehler unterlaufen sein mochten. Spätestens an der Südgrenze des Landes aber war der Allmächtige in seinem Metier, und aus großzügig gefülltem Füllhorn sprudelte: die Mecklenburgische Seenplatte. Niederungen füllten sich mit türkisblau schimmerndem Wasser, gesäumt von schattigen Wäldern mit opulenter Wild- und Pflanzenpracht. Der Mensch entdeckte diesen irdischen Garten Eden – und blieb. Und mehr noch: Er wusste um die Schönheit seiner Umgebung und schützte sie. Dass in jüngerer Zeit auch Änderungen vorgenommen wurden, um die Reize der Region für alle zugänglich und erlebbar zu machen, ist kein Widerspruch! Und so gilt es, die Schätze um Müritz, Plauer See, Kleinseenplatte und Feldberger Seenlandschaft zu entdecken: Wasser, so weit der Blick schweift, fischreich und Habitat für Störche, Biber und Reiher, zugleich aber offen für Badespaß und Segelfreuden, umsäumt von barocken Residenzen, Kunstsammlungen und so manchem prächtig restaurierten Herrensitz. »Schön ist es geworden«, sagte Fritz Reuter. Als wäre er es gewesen, dem für das alles zu danken sei.

www.auf-nach-mv.de

Paddel-Paradies Mecklenburgische Seenplatte, hier auf dem Zotzensee südlich von Mirow.

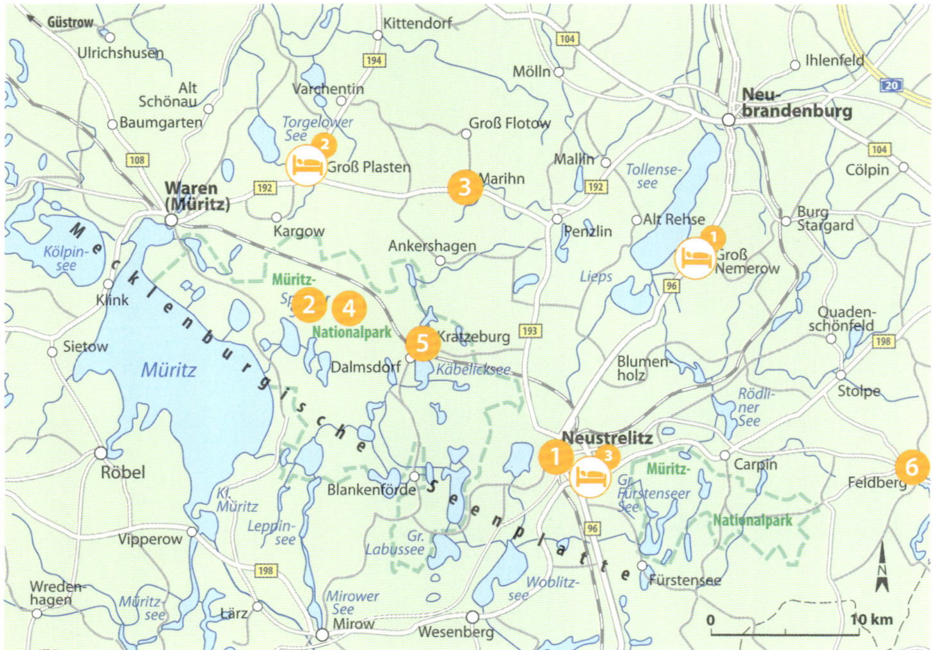

1 Neustrelitz	4 Käflingsbergturm	Schloss Bornmühle
2 Müritz-Nationalpark	5 Glasmanufaktur	Schloss Groß Plasten
3 Garten von Marihn	6 Feldberger Kurpark	Öko-Hotel

1 Neustrelitz

Im Osten der Seenplatte wartet ein kulturelles Highlight, die ehemalige Residenzstadt Neustrelitz, die als eine der letzten barocken Stadtgründungen Europas gilt und bis heute durch architektonische Eleganz besticht. Hier ist alles, dem damaligen Zeitgeschmack entsprechend, symmetrisch angelegt. Die herzogliche Vergangenheit der Stadt ist auf den ersten Blick am Marktplatz, von dem acht Straßen sternförmig aus dem Stadtzentrum herausführen, zu sehen und setzt sich mit dem Schlossgartenensemble fort. Von Neustrelitz ist es nicht weit in die Natur – zu den Gewässern der Feldberger Seenlandschaft.

Tourist Info: Strelitzer Str. 1, Neustrelitz,
Tel. +49 039 81/25 31 19, Mai–Sept. Mo–Fr 9–18, Sa/So 9.30–13, Okt.–Apr. Mo–Fr 9–12, Mo–Do 13–16 Uhr, www.neustrelitz.de

2 Müritz-Nationalpark

Landschaftsprägend sind im gesamten Nationalpark die ausgedehnten Wälder, Seen und Moore. Entstanden ist diese in Deutschland einmalige Landschaft vor 12 000 Jahren, vor allem das Eis der Pommerschen Hauptendmoräne schuf Rinnen und Becken und hinterließ zahllose Findlinge, Sölle und Toteislöcher. Mit Wander- und Fahrradwegen, Rastplätzen, Aussichtstürmen und Beobachtungsständen ist der Nationalpark gut erschlossen.

Zur Steinmole 1, Waren (Müritz),
Tel. +49 39 91/63 36 80, Apr.–Okt.
tgl. 10–19, Nov.–März tgl. 10–18 Uhr,
www.mueritzeum.de

3 Der Garten von Marihn

Diese Mischung aus altem englischen Park, Nutzgarten und moderner Gartenarchitektur lädt zum Verweilen ein! Über 9000 Englische Rosen sind hier zu bewundern, die an der Kasse und im Gartencafé u. a. in Form von feinstem Rosengelee sogar mitgenommen werden können.

Hofstr. 2, Penzlin, Mai–Sept. Do–So
10–18 Uhr, www.dergartenvonmarihn.de

Beste Reisezeit

100 Konzerte locken von Mitte Juni bis Mitte Sept. Besucher u. a. in den Schinkelsaal Burg Schlitz, in den Schlosspark Land Fleesensee und die Konzertkirche Neubrandenburg. Das Herz der Festspiele Mecklenburg-Vorpommern schlägt in Schloss Ulrichshusen.
www.festspiele-mv.de

Der streng symmetrisch angelegte Marktplatz von Neustrelitz – eine in Europa einmalige Anlage.

4 Käflingsbergturm

Das 55 m hohe Stahlskelett auf dem Käflingsberg im Müritz-Nationalpark ist Mobilfunkmast und Feuerwache. 167 Stufen führen zur Aussichtsfläche in 31 m Höhe. Gen Osten wandert der Blick bis zum Havelquellgebiet und Neustrelitz, im Westen dank des installierten Feldstechers bis Waren und Röbel.

2,5 km ab Speck, Mai–Okt. tgl. 10–17 Uhr, www.mueritz-nationalpark.de

Entspannt unterwegs

Gute Kanus verleiht die Kanustation Mirow, Tourenberatung inklusive. Tel. +49 398 33/220 98, Apr.–Okt. www.kanustation.de

5 Glasmanufaktur Dalmsdorf

Die Glaskünstlerin Bettina Paesler fertigt Glasobjekte und Schmuckstücke und gibt Glasperlen- und Fusingkurse.

Dalmsdorf 1, Kratzeburg, Tel. +49 398 22/29 60 57, Apr.–Dez. tgl. 11–18 Uhr, Kurse nach Anm., www.glasmanufaktur-dalmsdorf.de

6 Feldberger Kurpark

Im Kurpark machen ein Gräserlabyrinth, ein Barfußpfad und eine Kneippanlage dem Prädikat »staatlich anerkannter Erholungsort« alle Ehre. Im Städtchen gibt es weitere Kneippanlagen, einen Fitness-Parcours sowie Nordic-Walking-Strecken.

Strelitzer Str. 42, Feldberger Seenlandschaft, www.feldberger-seenlandschaft.de

Hotels

Schloss Bornmühle
Das Wohlfühlparadies am Südende des Tollensesees ist Anziehungspunkt für Gesundheits- und Sportbegeisterte, kulinarische Genüsse verspricht die Crew des Gourmetrestaurants Lisette um Küchenchef Thorsten Räth, das den Prinzipien von »ländlich fein« verpflichtet ist.
Bornmühle 35, Groß Nemerow,
Tel. +49 396 05/600, DZ ab 120 €,
www.bornmuehle.de

Schlosshotel Groß Plasten
Das Schloss zählt zu den schönsten Hotelanlagen in Mecklenburg-Vorpommern. Die 54 Zimmer sind individuell eingerichtet, v. a. die Themenzimmer begeistern. In ihnen wohnt man stilecht wie Napoleon, Königin Luise oder Casanova. Für Entspannung sorgen der Wellnessbereich und der schöne Seeblick von der Terrasse.
Parkallee 36, Groß Plasten,
Tel. +49 399 34/80 20, DZ ab 95 €,
www.schlosshotel-grossplasten.de/

Öko-Hotel
Moderne Holz-Lehm-Häuser auf dem Gelände der alten Kachelofenfabrik in Hafennähe mit FeWo und Zimmern. In der Gaststätte wird Regionales serviert, in der Fabrikgalerie ist Gegenwartskunst zu sehen, außerdem gibt es zwei Programmkinos und Sonderveranstaltungen.
Sandberg 3, Neustrelitz,
Tel. +49 39 81/20 31 45, DZ ab 59 €,
www.basiskulturfabrik.de

Der Blick von der Łącka schweift über hohe Sandberge – weit, weiter, noch weiter – und am Horizont: die Ostsee.

11 Polnische Ostseeküste

Polen

Hinter dem Horizont geht es weiter – in ein Land, in dem die Träume der Kindheit greifbar sind: Burgen bauen an endlosen Stränden, auf einem Pferd in die Gischt hinein reiten, als stolzer Ritter auf den Zinnen der Marienburg stehen. Oder Pilze suchen, Eis schlecken, sich mit frischen Himbeeren den Magen verrenken. Oder über die Masuren schippern, die Angel ins Wasser tauchen und nichts hören außer Stille. Oder auf den Turm der Marienkirche in Danzig klettern, bis die roten Ziegelhäuser der alten Hansestadt aussehen wie aus dem Spielzeugkasten hingestreut. Die polnische Ostseeküste, die Stettiner und die Danziger Bucht – das ist die Ostsee für Genießer und Romantiker; im Hinterland liegen Dörfer, in denen Störche nisten und das Wild aus den Wäldern in Buttermilchbeize zart und mürbe gemacht wird. Grandios angelegte Burgen und Klöster erzählen von einer unruhigen Vergangenheit. Nicht vergessen aber, dass genau hier, auf der Lenin-Werft in Danzig, die Gewerkschaft Solidarność gegründet wurde und Polen seinen Weg in die Freiheit eingeschlagen hat.

wwww.pomorskie.travel

1 Danzig
2 Hel
3 Łącka Góra
4 Kap Rozewie
5 Bernstein Michel
6 Bryza Spa
1 Hotel Hanza
2 Hotel Neptun
3 Willa Victor

1 Danzig

An der Mündung der Motława (Mottlau) in die Martwa Wisła (Tote Weichsel) glänzt ein Juwel, das Meisterstück polnischer Restauratorenkunst: Danzig ist mit seinem prächtigen Stadtbild neben Warschau die größte nach 1945 detailgetreu wieder aufgebaute Metropole des europäischen Kontinents. Im 16. und 17. Jh. war die Stadt die mächtigste an der Ostsee. Heute hat sie Besuchern eine Menge zu bieten, von der größten historischen Backsteinkirche der Welt bis zu Pretiosen aus Bernstein. Wandeln Sie durch die Rechtstadt, die Altstadt und die alte Vorstadt auf den Spuren vergangener Zeiten. Trinken Sie ein Goldwasser, tauchen Sie ein in die Menschenmassen am Hafenkai oder nehmen Sie ein Bad in Sopot.

Tourist Info: Długi Targ 28/29, Gdańsk, Tel. +48 58/301 43 55, Okt.–Apr. tgl. 9–17, Mai–Sept. tgl. 9–19 Uhr, www.gdansk4u.pl

Entspannt unterwegs

Der Reitsport ist in Polen ausgesprochen beliebt und gut organisiert. Es gibt zahlreiche Gestüte, Pferdehöfe und neuerdings auch immer mehr private Reitzentren. www.pzj.pl, www.polen.travel.de

2 Halbinsel Hel

34 km reicht die Halbinsel Hel (auch: Półwysep Helski) ins offene Meer. Wenig erinnert daran, dass hier bis 1990 militärisches Sperrgebiet war, denn seitdem hat sich der Tourismus rasant entwickelt. Vier Dörfer und mehrere Campingplätze säumen die sandige Landzunge, an deren Spitze sich das Städtchen Hel ausbreitet. An der schmalsten Stelle bei Jurata trennen gerade einmal 200 m die Sandstrände – einerseits an der Ostsee, andererseits an der Pucker Bucht, die dank flachen Wassers und beständiger Winde zum Hotspot der Wind- und Kitesurfer avancierte. Im Sommer zieht es, vor allem am Wochenende, halb Danzig auf die Halbinsel. Die 70 km von Danzig aus kann man aber auch per Zug oder Schiff zurücklegen (Mai/Juni Sa/So, Juli/Aug. tgl.).

Tourist Info: ul. Stefańskiego 5, Jastarnia, Tel. +48 58/675 20 97, www.jastarnia.pl

3 Wanderdüne Łącka Góra

Hinauf auf den 50 m hohen Sandberg! Mit der Größe der Lonzker Düne im Słowiński-Nationalpark können in Europa nur zwei Dünen konkurrieren – die der Kurischen Nehrung in Litauen/Russland und die Dune de Pilat bei Arcachon. Lohn der Mühe ist ein weites Panorama über die Dünen, das Meer und zwei Strandseen. Anschließend läuft man zur Küste und dort rechts in Richtung Łeba. Lassen Sie sich einfach die folgenden 5 km am Strand entlang treiben.

Nationalpark Info: ul. Bahaterów Warszawy 1A, Smołdzino, Tel. +48 59/811 72 04, www.slowinskipn.pl

4 Kap Rozewie

Auf einem Steilufer liegt der in der Vorkriegszeit exklusive Badeort Jastrzębia Góra (Habichtsberg), die einstige Lieblingssommerfrische von Marschall Piłsudski. Der schönste Fußweg vom 52 m hohen Steilufer zum Strand führt durch die wildromantische Fuchsschlucht Lisy Jar. Auf keinen Fall entgehen lassen sollte man sich den traumhaft schönen Rundblick vom Leuchtturm Rozewie (Rixhöft), der den nördlichsten Punkt Polens markiert.

Wzorka, Jastrzębia Góra,
www.rozewie.wla.com.pl

5 Bernstein Workshop

Danzig ist seit Jh. das Zentrum der Bernsteinbearbeitung, und bei Michel wird den Besuchern sogar ein Blick in die Werkstatt gewährt. Nach einer Einführung in die Geschichte des Bernsteins und seiner Verarbeitung darf man sich selbst an der Schleifmaschine versuchen, natürlich unter fachkundiger Anleitung. Zu bestaunen gibt es zudem sowohl seltene Bernstein-Fundstücke als auch moderner und klassischer Schmuck aus dem Gold der Ostsee.

Długie Pobrzeże 4, Gdańsk,
Tel. +48 58/301 78 64, nach Anmeldung,
www.ambermanufacture.com.pl

Vom Turm der Marienkirche in Danzig blickt man über die Dächer der alten Hansestadt.

6 Bryza Spa

Das traumhaft in den Dünen gelegene 4-Sterne-Haus ist das Top-Wellnesshotel an der Ostseeküste und auch für Tagesgäste geöffnet. Es bietet Hallenbäder und ein modernes Spa: Aromatherapie, Shiatsu und andere Massagen, Tang-, Öl- und Salzbäder. Angeboten werden auch Nordic Walking und geführte Radtouren.

ul. Międzymorze 2, Jurata, Tel. +48 58/675 54 50, tgl. 9–22 Uhr, www.bryza.pl

Beste Reisezeit

Naturerlebnis und Dünenwanderung, Seebad oder Partyhochburg: Von Polens Strandschönheiten hat jede ihren eigenen Charme. Egal, welcher Typ man ist, am schönsten ist es am Meer doch in den wärmsten Monaten Juli und Aug. – und dann lockt auch das erfrischende Ostseewasser.

Hotels

Hotel Hanza
In diesem kleinen Boutique-Hotel im Zentrum von Danzig kann man nicht nur übernachten, sondern auch im Spa relaxen oder sich im Resturant europäisch-polnische Spezialitäten schmecken lassen. Die 53 Zimmer bieten eine schöne Aussicht auf die Mottlau oder die Altstadt
ul. Tokarska 6, Gdańsk,
Tel. +48 58/305 34 27, DZ ab 60 €,
www.hotelhanza.pl

Hotel Neptun
Auf einer Sanddüne am Strand von Łeba liegt das stilvolle, 1903 als Kurhaus erbaute heutige Hotel Neptun. Neben der tollen Lage auf dem Steilufer (es gibt auch Zimmer mit Meerblick) überzeugt das Haus durch besten Komfort, etwa einen Außenpool, Kosmetiksalon und Massagen.
ul. Sosnowa 1, Łeba,
Tel. +48 59/866 14 32, DZ ab 100 €,
www.neptunhotel.pl

Willa Victor
Ein romantischer, stilvoller Ort direkt an der Küste: Die weiße Villa aus dem Jahr 1928 bietet sieben Zimmer und drei Suiten, manche davon sogar mit Balkon in Richtung Meer. Das Restaurant zeichnet sich durch saisonale und regionale Küche aus.
ul. Bałtycka 33, Jastrzębia Góra,
Tel. +48 58/674 95 74, DZ ab 60 €,
www.willavictor.pl

12 Friesland

Niederlande

Es soll tatsächlich mal einer gezählt haben: 224 Schattierungen von Himmelblau sind an der holländischen Küste zu unterscheiden – allerdings vervielfacht sich die Zahl, wenn das Zusammenspiel mit dem Meer hinzugerechnet wird: Mal ist es bleigrau und stumpf, mal schimmert es in glasklarem Grün, mal leuchtet es mit dem Himmel um die Wette, und mal blitzt es vor lauter gleißendem Sonnenschein. Vom nächtlichen Tanz der Sterne auf den Wellenkronen oder dem Silberglanz des Mondes auf endlosem Watt gar nicht zu reden … Ach, stundenlang könnte man nur sitzen und nichts tun, als in die Ferne schauen! Bei Ebbe das Wattenmeer erkunden; es steht auf der Unesco-Liste des Weltnaturerbes – und dann schnell zurück in den Strandkorb. Richtig, der Strand: Nirgendwo ist er weißer, weiter und feiner als an der Küste von Friesland. Und nirgendwo ist der lärmige Rest der Welt ferner und unwichtiger als zwischen den Dünen bei, sagen wir: Harlingen, auf Ameland oder der Mönchsinsel Schiermonnikoog. Im Hinterland warten friesische Städtchen mit Giebelfassaden wie aus einem nostalgischen Baukasten. Mächtige Deiche schützen das Land, das die Menschen hier einst dem Meer abgetrotzt haben. Groningen ist eine charmante Universitätsstadt mit viel Tradition und ebenso viel munterem Stadtleben. Und die frischen, frechen, farbenfrohen Häuser der jungen niederländischen Architekten können immer wieder begeistern.

www.frieslanderleben.nl

Farbenfrohe, moderne Architektur am »Reitdiephaven«, im Nordwesten Groningens.

1 Groningen
2 Schiermonnikoog
4 Afsluitdijk
5 Kunstmaand Ameland
6 Thermen de Waterlelie
1 Asgard
2 Hausboot-Verleih
3 Dromen aan Zee

1 Groningen

Die quirlige Universitätsstadt lockt mit einer Mischung aus Tradition und Avantgarde sowie mit einem abwechslungsreichen Umland. Groningen wurde im Zweiten Weltkrieg schwer bombardiert, was die Mischung verschiedenster Baustile erklärt. Historisch interessante Architektur findet sich v. a. rund um den alten Stadthafen und in den hübschen Hofjes. Im Zentrum überragt der 97 m hohe Martinitoren der gleichnamigen Kirche den Marktplatz.

Tourist Info: Grote Markt 25, Groningen,
Tel. +31 900/202 30 50, Mo 12–18,
Di–Fr 9.30–18, Sa 10–17, So 12–16 Uhr,
www.toerisme.groningen.nl

2 Schiermonnikoog

Die zum Nationalpark erklärte autofreie Insel verspricht Einsamkeit, trotz jährlich 300 000 Besuchern – dabei handelt es sich v. a. um Tagesausflügler. Im Besucherzentrum des Nationalparks kann man geführte Touren durch das Watt, die Dünen und ins Vogelreservat Kobbeduinen buchen. Der feine Sandstrand an der Nordküste gehört zu den schönsten in Europa. Ob Sonnenanbeter, Surfer oder Schwimmer, hier sind alle in ihrem Element.

Fähren ab Lauwersoog,
Tourist Info: Reeweg 5, Schiermonnikoog,
Tel. +31 519/53 12 33, Mo–Sa 9.30–17 Uhr,
www.vvvschiermonnikoog.de

3 Schlittschuhmarathon

Jeden Winter haben die friesischen Feuerwehren einen Nebenjob: Gemeinsam mit dem örtlichen IJsclub (Eisclub) fluten sie Wiesen und legen Eisfelder an mit Bahnen für Kortebaan-Wedstrijden oder Schaatsmarathon – Sprint oder Langstrecke. Überall werden Schlittschuh-Volksläufe – Tourtocht genannt – organisiert und Tausende von Holländern gleiten elegant über das Eis, als ob sie mit Schlittschuhen auf die Welt gekommen wären.

In ganz Friesland

4 Afsluitdijk

Der windumtoste Abschlussdeich des IJsselmeeres wehrt seit 1932 Sturmfluten ab und hilft, den Wasserstand im Poldergebiet zu regulieren. 32 km lang führt der Weg übers Wasser, besonders beeindruckend ist eine Überquerung per Fahrrad. Ungefähr 5 km vor der Abfahrt in Friesland erhebt sich ein Aussichtsturm, der einen

Entspannt unterwegs

Von Leeuwarden nach Südwesten bis zum Ijsselmeer erstreckt sich das »Friese Merengebied« (die Friesische Seenplatte) mit einer mehr als 60 km langen Kette von Seen, die durch Kanäle, Bäche und kleine Flüsse miteinander verbunden sind. Ein Paradies für Freizeitkapitäne!

Schier unendliche Freiheit und Ruhe: Die Friesische Seenplatte ist eines der größten zusammenhängenden Erholungs- und Wassersportgebiete in Westeuropa.

weiten Panoramablick über die raue See und das technische Meisterwerk bietet.

Kornwerderzand, www.deafsluitdijk.nl

5 Kunstmaand Ameland

Rund 70 internationale Künstler stellen einen Monat lang über die ganze Insel verteilt ihre Werke aus. Die Palette reicht von Malerei über Fotografie, Videokunst, Bildhauerei und Glaskunst bis hin zu Keramik. Wer Lust verspürt, sich selbst künstlerisch zu betätigen, dem stehen verschiedenste Workshops von den ausstellenden Künstlern zur Auswahl. Theaterstücke und Konzerte am Abend runden das umfangreiche Programm ab.

Ameland, Nov.,
www.kunstmaandameland.com/de

6 Thermen de Waterlelie

In der ruhigen Lage eines kleinen Dorfes liegt eine Oase der Entspannung: die Thermen de Waterlelie mit Saunen aller Art und einem Schönheitssalon.

Oudestreek 47, Zevenhuizen,
tgl. 10.30–22.30, Fr/Sa bis 23 Uhr,
www.waterlelie.nl

Beste Reisezeit

Die Sneekweek im Aug. zählt zu den wichtigsten Segelwettbewerben des Landes. Höhepunkt sind die Rennen der »Skûtsjes« (Plattbodenschiffe), flacher Frachtensegler mit geringem Tiefgang.
www.sneekweek.nl

Hotels

Asgard
Von Designer Henk Bakker gestaltetes Boutiquehotel im Museumsviertel, dessen moderne Einrichtung sich durch die Verwendung vieler Naturmaterialien auszeichnet. Tipp: Die oberen »Luxe kamers« mit Blick über Groningen.
Ganzevoortsingel 1, Groningen,
Tel. +31 50/368 48 10, DZ ab 79 €,
www.asgardhotel.nl

Friesland per Hausboot
Bei Friesland Boating Yachtcharter kann man sich ein schwimmendes Ferienhaus mieten und damit gemächlich über Frieslands Wasserwege steuern. Besonders entspannt: Man darf auch ohne Bootsführerschein ans Steuer.
De Tille 5-7, Koudum,
Tel. +31 514/52 26 07,
ab 310 €/Wochenende (2 Personen),
www.friesland-boating.de

Dromen aan Zee
Originelle abgeschiedene Nachtquartiere kann man am Hafen der Krabbenfischer buchen: In der Kanzel eines Hafenkrans, in der Spitze eines Leuchtturms und auf einem alten Rettungsboot wurden maritim-exzentrische Zimmer mit allem Komfort eingerichtet. Ob gemütlich schaukelnd unter Deck oder in luftiger Höhe mit Rundumblick – diese Unterkünfte sind ein Erlebnis.
Havenweg 1, Harlingen, Tel. +31 517/41 44 10, ab 199 € (2 Personen),
www.dromenaanzee.nl

13 Gelderland

Niederlande

Europapolitik kann sehr spannend sein. Waren nicht die Niederlande einst spanisch? Und griff nicht auch der Sonnenkönig nach dem Juwel am Niederrhein? In der Provinz Gelderland, zwischen Arnhem, Appeldoorn und Zutphen lässt sich heute noch erahnen, welcher Reichtum des Landes die Begehrlichkeiten so mancher naher und ferner Nachbarn weckte: Zu erleben sind prachtvolle Bürgerhäuser und königliche Gärten, Marktplätze voller Leben und Kathedralen in majestätischer Ruhe, atemberaubende Kunstsammlungen – drinnen und unter freiem Himmel, vom goldenen Zeitalter der Malerei bis in die zeitgenössische Avantgarde. Und Wald. Wirklich: Wald! Mitten in den dicht besiedelten, geschäftigen, quirligen Niederlanden! Der Nationalpark De Hoge Veluwe ist so etwas wie ein sattgrünes Kronjuwel. Autofrei, aber wer mag, schnappt sich eines der »Witte Fietsen«, ein schneeweißes Fahrrad, die kostenlos zur Verfügung stehen, und fühlt sich wie ein König. Und wer dann zur Kultur heimkehren, aber die Natur trotzdem nicht missen möchte, der besucht Vincent van Gogh: Mitten im Park wartet die grandiose Sammlung des Museums Kröller-Müller; ein paar entfernte Freunde – von Auguste Rodin bis Henry Moore – sind ebenfalls zu bestaunen.

www.holland.com

Die Vielfalt des Nationalparks Hoge Veluwe fasziniert, etwa mit Flugsandlandschaften.

1. Zutphen
2. Paleis Het Loo, Apeldoorn
3. De Hoge Veluwe
4. Eusebiuskerk
5. Tanzschule El Corte
6. Veluwse Bron

- (Hotel 1) De Jonge Stee
- (Hotel 2) Landgoed Groot Warnsborn
- (Hotel 3) Boutique Hotel Sterrenberg

1 Zutphen

Ein Spaziergang durch die Stadt mit den vielen alten Türmen führt zu Giebelhäusern aus der Zeit der Hanse am Markt, Hout- und Zaadmarkt. Elegante Portale lenken den Blick auf sich. Ein kunsthistorisches Juwel ist die St. Walburgskerk aus dem 12. Jh. mit beeindruckenden Fresken und Chorkapellen, mittelalterlichem Kronleuchter und kupfernem Taufbecken. Sehenswert sind außerdem das Stadhuis in der Lange Hofstraat, der dahinterliegende gotische Burgerzaal, ehemals Butter- und Fleischhalle, sowie das Stedelijk Museum im früheren Dominikanerkloster.

Tourist Info: Houtmarkt 75, Zutphen,
Tel. +31 575/84 45 38,
Di–Sa 9.30–17, So/Mo 11–16 Uhr,
www.tipzutphen.nl

2 Paleis Het Loo

Einst ein Heidedorf, hat sich Apeldoorn zu einer bedeutenden Einkaufsstadt gemausert. Ihre bekannteste Attraktion ist jedoch die ehemalige Sommerresidenz der Oranier, ein prunkvoll ausgestattetes Schloss mit barocken Gartenanlagen, das zuletzt Königin Wilhelmina, der Urgroßmutter von König Willem-Alexander, als Altersruhesitz diente. Mittlerweile ist es als Paleis Het Loo Nationaal Museum in Staatsbesitz und Besuchern zugänglich.

Koninklijk Park 1, Apeldoorn,
Di–So 10–17 Uhr,
www.paleishetloo.nl

3 De Hoge Veluwe

Das mit 5500 ha größte Naturschutzgebiet der Niederlande fasziniert durch seine unterschiedlichen Landschaftsräume: Heidegebiete wechseln mit Wald- und Wasserflächen, wo die Besucher wie auch 150 Vogelarten, Hirsche, Mufflons, Rehe und Wildschweine ungestört herumstreifen können. De Hoge Veluwe ist autofrei – die weißen Fahrräder stehen in allen Größen und kostenlos bereit, um das Gelände auf dem 42 km langen, gut ausgeschilderten Radwegenetz zu erkunden.

Eingänge in Otterlo, Schaarsbergen und Hoenderloo, Nov.–März 9–18, Apr. 8–20, Mai/Aug. 8–21, Juni/Juli 8–22, Sept. 9–20, Okt. 9–19 Uhr, www.hogeveluwe.nl

4 Eusebiuskerk

1944 fielen fast alle historischen Bauwerke der Hansestadt am Nederrijn den Bomben zum Opfer. Nach alten Plänen wieder aufgebaut, besitzt die Provinzhauptstadt Gelderlands wieder viel nostalgisches Flair. Sehenswert ist die spätgotische Kreuzbasilika Eusebiuskerk. Auf den Turm lockt ein schöner Ausblick – noch dazu führt der Weg auf 73 m Höhe bequem per gläsernem Panoramafahrstuhl.

Kerkplein, Arnhem,
Apr.–Okt. Di–Sa 10–17, So 12–17,
Nov.–März Di–Sa 11–16, So 12–16 Uhr,
www.vvvarnhem.nl

Beste Reisezeit

Was wären die Niederlande ohne Tulpen? Die Pflanzen aus der Türkei, die der Botaniker Carolus Clusius 1593 erstmals in niederländischen Sandboden gesetzt hatte, lösten im 17. Jh. eine »Tulpomanie« aus. Bis heute blühen sie in großer Zahl (Apr./Mai).

Hotels

De Jonge Stee
Mit nur drei Gästezimmern und zwei Apartments sowie einer idyllischen Lage auf einem ehemaligen Bauernhof verspricht das Hotel absolute Ruhe und Erholung. Wem der hauseigene Wellnessbereich nicht genügt, hat nur wenige Kilometer Fahrt zum Wellnessresort Veluwse Bron.
Plaggeweg 26, Vierhouten,
Tel. +31 577/41 02 24, DZ ab 90 €,
www.dejongestee.nl

Landgoed Groot Warnsborn
In einer schönen Parklandschaft gelegener, romantischer ehemaliger Adelssitz mit 40 nobel eingerichteten Zimmern (teils mit Kamin oder Terrasse), Wellnessbereich und einem edlen Restaurant, das Wein-, Bier- und Koch-Workshops anbietet.
Bakenbergseweg 277, Arnhem,
Tel. +31 26/445 57 51, DZ ab 135 €,
www.grootwarnsborn.nl

Boutique Hotel Sterrenberg
In Signalrot gestyltes, modernes Hotel, dessen Einrichtung immer wieder Motive aus dem nahen Naturschutzgebiet »De Hoge Veluwe« aufgreift. Der Wellnessbereich umfasst einen Pool, Saunen, ein Dampfbad und einen kleinen Fitnessraum sowie verschiedene Behandlungsangebote.
Houtkampweg 1, Otterlo,
Tel. +31 318/59 12 28, DZ ab 145 €,
www.sterrenberg.nl

Typisch Barock: Der im 17. Jh. angelegte klassisch-französische Garten des Paleis Het Loo ist streng symmetrisch und verbreitet royale Pracht.

5 Tango tanzen

Südamerikanisches Flair mitten in den Niederlanden: Tango-Süchtigen, und solchen die es werden wollen, sei eine Reise in die Tanzschule des »Tango-Königs« Europas empfohlen. Ob »Drop-In Class« am Freitagabend oder eine der jährlich zehn Großveranstaltungen – in der Tanzschule El Corte ist für jedes Können etwas dabei.

Graafseweg 108, Nijmegen, Tel. +31 24/323 30 63, Termine siehe Homepage,
www.elcorte.com

6 Veluwse Bron

Das Wellnessresort liegt mitten in der Natur des Veluwe und hat einen Innenbereich mit orientalischem Badehaus, Panorama-Sauna, einen Rasul-Raum, Caldarium und Scrub-Tempel. Außen wird es zu jeder Jahreszeit warm, z. B. in der Veluwse Sauna, der Infrarot-Sauna, der Wildbeobachtungs-Sauna oder der Erdsauna.

Viskweekweg 10, Emst,
So–Do 10–23, Fr/Sa 10–24 Uhr,
www.veluwsebron.nl

Entspannt unterwegs

Die Stiftung Vrienden op de Fiets vermittelt preiswerte Unterkünfte mit Frühstück für Radfahrer. Als Mitglied erhält man ein Adressverzeichnis und viele praktische Tipps für die Tourenplanung. Leihfahrräder gibt es bei den Tourist Infos in Apeldoorn und Arnhem.
www.vriendenopdefiets.nl

14 Münsterland

Nordrhein-Westfalen

Natürlich nehmen Sie das Fahrrad. Das tun hier alle. Ob es an der Nähe zu Holland liegt oder am Respekt vor der Natur, die viel zum Wohlstand der Region beigetragen hat, oder einfach an dieser typischen Unbeirrbarkeit, mit der die Leute hier ihrer Wege gehen, pardon: fahren – in Münster und Umgebung nimmt man das Rad. Und entdeckt zwischen den stolzen Kirchen und den prachtvoll vergiebelten Kaufmannshäusern der Altstadt und den unzähligen Wasserburgen im Umland eine Offenheit und Lebensfreude, eine Neugier und Toleranz, die viele den vermeintlichen Sturköppen aus dem Land der Pferde gar nicht zugetraut hätten. In der Kunst zum Beispiel: Was haben sie sich aufgeregt, als einer auf die Idee kam, auf dem Prinzipalmarkt und vor dem Schloss und rund um den Aasee moderne Skulpturen aufzustellen! Das ist fast 40 Jahre her – heute sollte mal einer auf die Idee kommen, die junge Kunst hier infrage zu stellen … Aber so sind sie wohl, die Westfalen: nicht leicht zu entflammen, aber wenn sie mal von einer Sache überzeugt sind, dann machen sie's auch richtig. Also, rauf aufs Rad, und los geht's!

www.muensterland-tourismus.de

In der 300 000-Einwohner-Stadt Münster radelt es sich wunderbar, z. B. über den zentralen Prinzipalmarkt.

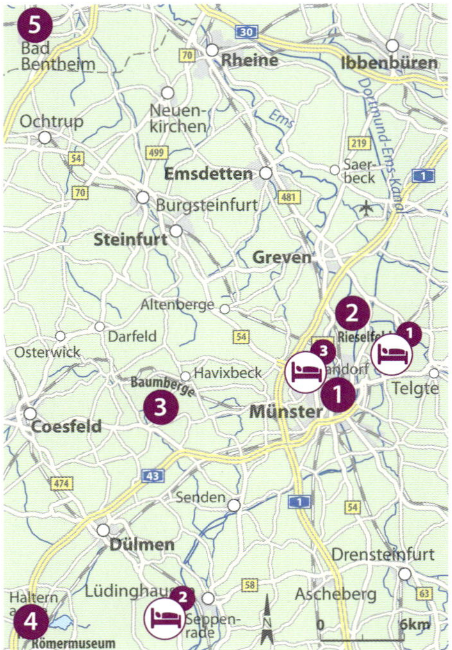

1. Münster
2. Rieselfelder
3. Longinusturm
4. LWL-Römermuseum
5. Bentheimer Mineraltherme

Landhaus Eggert (1)
Mutter Siepe (2)
Factory Hotel (3)

1 Münster

Als Fahrrad- und Studentenstadt (jeder sechste Einwohner ist an der Uni) punktet Münster mit quirliger Atmosphäre, aber auch mit altehrwürdigen Bauten voller Charme. Das Wahrzeichen ist das gotische Rathaus, in dem mit dem Westfälischen Frieden der Dreißigjährige Krieg beendet wurde. Der Prinzipalmarkt demonstriert beispielhaft, wie Sightseeing und Shoppen auf ideale Weise verschränkt werden – und zwar schon seit dem 15. Jh. Zwischen Stadthausturm, Rathaus und Lambertikirche haben sich die Münsteraner Kaufleute in 48 schönen Patrizierhäusern mit langen Bogengängen eingerichtet. Das einzige deutsche Picasso-Museum besitzt über 800 Grafiken des Jahrhundertkünstlers. Zeitgenössische Skulpturen begegnen einem an über 60 Plätzen und Straßen, Gebäuden und Gewässern – alle zehn Jahre kommen neue hinzu. Naturfreunde besuchen den Botanischen Garten mit rund 8000 Pflanzenarten, eine große idyllische Ruheoase hinter Johann Conrad Schlauns Schloss.

Tourist Info: Heinrich-Brüning Str. 9, Münster, Tel. + 49 251/492 27 10, Mo–Fr 10–18, Sa 10–13 Uhr, www.muenster.de

2 Rieselfelder

Wer in die Rieselfelder geht, braucht ein Fernglas. Sonst entgehen ihm Pfuhlschnepfe, Löffler und Bartmeise. Die leben hier im Europareservat für Wat- und Wasservögel mit vielen anderen bedrohten Tierarten in einer naturnahen Landschaft. Bis zu 150 Vogelarten lassen sich beobachten, Schwärme von Kranichen und Gänsen und auch der seltene Eisvogel. Manche Watvögel rasten hier, fressen sich satt und ziehen nonstop von Münster bis in den Senegal. Fünf markierte Themenwege zwischen 2 und 8 km Länge führen durch die Natur: Schnepfenstrich, Obstwiesenpfad, Ochsentour, Wasser- und Holzweg. Fast alle sind auch mit dem Rad passierbar. Stopps einlegen sollte man an den »Beobachtungskanzeln«: Fernglas raus, leise sein, Tiere beobachten!

Biologische Station: Coermühle 181, Münster, www.rieselfelder-muenster.de

3 Longinusturm

Im Jahr 1901 wurde er gebaut, 30 m ist er hoch, und schon am Fuße im gemütlichen Café ist der Ausblick fantastisch. Wer auf den höchsten Punkt des Münsterlands nicht wandern will, kann auch die »Baumbergschnecke« ab Nottuln nehmen. Mit der sensationellen Geschwindigkeit von 6 km/h, mit Bordmusik und Getränken kriecht sie durch die Waldlandschaft.

Baumberg 45, Nottuln, www.longinusturm.de

4 LWL-Römermuseum

Das LWL-Römermuseum lädt die Besucher zum Mitmachen ein. Haltern am See war der wichtigste Römerstandort

Entspannt unterwegs

Für das wahre Münsterland-Gefühl sollte man sich unbedingt ein »Leeze« schnappen und im Fahrradsattel die Umgebung erkunden. Das Radewegenetz ist nahezu perfekt ausgebaut, Verleihe gibt es dementsprechend vielerorts, z. B. www.radstation.de

in Westfalen. Vor 2000 Jahren waren am Rhein und in Germanien mehr Legionäre stationiert als in allen anderen Regionen des Römischen Reiches. In unterschiedlichen Workshops für Jung und Alt erfährt man das Leben der Römer hautnah – beispielsweise beim Bogenbau, beim Fibelnschmieden (eine Art Sicherheitsnadel der Antike) oder beim Kurs »Kochen wie die Legionäre«: Hier wird nach antiken Rezepten ein schmackhaftes römisches Menü zubereitet.

Weseler Str. 100, Haltern am See,
Tel. +49 23 64/937 60, nach Anm.,
www.lwl-roemermuseum-haltern.de

5 Bentheimer Mineraltherme

In 1200 m Tiefe liegt die Sole, die mit 39 °C und einem Solegehalt von 27 Prozent zutage gefördert wird. Die Bäder haben eine Solekonzentration von bis zu 3 Prozent, vergleichbar mit der Konzentration im Atlantik. Das Außenbad ist auch im Winter mit mindestens 29 °C kuschelig warm beheizt. Zur großen Saunalandschaft gehört auch ein kleiner japanischer Garten, zu den Kurs- und Therapieangeboten zählen Aqua-Fitness, Saunayoga und Massagen.

Am Bade 1, Bad Bentheim,
Mo–Fr 7–22, Sa/So 8–20 Uhr,
www.bentheimer-mineral-therme.de

Beste Reisezeit

Am letzten Sa im Mai werden die einjährigen Hengste aus der Wildpferdeherde im Merfelder Bruch herausgefangen und meistbietend versteigert. Das Gelände mit den etwa 350 Tieren kann März–Okt. am Wochenende besucht werden. www.wildpferde.de

Bereit zum Abflug: Die Graugänse brüten im Frühjahr in den Rieselfeldern und überwintern auf der Iberischen Halbinsel oder in Nordafrika.

Hotels

Landhaus Eggert
Rote Klinkerfassaden, rings umgeben von viel Grün: Der Gutshof geht bis ins 13. Jh. zurück. Wem die 40 hübsch eingerichteten Zimmer und Suiten nicht romantisch genug sind, kann mit seiner/seinem Liebsten das 150 m entfernte Wersehäuschen beziehen. Im Gourmetrestaurant wird der westfälischen Küche eine französische Note verpasst. Das Wellnessangebot ist groß, die Gartenterrasse ein Traum.
Zur Haskenau 81, Münster,
Tel. +49 251/32 80 40, DZ ab 139 €,
www.landhaus-eggert.de

Mutter Siepe
Im für seinen Rosengarten bekannten Örtchen Seppenrade nächtigt man gemütlich in den sechs einfachen Zimmern von Familie Siepe. Zum historischen Haus gehört eine altwestfälische Gaststätte mit offenem Kamin.
Träppken 1, Seppenrade,
Tel. +49 25 91/81 91, DZ ab 74 €,
www.muttersiepe.de

Factory Hotel
Wie Name und Adresse vermuten lassen, sind die 144 Zimmer mit Balkon im schlicht-modernen Industrial Style in einer ehemaligen Brauerei eingerichtet. Kostenlose Nutzung des Fitnessstudios mit Wellnessbereich nebenan.
An der Germania Brauerei 5, Münster,
Tel. +49 251/418 80, DZ ab 84 €,
www.factoryhotel-muenster.de

Alle denkbaren Blickwinkel eröffnet die Begehung der 220 m langen Schleifen und Windungen des »Tiger & Turtle«.

15 Ruhrgebiet

Nordrhein-Westfalen

Es gab eine Zeit, zugegeben, da galt das Ruhrgebiet nicht gerade als der ideale Ort, um die Sinne zu beleben und den Geist zu erfrischen. Ist aber ein Weilchen her – denn längst hat der alte Kohlenpott eine neue Bestimmung gefunden: als Denktank, als Labor für kreatives Experimentieren, als Atelier der jungen Kultur und Studio für einen völlig neuen Sound. Bochum und Duisburg, Gelsenkirchen, Dortmund. Und Düsseldorf, die Hochburg der Avantgarde von Beuys bis Andy Warhol. »Ich brauche nur aus der Tür zu treten«, sagt ein Galerist dort, »und habe im Umkreis von 30 Kilometern die tollsten Sammlungen moderner Kunst, die man sich vorstellen kann.« Die Museumsinsel Hombroich etwa, die Langen-Foundation auf dem Gelände einer ehemaligen Raketen-Abschussrampe bei Neuss, das Folkwang und das Lehmbruck Museum oder die Kunstsammlung NRW. Nicht zu reden von den Theatern und Experimentierbühnen, den Technologie-Parks, den Musicals, dem Tanztheater. Berlin ist die Hauptstadt, gut, aber das Ruhrgebiet ist fünf Mal so groß. Und Platz ist zwischen den alten Hochöfen und den Fördertürmen reichlich vorhanden: die Zeche Zollverein in Essen, das Gasometer in Oberhausen, Shopping Malls und Freizeitparks. Und mittendrin: Wasserschlösser und Abteien, Altstadtflair, stolze Kathedralen und eine Natur, dass man es kaum glauben möchte: Wie bitte? Das soll das Ruhrgebiet sein?

www.ruhr-tourismus.de

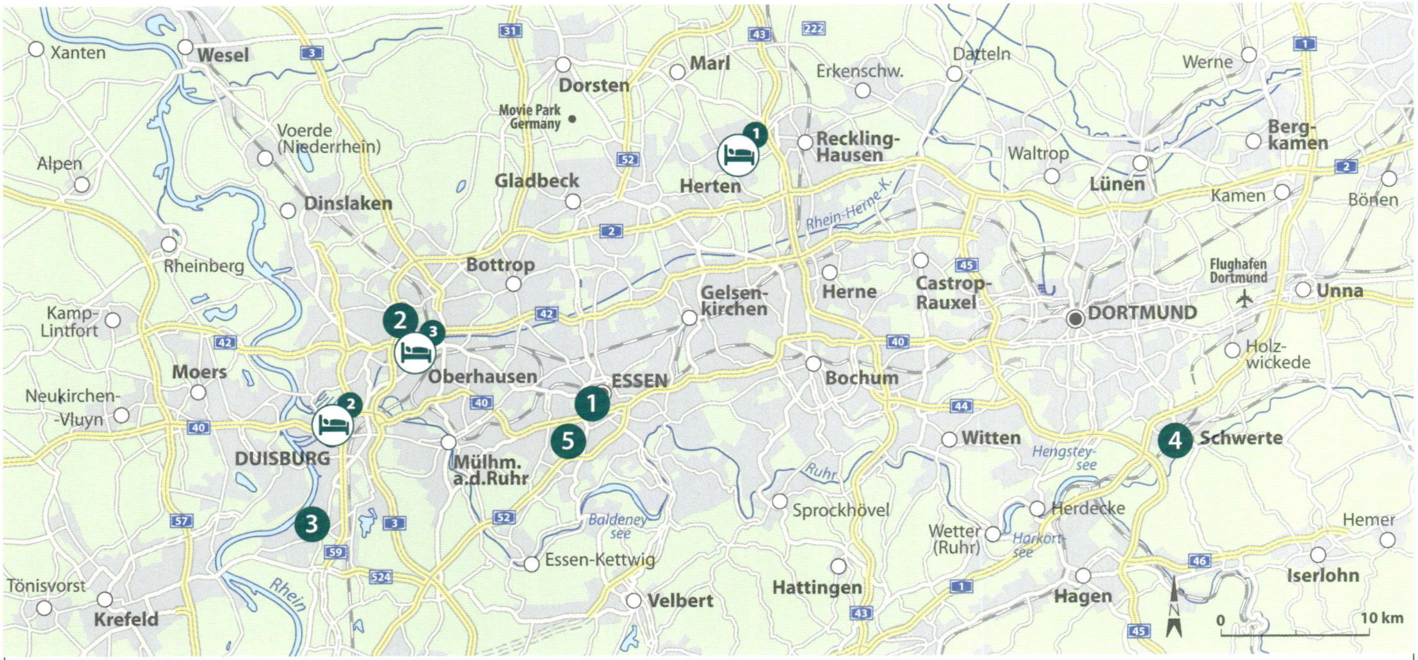

1 Essen
2 Kaisergarten
3 Tiger & Turtle
4 Graffiti Workshop
5 Grugapark Therme Essen
Hotel 1 Schlosshotel Westerholt
Hotel 2 Hotel Garni Schilling
Hotel 3 Best Western Hotel

Entspannt unterwegs

Die Ruhr mit dem Baldeneysee ist ein Paradies für die Naturliebhaber aus dem Ruhrgebiet. Vorbei an bewaldeten Uferhöhen geht es mit dem Kanu entspannt um den See oder – etwas abenteuerlicher – den Fluss entlang. Für jeden Geschmack ist etwas dabei, die besondere Perspektive auf Flora und Fauna vom Wasser aus beeindruckt bei jeder Tour. www.kanu-tour-ruhr.de

1 Essen

Als »Kulturhauptstadt Europas 2010« hat sich Essen vom Bergbauort zu einem Aushängeschild des Ruhrgebiets entwickelt. Ehemalige Zechenanlagen dominieren den Norden der Stadt, allen voran das Unesco Industriedenkmal Zeche Zollverein. In der Essener Innenstadt bestimmen großzügig angelegte Fußgängerzonen das Bild. Nach dem Bummel lohnt sich ein Blick in den Dom, der den Essener Domschatz birgt. Ganz im Süden liegt die grüne Lunge der Stadt mit einem um den Baldeneysee und in den Ruhrauen angelegten renaturierten Ökosystem. Ähnlich überraschend wirken die Fachwerkensembles der Stadtteile Kettwig und Werden, die als Keimzelle Essens gelten.

Tourist Info: Am Hauptbahnhof 2, Essen,
Tel. +49 201/194 33,
Mo–Fr 9–18, Sa/So 10–16 Uhr,
www.essen.de

2 Kaisergarten Oberhausen

Malerisch umgibt der Kaisergarten das Schloss Oberhausen, von dem die Stadt ihren Namen hat. In der 28 ha großen Anlage kann man, die Zeit vergessend,

Hier wurde kein Bild vertauscht: Das Ruhrgebiet überrascht mit Idylle und viel Grün.

durch Wald und Wiesenflächen spazieren, vorbei an der eindrucksvollen Rehberger-Brücke und dem kostenlosen Tiergehege. Wer nicht ganz ohne Kultur auskommt, besucht die Ludwiggalerie im Schloss.

Konrad-Adenauer-Allee, Oberhausen,
Sommer 9–19, Winter 9–17 Uhr,
www.ruhr-tourismus.de

Beste Reisezeit

Bei der Ruhrtriennale im Aug. und Sept. werden die Industriedenkmäler der Region zu Spielstätten für Musik, Theater, Bildende Kunst, Literatur und Film. Genre-übergreifende und auf den Veranstaltungsort zugeschnittene Inszenierungen – sehenswert!

3 Tiger & Turtle

Aus Stahl und Zink geschaffen, repräsentiert die 85 m hohe, begehbare Großskulptur das Ruhrgebiet. Wie auf einer Achterbahn, nur zu Fuß, erklimmt man die Figur und bestaunt die Landschaft aus unterschiedlichen Perspektiven.

Ehinger Str., Duisburg, tgl. frei zugänglich,
www.tigerandturtle.duisburg.de

4 Graffiti Workshop

Graffiti ist Kunst – wenn man es kann! Alles über den Aufbau eines »Pieces« von der »Outline« bis zum »Fill In« lernt man bei Dirk Kreckel im Graffiti Workshop. Im praktischen Teil des vier–bis sechsstündigen Kurses geht es mit der Spraydose aufs Außengelände.

Am Knapp 3, Schwerte, Tel.+49 23 04/94 37 31, 1.& letzter Sa i. Mon., nach Anm.,
www.graffiti-galerie.de/graffiti-workshop.html

5 Grugapark Therme Essen

Keine überdimensionale Thermenlandschaft, eher eine kleine, aber feine Wellness-Oase findet man hier. Es warten eine vielseitige Saunalandschaft, Solebäder, Massagen und die Aqua-Bar mit leichten Snacks auf den Erholungssuchenden.

Lührmannstr. 70, Essen,
Tel. +49 201/85 61 00,
Mo–Do 9–22, Fr/Sa 9–23, So 9–19 Uhr
www.grugaparktherme.de

Hotels

Schlosshotel Westerholt
Das wundervolle alte Schloss, umgeben von einem weitläufigen Gelände empfängt seine Gäste am Rande des Ruhrgebiets. Es verwöhnt sie mit Restaurant und Schlossterrasse, klassisch eingerichteten Zimmern und einem angrenzenden Golfplatz.
Schloßstr. 1, Herten,
Tel. +49 209/14 89 40, DZ ab 140 €
www.schlosshotelwesterholt.de

Hotel Garni Schilling
Abseits vom Trubel der Innenstadt genießt man hier die Gastfreundlichkeit des einfachen, familiengeführten Hauses. Vor allem das reichhaltige Frühstück verlangt Erwähnung. Durch die gute Anbindung ist man schnell in der Innenstadt
Bregenzer Str. 17, Duisburg,
Tel. +49 203/79 96 40, DZ ab 68 €,
www.hotel-schilling.de

Best Western Hotel Oberhausen
Nahe des größten Einkaufszentrums Europas liegt das 4-Sterne-Hotel Best Western, mit à la carte Restaurant, Wellnessangeboten und einem Shuttle-Service zu den lokalen Sehenswürdigkeiten. Möchte man sich einfach nur zurücklehnen, nutzt man den grünen Außenbereich mit Sitzecken und Springbrunnen.
Teutoburger Str. 156, Oberhausen,
Tel. +49 208/690 20, DZ ab 79 €
www.parkhotel-oberhausen.de

16 Harz

Norddeutschland

Es soll ja Menschen geben, die sich irgendwo im Norden hinters Lenkrad klemmen und 1000 km über die Autobahn brettern, um endlich und voller Staunen vor den Bergen zu stehen. Das verstehe, wer kann. Zugegeben: Der Harz lag viele Jahre ein wenig seitab. Zonenrandgebiet, zudem ein Landstrich, dem die Mühen anzusehen waren, unter denen seine Bewohner in alten Zeiten ihr Dasein fristen mussten – als Handwerker, Tagelöhner und Bergleute, die in tiefen Stollen Silber und Kupfer aus dem Berg schlugen. Heute aber liegt das waldreiche Gebirge mittendrin, es ist noch bei Tageslicht zu erreichen und präsentiert sich in jeder Hinsicht als klarer Sieger der Geschichte. Gerade seiner Abgeschiedenheit nämlich ist es zu danken, dass der Nationalpark Harz heute als Deutschlands schönstes Naturwunder gilt. Quedlinburg ist ein funkelndes Kronjuwel der Fachwerk-Architektur; die Unesco hat es auf ihre Liste des Weltkulturerbes gesetzt, ebenso wie Goslar mit seiner Altstadt und der Kaiserpfalz, das Erzbergwerk im Rammelsberg und das von Zisterziensermönchen ersonnene System der Oberharzer Wasserwirtschaft. Noch Fragen? Die Flüsse klar, die Wälder wildreich, die Wanderwege zünftig und die Gastfreundschaft reell. Und auf dem höchsten Berg dieses stolzen Gebirges, dem Brocken – der seinen Namen übrigens völlig zu Recht trägt –, blüht sogar der Enzian. Mal ehrlich: Wozu da noch weiterfahren?

www.harzinfo.de

Bizarr und beeindruckend: die Teufelsmauer, hier an der Felsgruppe Hamburger Wappen zwischen Timmenrode und Blankenburg.

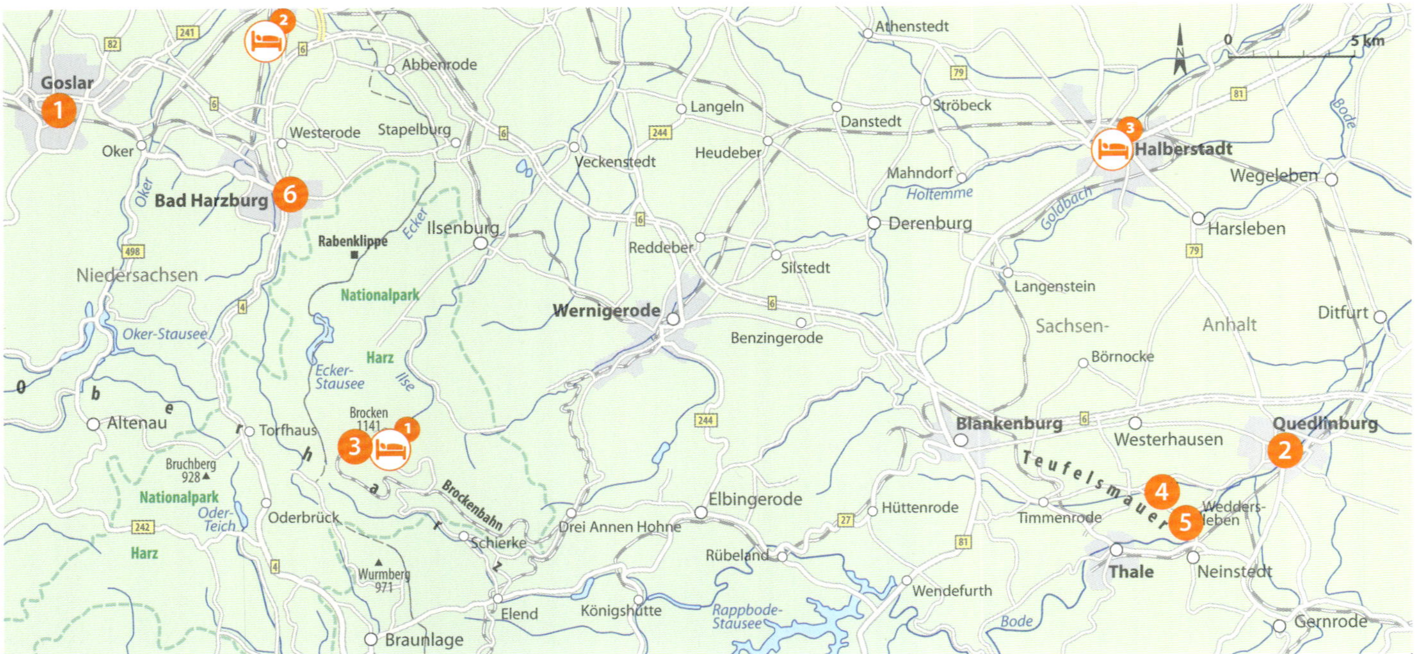

1 Goslar
2 Quedlinburg
3 Brocken
4 Teufelsmauer
5 Papiermühle
6 Sole-Therme
1 Brockenhotel
2 Kloster Wöltingerode
3 Hotel Villa Heine

1 Goslar

Die bildschöne Fachwerkstadt, zusammen mit Kaiserpfalz und Rammelsberg Unesco-Welterbe, ist nie zerstört worden. So umrunden prächtige Fachwerkhäuser den Marktplatz mit dem goldenen Reichsadler als Symbol der freien Reichsstadt. Ein Dukatenmännchen am roten Haus Kaiserworth, Gildehaus der Tuchmacher, produziert bis heute Reichtum.

Tourist Info: Markt 7, Goslar, Tel. +49 53 21/780 60, Apr.–Okt. Mo–Fr 9.15–18, Sa 9.30–16, So, 9.30–14, Nov.–März Mo–Fr 9.15–17, Sa 9.30–14 Uhr, www.goslar.de

2 Quedlinburg

Ein Fachwerkhaus steht neben dem anderen in den verwinkelten Gassen – 1300 sind es, Welterbe auf einem Raum von 100 Fußballfeldern. Zum Domschatz zieht es die Besucher auf den Schlossberg, diesen porösen Sandsteinfelsen. In den Sarkophagen der Stiftskirche dort oben sind die Gebeine des Sachsenherzogs Heinrich aufbewahrt. Gegenüber der Krypta zeigen Vitrinen kostbare Reliquien.

Tourist Info: Markt 4, Quedlinburg, Mo–Fr 9.30–18.30, Sa/So 9.30–15, Nov.–Apr. Mo–Fr 9.30–17, Sa 9.30–14 Uhr, www.quedlinburg.de

3 Brocken

300 Tage im Jahr hüllt der Berg seinen Glatzkopf in Wolken. Das macht ihn so

Beste Reisezeit

Der Winter ist der Höhepunkt in der Ebene: Es gibt Schlittenhunderennen, man kann Snowboarden, Eisstockschießen und Eishockey spielen, den Riesenslalomhang vom Ravensberg hinunterfegen, und überall ist Rodelbahn.

geheimnisvoll, Goethe verschaffte ihm mit der Walpurgisnacht in seinem »Faust« sogar einen Platz in der Literaturgeschichte. Im Brockengarten gedeihen ca. 1500 Pflanzenarten. 1,6 km lang ist der Rundweg mit Infotafeln und Aussichtspunkten.

Zu Fuß ab Torfhaus (Goetheweg), mit der Brockenbahn ab Schierke, www.harzinfo.de

4 Teufelsmauer

Nach einer Sage über die Aufteilung der Erde zwischen Gott und Teufel benannt, ist die Teufelsmauer heute ein Abenteuerspielplatz für große Kinder, ca. 5 km lang, trotz Stufen und Geländern ohne Zuhilfenahme der Hände nicht immer zu bewältigen – doch die Aussicht lohnt jede Mühe.

Bei Weddersleben, www.bodetal.de

Das Schatzkästlein Quedlinburg mit seinem Schloss gibt Einblick in die Welt von gestern.

5 Papiermühle Weddersleben

Ägypten, China, Weddersleben – dieser weite Weg begann schon vor 2000 Jahren. Die Papiermühle von 1549 war bis 1991 eine richtige Fabrik, in der zuletzt Raufasertapeten produziert wurden. Heute ist sie ein Museum der Papiergeschichte, auch eins, in dem Mitarbeiter der Lebenshilfe Alben, Lampenschirme und Karten herstellen. Besucher dürfen selbst zum Schöpfrahmen greifen.

Quedlinburger Str. 2, Weddersleben, Tel. +49 39 46/981 01 30, Di–Do 9.30–12 Uhr und nach Anm., www.samocca-quedlinburg.de

6 Bad Harzburger Sole-Therme

In der Stadt, die Schwefel-Sole-Heilquellen seit dem frühen 19. Jh. zu Kurzwecken nutzt, sprudelt die heilkräftige Natur-Sole aus der rund 840 m tiefen Dr.-Harras-Schneider-Quelle in vier Becken.

Nordhäuser Str. 2a, Bad Harzburg, Mo–Sa 8–21, So 8–19 Uhr, www.sole-therme-bad-harzburg.de

Entspannt unterwegs

Die Brockenbahn klettert über 72 Bögen (die schmalen gerade 60 m im Radius) und Steigungen von 1 : 25 von 238 m in Wernigerode auf 1125 m hoch zum Brockenbahnhof. Etwa 1,5 Std. dauert die Fahrt auf schmaler Spur.

Hotels

Brockenhotel
Vom höchstgelegenen Hotel im Norden Deutschlands, mitten im Nationalpark, haben die Gäste – gute Sicht vorausgesetzt – einen einzigartigen Blick über den Harz. Der ehemalige Fernsehturm beherbergt einfache Doppel- und Mehrbettzimmer.
Brockenplateau, Schierke, Tel. +49 394 55/120, DZ ab 100 €, www.brockenhotel.de

Kloster Wöltingerode
Aus den über 1000 Jahre alten Rezepturen von Mönchen und Nonnen werden hier, wenn man der Deutschen Landwirtschaftsgesellschaft glauben darf, die besten Liköre des Landes hergestellt. Und auch in den 57 Hotelzimmern des Barockklosters weht ein guter Geist.
Wöltingerode 3, Goslar/OT Vienenburg, Tel. +49 053 24/77 44 60, DZ ab 147 €, www.klosterhotel-woeltingerode.de

Hotel Villa Heine
Das im Gründerstil erbaute 4-Sterne-Haus bietet viel Komfort. Im Wellness- und Gesundheitsbereich warten Schwimmbad-Saunalandschaft, Kosmetikbehandlungen und Massagen sowie eine kaiserliche Bäderabteilung. Im Restaurant gibt es neben regionalen Speisen das selbst gebraute, naturtrübe Heine Bräu.
Kehrstr. 1, Halberstadt, Tel. +49 39 41/314 00, DZ ab 139 €, www.hotel-heine.de

Obwohl seit 1929 auch über Land erreichbar, ist Lehde per Paddel immer noch eines der schönsten Erlebnisse im Spreewald.

17 Spreewald

Brandenburg

Ob Theodor Fontane sich bei seinen »Wanderungen durch die Mark Brandenburg« hier nasse Füße geholt hat? Nein, er ist natürlich Boot gefahren, wie alle anderen auch, die sich durch den Spreewald bewegen. Im Sommer 1859 kam der Dichter mit dem Nachtzug von Berlin nach Lübben, fuhr weiter in das idyllische Dorf Lehde – und war fasziniert: »Es ist die Lagunenstadt im Taschenformat«, schwärmte er, »ein Venedig, wie es vor langer Zeit gewesen sein mag. Die Spree bildet die große Dorfstraße. Wo sonst Heckenzäune sich ziehen, um die Grenzen eines Grundstücks zu markieren, ziehen sich hier vielgestaltige Kanäle.« Die Besonderheit dieses riesigen Niederungsgebiets im südöstlichen Brandenburg ist nämlich das weitverzweigte Netz an Wasserstraßen, das es durchzieht; mit gutem Grund heißen sie hier Fließe. Sogar der Postbote schiebt seinen Kahn mit einer langen Stange von Haus zu Haus, von Insel zu Insel. Und wer als Besucher unter der Obhut eines Spreewald-Gondoliere einen ersten Eindruck gewonnen hat, der findet anschließend im Paddelboot auf mehr als 1500 km dieser Fließe leicht einen Ort, an dem sich die faszinierende Artenvielfalt erleben lässt, die im Biosphärenreservat Spreewald unter dem Schutz der Unesco steht: Adler, Otter, Störche und 830 Arten Schmetterlinge. Auch die Spreewald-Gurke zählt zu den Besonderheiten der Region. Aber die steht nicht unter Naturschutz, die wird gegessen!

www.spreewald.de

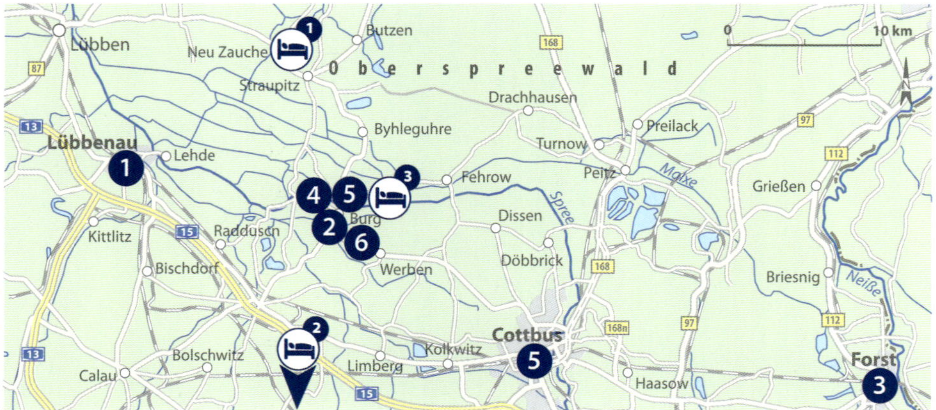

1 Lübbenau
2 Burg
3 Rosengarten
4 Bismarckturm
5 Keramik Möbert
6 Spreewaldtherme
1 Spreewaldhof Romantik
2 Schwimmendes Haus
3 Zur Bleiche

1 Lübbenau

Die 16 000-Einwohner-Stadt, auf sorbisch Lubnjow genannt, gilt als heimliche Hauptstadt des Spreewaldes. Im Ort selbst gibt es zwar auch manch Interessantes zu entdecken, etwa die Entwicklungsgeschichte des Spreewalds im Informationszentrum des Biosphärenreservats, aber mehr noch ziehen die weitverzweigten Fließe rund um Lübbenau an. Von den verschiedenen Häfen aus gehen die meisten der traditionellen Holzkähne auf die Reise. Die wahrscheinlich schönste Tour führt in den Hochwald und dauert ungefähr acht Stunden.

Tourist Info: Ehm-Welk-Str. 15, Lübbenau, Tel. +49 35 42/88 70 40, Mai–Sept. Mo–Fr 9.30–18, Sa 9.30–16, So 10–16, Apr./Okt. Mo–Fr 10–18, Sa 10–16, Nov.–März Mo–Fr 10–16 Uhr, www.luebbenau-spreewald.com

2 Burg

Ganze 194 befahrbare Fließe schlängeln sich durch Burg, wo man noch viele typische Spreewaldhöfe findet. Platzmangel gibt es hier kaum: Mit den drei Ortsteilen Dorf, Kauper, Kolonie und deren verstreuten Gehöften ist es die flächenmäßig (35 qkm) größte Gemeinde im Osten Deutschlands, und das bei 4500 Einwohnern. Rund 300 Brücken überspannen die Hauptspree und ihre vielen Verzweigungen. Von zwei Kahnfährhäfen aus – einer in Burg-Dorf, der andere, ruhigere in Burg-Kauper – starten Bootstouren, die zwischen zwei und acht Std. dauern und bis in den Hochwald führen.

Tourist Info: Am Hafen 6, Burg, Tel. +49 356 03/75 01 60, Apr.–Okt. Mo–Fr 10–18, Sa/So 10–16 Uhr, Nov.–März Mo–Fr 10–17, Sa 10–13 Uhr, www.burgimspreewald.de

3 Ostdeutscher Rosengarten

Ein wohlduftendes Blütenmeer in unterschiedlichsten Farben und Formen empfängt einen sommers im Ostdeutschen Rosengarten an der Neiße. Vielgestaltig zeigt sich hier seit mehr als 100 Jahren die Königin der Blumen: Auf einer Gesamtfläche von 17 ha wachsen Zehntausende Rosenstöcke in fast 900 Sorten, darunter außergewöhnliche, kuriose und brandneue Züchtungen. Ein künstlich angelegter Wassergraben unterteilt den Park in einen Themengarten mit unterschiedlichen Rosenarten und in einen englischen Landschaftsgarten.

Wehrinselstr. 42, Forst, Mai–Sept. tgl. 9–19 Uhr, www.rosengarten-forst.de

4 Bismarckturm

Eine fantastische Spreewald-Aussicht bietet sich auf dem Schlossberg vom 27 m hohen Bismarckturm. Das Burger Wahr-

Beste Reisezeit

Während der Spreewälder Lichtnächte (Juli/Aug.) in Lübbenau eröffnen musikalische Darbietungen den Abend, nach Einbruch der Dunkelheit legen die Kähne in das mystische Spreewaldlabyrinth ab. Lichtinstallationen illuminieren Bäume, Häuser, Höfe und Brücken in verschiedensten Farben. www.spreewaelder-lichtnacht.de

In der Landtherme des Hotels Zur Bleiche vergisst man vor prasselndem Kaminfeuer die Welt.

zeichen wurde aus 1,5 Mio. Ziegelsteinen im Stil neuer Sachlichkeit erbaut.

Byhleguhrer Str., Burg, Apr.–Okt. tgl. 10–18, Juli/Aug. ab 9 Uhr, Nov.–März nach Anm., www.burgimspreewald.de

5 Keramik Möbert

Den Handwerkern über die Schulter schauen und an Kursen teilnehmen können Besucher der Töpferei Möbert.

Kurparkstr. 17, Burg und Taubenstr. 23, Cottbus, Tel. +49 356 03/618 87, www.keramik-moebert.de

6 Spreewaldtherme

Hier findet der wellness- und gesundheitsbewusste Gast auf mehr als 30000 qm Ruhe und Entspannung. Die Muskeln lockern sich in 31 °C warmer Thermalsole, es gibt ein Außenbecken mit Strömungskanal, eine Saunalandschaft und spreewaldtypische Anwendungen wie die Spreewaldalgen-Packung, die Leineweber- oder die Krabatmassage.

Ringchaussee 152, Burg, tgl. 9–22, Fr bis 24 Uhr, www.spreewald-therme.de

Entspannt unterwegs

Insbesondere in den Sommermonaten gehört das Paddeln zu den beliebtesten Aktivitäten im Spreewald, daher ist eine rechtzeitige Reservierung von Paddelbooten und Kajaks empfehlenswert. www.spreewald.de/bootsverleih

Hotels

Spreewaldhof Romantik
Idyllisch und etwas abseits von den Hauptzielen des Spreewaldes liegt das 2007 gebaute und 2012 erweiterte Hotel mit 22 Zimmern (manche mit Terrasse) und Wellnessbereich.
Cottbuser Str. 17a, Neu-Zauche, Tel. +49 354 75/348, DZ ab 70 €, www.spreewaldhof-romantik.de

Schwimmendes Haus
Wo früher Kohle abgebaut wurde, ist etwas hübsches Neues entstanden: Zwei bis drei Personen finden Platz im schwimmenden Ferienhaus auf dem Partwitzer See. Flur, Bad und Wohnküche mit direktem Ausgang zum blickgeschützten Sonnendeck bilden das Erdgeschoss, darüber liegt der Wohnraum mit Zugang zum Oberdeck sowie das Schafzimmer mit Panoramafenster.
Schäfereiweg 4, Elsterheide, Tel. +49 357 51/153 11, ab 75 €, www.partwitzer-hof.de

Zur Bleiche
Der Komplex erstreckt sich über einen Landschaftspark. Herzstück ist die Landtherme mit Innen- und Außenbecken, Sauna und Hamam. Die architektonische Linie ist irgendwo zwischen alter Scheune und schickem Loft: Naturstein, offene Dachkonstruktionen, Holzvertäfelungen, viel Platz und viel Licht.
Bleichestr. 16, Burg im Spreewald, Tel. +49 356 03/620, DZ ab 145 €, www.bleiche.de

18 Sächsische Schweiz

Sachsen

Schwindelgefahr! Das gilt natürlich vor allem für die Besucher aus flacheren Regionen, die zum ersten Mal auf die berühmte Felsnase der Bastei treten und aus 194 m Höhe den Blick über das Elbtal genießen: Manch einem stockte dabei schon der Atem. Es gilt aber auch für die Wanderer und Bergsteiger, die im Elbsandsteingebirge unterwegs sind, um die Sächsische Schweiz mit ihren spektakulären Schluchten und Wasserfällen, den Höhenwegen und Rittersitzen zu erkunden: Plötzlich fühlen sie sich wie der stolze Landesvater August der Starke, der sich manche Stufe in den Fels hat schlagen lassen, um die volle Schönheit seines Reiches zu erfassen. Oder wie der Schweizer Maler Adrian Zingg, der in Erinnerung an seine anstrengende Heimat ausrief: „Die Bastey ist über die maßen schön, aber erst gült es hinauf zu gelangen." Und für Karl May und seine Abenteuer um Winnetou und Old Shatterhand gibt es einfach keinen besseren Platz als die Felsenbühne Rathen – denn wie jeder weiß: Der Mann war Sachse und nicht Amerikaner… Das Tollste aber: Dresden ist gleich um die Ecke, die Perle der sächsischen Barockkultur, die Liebliche, Schatztruhe der schönen Künste, Heimat des Porzellans oder, in aller gebotenen Sachlichkeit – die schönste Stadt der Welt.

www.saechsische-schweiz.de

Schon seit 1826 führt die Bastei-Brücke ihren Besteiger in sieben Bögen über die 40 m tiefe Schlucht.

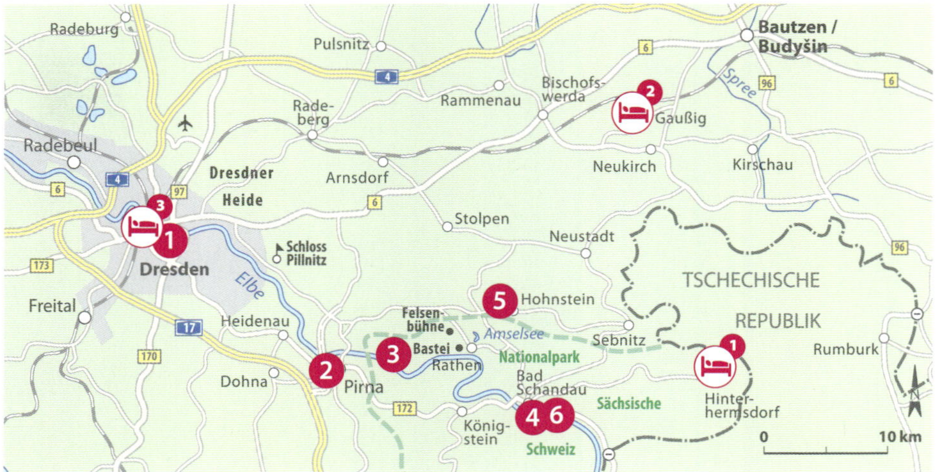

1 Dresden	4 Historischer Aufzug	1 Landhaus zum Flößer
2 Pirna	5 Kräuterwanderung	2 Schloss Gaußig
3 Rathen	6 Toskana Therme	3 Hotel Martha

3 Malerweg

Auf insgesamt 112 km führt der berühmte Malerweg durch das Elbsandsteingebirge. Wo sich einst Maler, Musiker und Literaten zu unsterblichen Werken inspirieren ließen, folgt man heute ihren Spuren bei der Entdeckung der schönsten Punkte der Region. Möchte man nicht alle acht Etappen laufen, hat man die Qual der Wahl. Doch die zweite, nur mäßig schwierige Etappe, führt auf 11 km zum wohl bekanntesten Ziel des Gebirges, der majestätischen Bastei und der Basteibrücke. Unterhalb des Aussichtspunkts liegt der malerische Kurort Rathen mit zahlreichen Einkehrmöglichkeiten.

www.saechsische-schweiz.de/malerweg

1 Dresden

Die Fülle an Prachtbauten in der Altstadt der Landeshauptstadt wie Frauenkirche, Residenzschloss, Zwinger und Semperoper ist einmalig in Deutschland. Doch der wahre Reiz liegt in der Vielfalt zwischen moderner Großstadt, romantischem Idyll und sächsischer Gemütlichkeit. Die barocke Neustadt lädt zum Bummeln ein und im Gründerzeitviertel sorgen Studenten, junge Familien, Künstler und Bewohner aus aller Welt für ein ganz eigenes Flair. Das Dresdner Elbtal lockt mit Schlössern, Weinbergen und unberührten Flussauen zum Wochenendspaziergang.

Tourist Info im Hbf: Wiener Platz 4, Dresden,
Tel. +49 351/50 15 01, tgl. 8-20 Uhr,
www.dresden.de

2 Pirna

Die Kreisstadt gilt als Tor zur Sächsischen Schweiz und zeigt ihren rechteckigen Marktplatz mit dem Rathaus in der Mitte und Bürgerhäusern der Renaissance auch heute noch fast so, wie ihn Canaletto um 1753 malte. Die Silhouette der Stadt dominiert der Turm der spätgotischen St. Marienkirche. So inspirierend wirkte die Umgebung, dass Richard Wagner hier seinen Lohengrin schrieb. Im Ortsteil Graupa erinnern ein Denkmal und eine Richard-Wagner-Ausstellung daran.

Tourist Info: Am Markt 7, Pirna,
Tel. +49 35 01/55 64 46,
Ostersa.–Okt. Mo–Fr 10–18, Sa–So 10–14,
Nov.–Karfr. Mo–Fr 10–16, Sa–So 10-13 Uhr
www.pirna.de

4 Historischer Aufzug

Mit dem historischen Personenaufzug von Bad Schandau-Ostrau aus geht es 50 m soliden Stahls nach oben. Dort eröffnet sich der Blick über das Elbtal vom Großen Winterberg bis zum Wahrzeichen

Beste Reisezeit

Die Felsenbühne Rathen ist mit 2000 Plätzen das größte Naturtheater Sachsens und gilt als die schönste Naturbühne Europas. Von Mai bis Sept. wird ein abwechslungsreiches Programm von Aschenbrödel über Wagner bis zum Musical gezeigt.

Das Schlosshotel Gaußig zelebriert eine gewisse historische Extravaganz.

der Sächsischen Schweiz, dem »Tafelberg« Lilienstein. Der Turm ist über eine Brücke mit einem Waldweg verbunden, von dem aus kleine Wanderungen möglich sind. Kinoliebhaber kennen den Aufzug aus dem oscarprämierten Film »Grand Budapest Hotel«.

Rudolf-Sendig-Str., Bad Schandau-Ostrau,
Fahrzeiten: tgl. Apr./Okt. 9–18,
Mai–Sept. 9–20, Nov.–März 9–17 Uhr,
www.bad-schandau.de/personenaufzug-2

5 Kräuterwanderung

In der Tee- und Kräuterstube Pavlicek kann man nicht nur Tee genießen. Die kundigen Besitzer nehmen Besucher gerne mit auf eine einstündige Kräuterwanderung in herrlicher Natur: Kräuter suchen, bestimmen und viel über ihre Wirkung erfahren stehen auf dem Programm. Eine Rast mit aufgebrühten Kräutertees schärft die Geschmacksnerven.

Dresdner Str. 3, Hohnstein,
Tel. +49 359 75/800 36, Di–Sa 9.45 Uhr
nach Anm., www.pavlicek-hohnstein.de

6 Toskana Therme

Sachsens Heilbäder besitzen eine lange Tradition. Doch längst kann man hier nicht nur die Gesundheit pflegen, sondern auch wohlige Entspannung genießen. Wie in Bad Schandau, das sich vom traditionellen Kurort zum Wellnesszentrum entwickelt hat. In der Toskana Therme heißt das Konzept Baden in Licht und Musik; italienische Küche rundet das Konzept ab.

Rudolf-Sendig-Str. 8a, Bad Schandau,
So–Do 10–22, Fr/Sa 10–24 Uhr,
www.toskana-therme.de

Entspannt unterwegs

Obwohl die Sächsische Schweiz per se ein Gebirge ist, lässt sie sich mit diesem Service ohne große Anstrengung erkunden: Auf vielen Strecken verkehren die sogenannten Fahrradbusse, die den Drahtesel den Berg hinauf bringen. Bergab geht es dann wieder auf zwei Rädern. www.ovps.de

Hotels

Landhaus zum Flößer

Die Ferienwohnungen befinden sich in einem landestypischen Umgebindehaus, in ruhiger Lage nahe dem Wald. Eigentümerfamilie Dittrich kümmert sich herzlich um ihre Gäste. Ihren Namen haben die Gebäude von dem hölzernen fachwerkähnlichen Stützsystem, das um das Erdgeschoss herum führt und das Obergeschoss trägt.

Birkenweg 1, Hinterhermsdorf,
Tel. +49 359 74/506 11, DZ ab 64 €,
www.landhaus-zum-floesser.de

Schloss Gaußig

Eine kleine Zeitreise gefällig? Auf Schloss Gaußig herrscht keine Hotelatmosphäre, vielmehr soll das aristokratische Schlossleben authentisch nachempfunden werden: mit adligem Ambiente, stilvoll-historischen Gästezimmern und Teestunde am Nachmittag.

An der Kirche 2, Doberschau-Gaußig,
Tel. +49 359 30/552 27, DZ ab 158 €,
www.schloss-gaussig.de

Hotel Martha

Das versteckte und doch zentrumsnahe Schmuckstück bietet 50 modern ausgestattete Zimmer, teils im Biedermeierstil. In der Neustadt gelegen überzeugt es als touristischer Ausgangspunkt und mit zuvorkommendem Personal.

Nieritzstr. 11, Dresden,
Tel. +49 351/817 60, DZ ab 113 €,
www.hotel-martha-dresden.de

19 Westböhmen

Tschechien

Der Kaiser aus Wien, der König aus Potsdam, der Zar, die Herzogin, der Dichterfürst: Wer das mondäne Karlsbad als das »Schachbrett Europas« bezeichnet, liegt nicht falsch – und greift doch viel zu kurz. Sicher, Politiker wie Metternich oder Bismarck kamen, um neben der Trinkkur aus den Mineralquellen beiläufig ihre diplomatischen Fäden zu spinnen, aber auch ein Chopin oder Richard Wagner flanierten unter den Kolonnaden, zogen den Hut vor den Damen und ließen sich hofieren. Karlsbad und Marienbad, Franzensbad, Falkenau, Eger: Westböhmen, der sonnige Südhang des Erzgebirges, der Böhmerwald und das weite Hügelland bis in die uralte und stets quirlige Universitätsstadt Pilsen – das ist Kernland europäischer Kultur. Überall künden Burgen und Klöster von reicher Geschichte; wer zur Mittagszeit über den Marktplatz eines der idyllischen Städtchen hier schlendert, der könnte sich glatt zurückversetzt fühlen in die Zeit der habsburgischen Monarchie. Böhmische Küche lockt mit Knödeln, Braten und Bier. Nur Goethe brachte es fertig, hier unglücklich zu sein: Mit 72 verliebte er sich in eine 17-Jährige, holte sich eine Abfuhr und schenkte der Welt die »Marienbader Elegie«, eines der ergreifendsten Gedichte überhaupt.

www.czechtourism.com

Zur Orientierung, aber auch als Rastplatz geeignet ist die Stadtbefestigung des Städtchens Klatovy,

1 Bäderdreieck
2 Pilsen
3 Klatovy
4 Burg Loket
5 Glashütte Moser
6 Heilquellen
1 Sant Georg
2 Savoy Westend
3 U Špejcharu

1 Bäderdreieck

Karlovy Vary, Mariánské Lázně und Františkovy Lázně mit ihren rund 230 Heilquellen ziehen seit Jh. Erholungssuchende an. Das noble, internationale Karlsbad ist bekannt für seine 15 warmen Mineralquellen. Im von Kiefernwäldern umgebenen Marienbad (630 m) weht stets ein erfrischendes Lüftchen. Franzensbad ist mit 5500 Einw. die ruhigste Stadt. An welchen Ort die Reise auch führt – wer das Bäderdreieck besucht, genießt das Flair des 19. Jh. mit prächtigen Kurhäusern und Kolonnaden sowie weitläufigen Parks.

www.karlovyvary.cz,
www.marianske-lazne.info, www.flinfo.cz

2 Pilsen

In der Kulturhauptstadt Europas 2015 sind Sehenswürdigkeiten der Superlative zu finden: Die St.-Bartholomäus-Kathedrale hat den höchsten Kirchturm Tschechiens und die Große Synagoge ist das größte jüdische Gebetshaus des Landes – noch größer als die Prager Synagogen. Der grüne Parkanlagenring an der Stelle der ehemaligen Stadtmauern gehört zu den meistbesuchten Orten Pilsens. Hier lässt sich die Atmosphäre der Stadt genießen und die Statuen und Denkmäler ihrer Söhne und Töchter, eingebettet zwischen alten Bäumen, Blumenbeeten und Brunnen, betrachten. Dem Ruf als lebendige Studentenstadt gemäß lockt eine Vielfalt an Kneipen, die das berühmte Bier ausschenken. Wer mehr darüber wissen will, wandelt auf den »Bierwegen« zu 14 Brauereien der Region.

Tourist Info: náměstí Republiky 41, Plzeň,
Tel. +420 37/803 53 30, Apr.–Sept. tgl. 9–19,
Okt.–März 9–18 Uhr, www.pilsen.eu

3 Klatovy

Auf dem Weg ins Gebirge lohnt sich ein Spaziergang im idyllischen »Tor des Böhmerwaldes«. Besonders das historische Zentrum mit dem Schwarzen Turm und der barocken Apotheke sind sehenswert – für Orientierung sorgt die gut erhaltene Stadtmauer aus dem 14./15. Jh.

Tourist Info: Náměstí Míru 63, Klatovy,
Tel. +420 37/634 72 40, Apr.–Sept. tgl. 9–17,
Okt.–März Mo–Fr 9–17 Uhr, www.klatovy.cz

4 Burg Loket

Das Wahrzeichen Lokets ist die gleichnamige romanische Burg. Nach schweren Zeiten wurde sie Ende des 20. Jh. rekon-

Beste Reisezeit

Im Juli machen das Filmfestival in Karlsbad sowie die Klattauer Kirchweih von sich reden – auf letzterer bringen die neuesten Nelkenzüchtungen ganz Klatovy zum Leuchten und Duften.

Hotels

Sant Georg
Die charmante und stilvolle Villa mit Fachwerkgiebeln liegt mitten im Grünen, aber trotzdem unweit des Kurzentrums von Marienbad, und beherbergt 15 Zimmer und Apartments. Erwähnenswert ist das freundliche Personal.
Anglicka 358/4, Marianske Lazne, DZ ab 56 €, www.hotel-sant-georg-marianske-lazne.az-ubytovani.info

Savoy Westend
Edles Hotel im märchenhaften Ambiente, bestehend aus fünf Häusern, die ab 1875 in einem Villenviertel erbaut wurden. Die fünf Sterne des Hauses zeigen sich an jedem erdenklichen Luxus, vom 24-h-Zimmerservice bis hin zu einem großzügigen Wellnessbereich, natürlich mit Schwerpunkt auf Behandlungen mit lokalem Mineralwasser.
Petra Velikého, 16, Karlovy Vary, Tel. +420 35/90188 11, DZ ab 170 €, www.savoywestend.cz

U Špejcharu
Die gemütlichen Zimmer des historischen Hofs auf dem Dorf sind passend im Landhausstil und mit viel Holz eingerichtet. Im Wellnessbereich stehen Sauna, Whirlpool und Massagen zur Erholung bereit. Die Spezialität des Restaurants ist Biofleisch von selbst gezüchteten Angusrindern.
Kopanina 13, Nový Kostel, Tel. +420 35/450 93 10, DZ ab 50 €, www.hoteluspejcharu.cz

struiert und ist seither zu besichtigen. Vom Bergfried eröffnet sich ein herrlicher Blick auf die Stadt und das Egertal.

Zámecká 67, Loket, Nov.–März 9–15.30, Apr.–Okt. bis 16.30, Juli/Aug. bis 18 Uhr, www.hradloket.cz

5 Glashüttenführung bei Moser

Seit über 155 Jahren ist Moser die Rolex unter den Glashütten – das Unternehmen steht für Luxus und höchste Qualität. Den Glasbläsern darf man im Rahmen von Führungen über die Schulter schauen und sich Rohstoffe, Werkzeuge und Produktionsmethoden erklären lassen.

Kapitána Jaroše 46/19, Karlovy Vary, tgl. 9–14.30 Uhr, www.moser-glass.com

6 Heilquellen

Im Bäderdreieck wird jeder fit! Die unterschiedlichen chemischen Zusammensetzungen der Mineralquellen heilen und beugen vielen Krankheiten vor – z. B. in Form von Trinkkuren und Mineralbädern.

www.karlovyvary.cz, www.marianske-lazne.info, www.flinfo.cz

Entspannt unterwegs

Perfekt markierte Wanderwege durchziehen das Land. Von Rot, Blau und Grün bis zu Gelb zeigen die Farben der Markierungen lange bis kurze Wegstrecken an.

Marienbad ist berühmt für seine neoklassizistische Kurkolonnade und die »singende Fontäne«, ein Springbrunnen, der zu jeder ungeraden Stunde ein berühmtes Musikstück spielt.

150 m in die Tiefe und bis nach England in die Ferne – der Blick von den Klippen am Cap Blanc Nez inspiriert seit jeher.

20 Nordfrankreich

Frankreich

Amiens, Laon, Beauvais und Soissons – zugegeben: Niemand kann den ganzen Tag lang nur Kathedralen bestaunen. Wer aber erleben will, wie sich die kühnsten und prachtvollsten Werke gotischer Baukunst gen Himmel recken, wer überhaupt einen Sinn für große und bewegte Geschichte hat, der ist im Norden von Frankreich, dem reichen Land von Dünkirchen und Calais bis in die Picardie, genau richtig: Nirgendwo sonst haben die Baumeister des hohen Mittelalters ihren Glauben in solch eindrucksvollen Monumenten verewigt, nirgendwo ducken sich die Städte ähnlich respektvoll unter die Bögen und Türme ihrer Gotteshäuser. Die Unesco kann es bestätigen: Weltkulturerbe! Aber keine Sorge: Auch Genießer kommen hier auf ihre Kosten, Ruhesuchende, Menschen, die sich den Wind durchs Haar wehen lassen oder in ausgedehnten Wäldern zu sich selbst finden wollen. Die Küche der Region ist selbst eine Art Gottesdienst, eine Huldigung an die Natur, bodenständig, respektvoll und raffiniert zugleich. Und erst die Küste! „Opalküste" nannte sie der Maler Édouard Lévêque wegen ihrer zart schimmernden Farben – eine Landschaft wie ein Edelstein. Ideal für stundenlange Spaziergänge. Oder Reiten. Oder Windsurfen. Wer genau hinschaut, kann bis England sehen. Gut und schön. Aber wir fühlen uns wie Gott in Frankreich!

www.nordfrankreich-tourismus.com

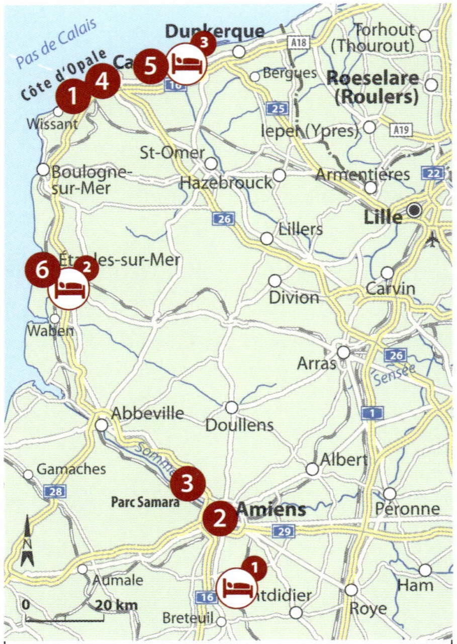

1. La Côte d'Opale
2. Amiens
3. Parc Samara
4. Cap Blanc-Nez
5. Strandsegeln in Marck
6. Thalasso in Le Touquet

- (1) Couleur et Jardin
- (2) Itsara Suites & Spa
- (3) Le Chalet sur la Dune

1 La Côte d'Opale

Die »Opalküste«, wegen ihrer sanften, irisierenden Farben, die an den gleichnamigen Edelstein erinnern, vom Maler Édouard Lévêque 1911 so getauft, liegt zwischen Calais und Boulogne-sur-Mer und ist der spektakulärste Küstenabschnitt der Region. Der eindrucksvolle Landstrich mit seinen Felsen, Stränden und Dünen inspirierte schon Maler wie Camille Corot oder Schriftsteller wie Victor Hugo, und auch heute gibt es auf dem kilometerlangen Weg am Meer entlang etliche Gelegenheiten für Sport, Spiel und malerische Verweilpausen.

Tourist Info: 12 Boulevard Georges Clemenceau, Calais, Tel. +33 3/21 96 62 40, Sept.–Apr. Mo–Fr 10–18, Sa 10–17, Mai–Aug. Mo–Sa 10–18, So 10–17 Uhr, www.calais-cotedopale.co.uk

2 Amiens

Die Hauptstadt der Picardie ist schon seit dem Altertum einer der wichtigsten Verkehrsknotenpunkte Nordfrankreichs gewesen und hat daher stets als Handelsstadt eine große Rolle gespielt. Wahrzeichen und herausragende Sehenswürdigkeit Amiens' ist die Kathedrale Notre-Dame, einen Abstecher wert sind aber auch das charmante Stadtviertel von Saint-Leu oder die schwimmenden Gärten Les Hortillonnages in einem 300 ha großen ehemaligen Sumpfgebiet. Das Musée de Picardie ist sicher eines der beeindruckendsten Regionalmuseen ganz Frankreichs. Und Jules Verne, dem ehemaligen Mitglied des Stadtrates, ist ein Museum gewidmet, das die Wirkungsstätte des fantasievollen »Adoptivsohnes« zeigt.

Tourist Info: 40 place Notre-Dame, Amiens, Tel. +33 3/22 71 60 50, So 10–12, 14–17, Okt.–März Mo–Sa 9.30–18, Apr.–Sept. Mo–Sa 9.30–18.30 Uhr, www.visit-amiens.com

3 Parc Samara

600 000 Jahre Menschheitsgeschichte werden im Archäologiepark Samara lebendig. In dem 30 ha großen Gelände sind Dörfer mit Häusern aus der Stein- und Bronzezeit nachgebildet. Gezeigt wird das tägliche Leben, zu dem auch die harte Arbeit eines Handwerkers gehörte. Beachten sollte man den labyrinthartigen Kräutergarten.

Rue d'Amiens, La Chaussée-Tirancourt, Tel. +33 3/22 71 83 83, Mitte März–Juni und Sept.–Nov. Mo–Fr 9.30–17.30, Sa/So 10–18, Juli/Aug. tgl. 10–18.30 Uhr, www.samara.fr

4 Cap Blanc-Nez

Hier, an der Côte d'Opale, hat man aus fast 150 m Höhe einen grandiosen Ausblick sowohl auf den weiten Strandabschnitt als auch auf die weißen Klippen von Dover, die bei gutem Wetter zu sehen sind. Zudem sind direkt an den Klippen schöne Wanderwege ausgeschildert. Wer noch mehr erblicken will, kann im Südwesten

Beste Reisezeit

Wer ein Lenkdrachenfan ist, sollte sich ins Küstenstädtchen Berck-sur-Mer begeben, denn hier findet alljährlich im Apr. ein internationales Festival der Drachenflieger statt. Der 12 km lange feine Sandstrand an der wunderschönen Opalküste lädt jedoch das ganze Jahr über zum Drachensteigen ein.

Bezauberndes Spiel von Farben und Wind: Lenkdrachen aller Art erobern während des »Rencontres Internationales de Cerfs-Volants« in Berck-sur-Mer den Himmel über der Opalküste.

bereits einen zweiten interessanten Haltepunkt erkennen – das Cap Gris-Nez mit seinem 28 m hohen, weit sichtbaren Leuchtturm.

Ca. 16 km südwestl. von Calais an der D 940

5 Strandsegeln in Marck

Von einem Windsegel getrieben, gleitet der Segelwagen mit seinen drei Rädern über den weiten Strand – und erreicht dabei bis zu 50 km/h. Aber keine Angst, bereits nach einer zweistündigen Einführung beherrscht jeder Segel und Lenkrad.

Avenue de la Mer, Marck,
Tel. +33 3/21 85 17 46, www.capcalaisis.fr

6 Thalasso in Le Touquet

Das elegante Le Touquet Paris-Plage ist ein Urlaubsort par excellence, und das »Thalassa Sea & Spa« mit Pool, Anwendungen und Meerblick ein Ort zum Entspannen.

Front de Mer, Le Touquet-Paris-Plage,
Tel. +33 172/95 00 33, Mo–Sa 9–12.30, 14–18, So 9–13 Uhr, www.thalassa.com

Entspannt unterwegs

An der Sommebucht werden die Henson-Pferde gezüchtet, auf denen sich die Landschaft hervorragend erkunden lässt. Tel. +33 3/22 25 68 64, www.henson.fr

Hotels

Couleur et Jardin
Ein Geheimtipp, etwa 20 Min. von Amiens entfernt: Der restaurierte ehemalige Bauernhof bietet in jeder Hinsicht ein Kontrastprogramm zu einem anonymen und austauschbaren Massenhotel. Die hübsch geschmückten Zimmer könnten für »Schöner Wohnen« ausgestattet worden sein. Und: Kein Hotel der Welt kann es mit dem hier servierten Frühstück aufnehmen!
22, rue de l'Eglise, La Faloise,
Tel. +33 3/22 41 41 88, DZ ab 72 €,
www.chambres-hotes.fr

Itsara Suites & Spa
Ihr jeweiliger Name (»New York«, »Hong Kong«, »Marrakech«) verrät schon etwas über die individuelle Einrichtung der fünf Zimmer in diesem stylishen, aber gemütlichen Hotel. Spa mit Sauna und Massagen.
21 rue de Moscou, Le Touquet,
Tel. +33 3/21 05 49 22, DZ ab 59 €,
www.itsara-touquet.com

Le Chalet sur la Dune
Ein traumhafter Blick über die Dünen und das zwei Gehminuten entfernte Meer bietet sich von der großen Terrasse der Ferienwohnung für bis zu vier Personen. Auf Wunsch kann ein Lebensmittelpaket zugebucht werden – entspannte Ankunft ohne Supermarktbesuch, versprochen!
168 chemin des huttes, Oye-Plage,
Tel. +33 6/03 28 88 06, ab 80 €,
www.lechaletsurladune.com

21 **Ardennen**

Belgien

Das Wasser hat sich diesem Land eingeschrieben. Es gliedert und hält zusammen, es mäandert zwischen Hügeln von sattem Grün, es gluckst aus versteckten Quellen und flüstert hinein in die Stille des Waldes. Es windet sich durch enge Täler, sprudelt aus der Tiefe des Gebirges und, ja – es gibt dem Bier seine Kraft und Klarheit. Wer's nicht glaubt, der probiere. Anlass dazu gibt es reichlich im waldigen Bergland der Ardennen, dem grünen Süden von Belgien. Denn hier wird gewandert, stunden-, tagelang durch dichtes Gehölz, über das Hochmoor des Hohen Venn (genau: Wasser…) oder den idyllischen Schleifen der Maas folgend. Manche finden Felswände zum Klettern oder tasten sich in Tropfsteinhöhlen vor, viele nehmen das Fahrrad, um das stille Land zu erkunden, und einige lassen sich auch im Boot treiben. In jedem Fall geht es darum, den nervösen Alltag auf Distanz zu halten. Was dabei hilft, ist das legendär gute Essen – Wild gibt es reichlich, dazu den berühmten Ardennenschinken und immer wieder Bier. Was ebenfalls beiträgt, sind die ansteckende Gelassenheit uralter Burgen, Schlösser und Abteien am Wegesrand und die Atmosphäre der malerisch eingestreuten Dörfer und Städtchen. Naumur etwa mit seiner romantischen Altstadt, das noble Kurbad Spa oder Durbuy, das sich kleinste Stadt der Welt nennt. In Dinant übrigens wurde das Saxofon erfunden. Aber das hat nichts mit Wasser zu tun.

de.ardennes.com

Eine runde Sache: Im »Parc des Topiaires« lässt es sich gut schlendern und staunen.

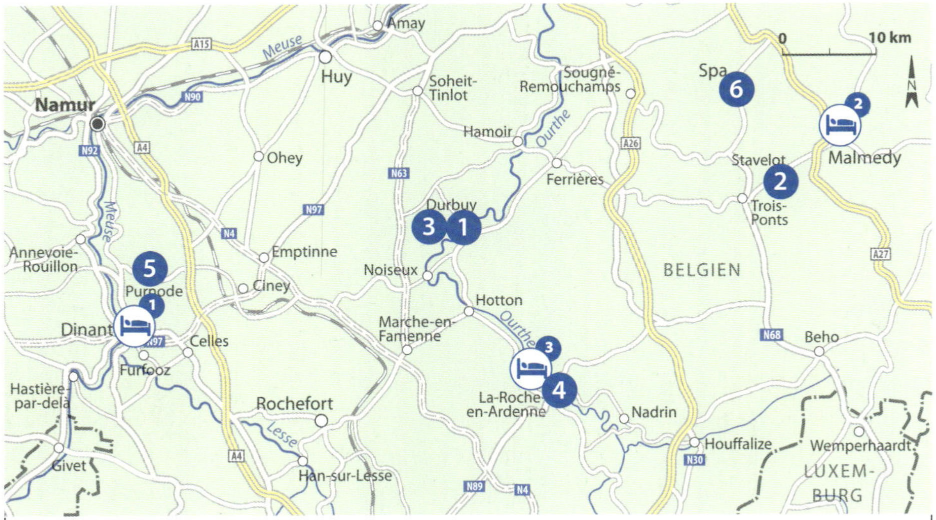

1 Durbuy	4 Château féodal	1 La Merveilleuse
2 Stavelot	5 Brasserie du Broq	2 Maison Geron
3 Parc des Topiaires	6 Thermes de Spa	3 La Claire Fontaine

1 Durbuy

Die malerische »kleinste Stadt der Welt« Durbuy (400 Einwohner) an einer Flussschleife der Ourthe erfreut im Sommer mit sehr farbenfroher Blumenpracht und das ganze Jahr über mit ihren gut erhaltenen Häusern aus dem 17. und 18. Jh. Im Jahr 1331 wurden dem Ort, der ein einflussreiches Handelszentrum war, die Stadtrechte verliehen. Und schon seit dem 10. Jh. ist hier eine Festung belegt – die Reste der Verteidigungsanlagen sind immer noch zu sehen.

Tourist Info: Place aux Foires 25, Durbuy,
Tel. +32 86/21 24 28,
Mo–Fr 9–12.30, 13–17, Sa/So 10–18 Uhr,
www.durbuyinfo.be

2 Abbaye de Stavelot

Das Bilderbuch-Städtchen Stavelot ist eine der Karnevalshochburgen in Belgien und die Heimat der »Blancs Moussis«, skurriler Gestalten in weißen Kapuzenmänteln, die sich am 3. Sonntag vor Ostern zu einer ausgelassenen Parade versammeln. Herausragende Sehenswürdigkeit ist die altehrwürdige Abbaye de Stavelot, die den Kirchenschatz von St-Sébastian (18. Jh.) mit dem prächtig verzierten Reliquienschrein des hl. Remaclus (13. Jh.) sowie drei verschiedene Museen beherbergt.

Tourist Info/Abbaye de Stavelot: Cour de l'Abbaye 1, Stavelot, tgl. 10–13, 13.30–17 Uhr,
Tel. +32 80/86 27 06, tourisme.stavelot.be,
www.abbayedestavelot.be

3 Parc des Topiaires

Im Parc des Topiaires, dem größten Formbaumpark der Welt, kann man 250 kunstvoll geschnittene Buchsbäume, Eiben und Stechpalmen bewundern. Sogar das Manneken Pis ist als Baumskulptur verewigt.

Rue de la Haie Himbe 1, Durbuy,
Jan.–Okt. tgl. 10–18, Nov. tgl. 10–17, Dez. Sa/So 10–16 Uhr,
www.topiaires.durbuy.be

4 Château féodal de La Roche

La-Roche-en-Ardenne duckt sich an einer Flussschleife malerisch unter die Ruine seiner gewaltigen Burg aus dem 11.–13. Jh., auf einem Felsvorsprung erbaut. Allein die Aussicht ist einen Besuch wert, aber ein besonderes Erlebnis ist eine Begegnung mit Berthe von La Roche, dem Schlossgespenst in Altersteilzeit – sie gibt sich nur im Juli und Aug. die Ehre.

Rue du Vieux Château 4, La Roche-en-Ardenne, Juli/Aug. tgl. 10–18, Apr.–Juni, Sept.–Okt. 11–17, Nov.–März Mo–Fr 13–16, Sa/So 11–16.30 Uhr, www.chateaudelaroche.be

Beste Reisezeit

Mitte Juli findet das Festival Francofolies für zeitgenössische Musik aus dem französischen Sprachraum in Spa statt. Wer sich mehr am Klang der Natur erfreut, kommt in den Wandermonaten Mai–Okt.

Das Weißbier »Blanche de Namur« ist nur eine von rund 15 Biersorten, die in der Brauerei Bocq darauf warten, entdeckt zu werden.

5 Brauerei-Besichtigung

Lieben Sie Ihr Bier frisch und herb, malzig-süß oder kräftig-bitter, mit Koriander oder am meisten mit Kirschen? Jeder Getränkemarkt in Belgien ist ein Bier-Schlaraffenland, jede Straßenkneipe ein kleines Paradies. Wer die mehr als 500 Sorten durchprobieren möchte, müsste Monate im Land verbringen. Ein guter Anfang ist ein Besuch der alteingesessenen Familienbrauerei Brasserie du Bocq mit Führung durch die Brauerei und anschließender Bierprobe.

Rue de la Brasserie, Purnode, Tel. +32 82/61 07 90, 14 und 17 Uhr, Tage siehe Homepage, www.bocq.be

Entspannt unterwegs

Die Ardennen mit ihrem dichten Wegenetz locken Wanderer ganz besonders. Wanderführer und -karten stellen die meisten Verkehrsämter zur Verfügung.

6 Thermes de Spa

Der Name ist Programm: Die traditionelle Kurstadt Spa lebt vom guten Ruf ihrer Mineralquellen. Moderne Erholungseinrichtungen mit verschiedenenen Bädern, Saunen und Wellnessbereichen versprechen einen angenehmen Aufenthalt.

Colline d'Annette et Lubin, Spa, Mo–Sa 9.30–21, Fr bis 22, So 9.30–20 Uhr, www.thermesdespa.com

Hotels

La Merveilleuse
In dem ehemaligen Kloster mit Blick auf den Fluss Maas und die Stadt herrscht seit 2008 alles andere als ein entbehrliches Leben: Die Anlage wurde in ein elegantes Hotel mit Vinothek, Wellness-Spa (Hamam, Sauna, Pool, Salzgrotte, Barfußpfad ...) und einigen anderen Annehmlichkeiten umgebaut.
Charreau des Capucins 23, Dinant, Tel. +32 82/22 91 91, DZ ab 120 €, www.lamerveilleuse.be

Maison Geron
Hübsches herrschaftliches Haus aus dem 18. Jh., das mit viel Liebe zum Detail eingerichtet wurde. Es liegt 3 km außerhalb von Malmedy in einem Park am Rande des bei Wanderern beliebten Naturparks Hohes Venn. Hier lassen sich romantische Tage im Grünen verbringen.
Route de la Ferme Libert 4, Malmedy, Tel. +32 80/33 00 06, DZ ab 89 €, www.geron.be

La Claire Fontaine
Modernes Haus mit 28 hübschen Zimmern und Garten am Flussufer. Der Wintergarten mit Blick in den Garten, der offene Kamin, die Leseecke und die Gesellschaftsspiele sorgen für eine entspannte Atmosphäre. Sauna mit Zugang zur Außenterrasse.
Rue Vecpré (Route de Hotton) 64, La-Roche-en-Ardenne, Tel. +32 84/41 24 70, DZ ab 98 €, www.clairefontaine.be

Eine romantische Kulisse:
der abendliche Blick über die
Mosel auf Bernkastel-Kues.

22 Mittelmosel

Rheinland-Pfalz

Was für ein gesegnetes Land! Wir stellen uns römische Legionäre vor, die ihre Helme in die Luft warfen vor Begeisterung, als sie mit Caesar hierher kamen. Diese steilen, zur Sonne geneigten Hänge! Diese feinen Schieferböden! Welch ein Land für wunderbaren Wein! Wozu da noch nach Gallien weiterziehen? 17 n. Chr. bauten sie eine Holzbrücke über den Fluss und gründeten eine Stadt; inzwischen war Augustus Kaiser, daher der Name »Augusta Treverorum« – Trier. Und seither gibt es kaum etwas Erquickenderes, als durch die Weinberge bei Trittenheim oder Traben-Trarbach zu ziehen und – in streng wissenschaftlichen Versuchsreihen, natürlich! – zu erproben, ob der Riesling aus dem Weingut X die gleiche elegante Mineralität offenbart wie der vom Weingut Y nebenan. Wir gehen noch mal zurück … Oder hat der Weißburgunder aus dem Weinkeller von Z doch den gepflegteren Abgang? Tage können so vergehen, ohne dass die anderen Reize der Region überhaupt ins Bewusstsein gelangen: die Kastelle der Römer, die Porta Nigra in Trier, das Amphitheater, die architektonischen Perlen vom Mittelalter bis zum Jugendstil. Überall hier. Über 190 km schlängelt sich die Mosel durch das Weinland. Vorschlag für Reisende: es dem Fluss gleichzutun. Sich Zeit lassen.

www.mosellandtouristik.de

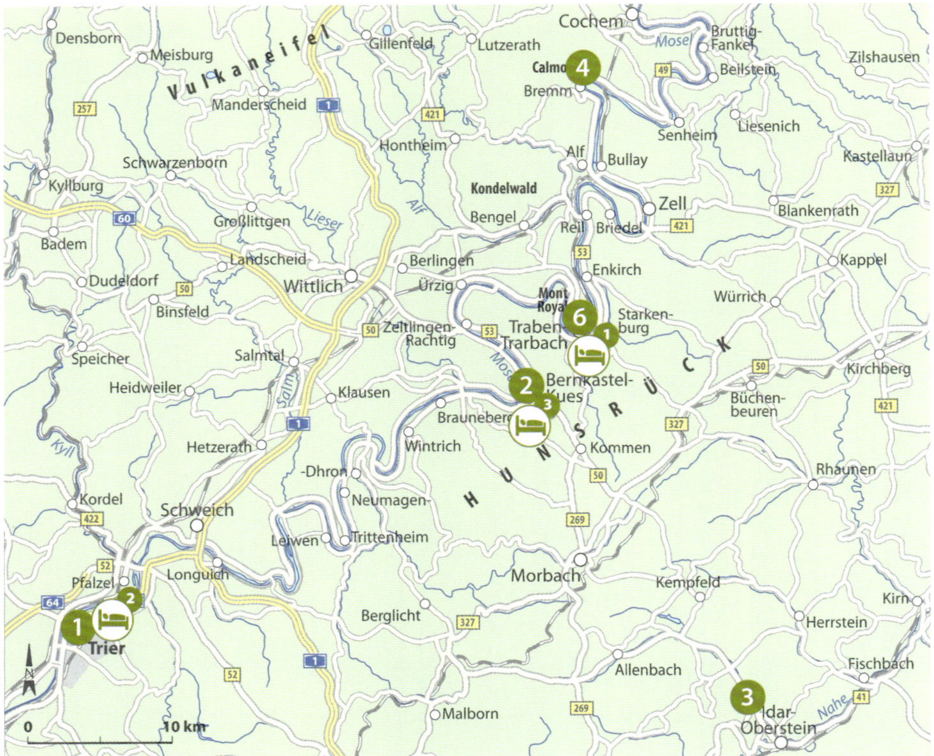

1 Trier
2 Bernkastel-Kues
3 Edelsteinminen
4 Calmont Klettersteig
6 Moseltherme
Hotel 1: Jugendstilhotel Bellevue
Hotel 2: Hotel Eurener Hof
Hotel 3: Hotel Zum Kurfürsten

Entspannt unterwegs

Mit dem RegioRadler Moseltal kann man sich mehrmals täglich zusammen mit seinem Fahrrad zum Startpunkt einer Tour oder wieder nach Hause fahren lassen. Zwischen Trier und Bullay folgt die Buslinie immer dem Moselverlauf. www.regioradler.de

1 Trier

Vor über 2000 Jahren wurde die älteste Stadt im deutschen Sprachraum von den Römern gegründet, und ihre Geschichte ist auf Schritt und Tritt erfahrbar. Nicht nur die Römer, sondern auch die Erzbischöfe hinterließen jahrhundertelang ihre Spuren. Neun Bauwerke sind Unesco-Welterbe, das berühmteste ist die Porta Nigra, ein römisches Stadttor aus dem 2. Jh. Weitere imposante Baudenkmäler wie die Basilika, die Kaiserthermen und das Amphitheater prägen das Stadtbild.

Tourist Info: An der Porta Nigra, Trier, Tel. +49 651/97 80 80, Jan./Feb. Mo–Sa 10–17, So 10–13, März–Dez. Mo–Sa 9–18, So 10–15 Uhr, www.trier-info.de

2 Bernkastel-Kues

Das »Herz der Mittelmosel« teilt eine Moselschleife: Im Innern der Schleife liegt Kues, gegenüber Bernkastel mit seinem schmucken Marktplatz, umringt von jahrhundertealten Fachwerkbauten und dem Renaissance-Rathaus. Hoch über der Altstadt thront die Burgruine Landshut, von der man den Fluss schön überblickt.

Tourist Info: Gestade 6, Bernkastel-Kues, Tel. +49 65 31/50 01 90, Apr.–Okt. Mo–Fr 9–17, Sa 9.30–17, So 10–13, Nov.–März Mo–Fr 9.30–16 Uhr, www.bernkastel.de

3 Edelsteinminen

Die Edelsteinmine Steinkaulenberg ist die einzige in Europa, die für Besucher

Beste Reisezeit

In den Straußwirtschaften schenkt der Winzer für maximal 16 Wochen im Jahr (ca. Apr.–Okt.) seinen Wein im Hof, Keller oder Probierraum aus. Das Recht stammt aus der Zeit Karls des Großen.

Antike Möbel, ein offener Kamin, eine luftige Architektur und ein privater Dachgarten mit Blick zur Mosel: Die Romantik Suite im Hotel Bellevue macht ihrem Namen Ehre.

zugänglich ist. Durch die Dunkelheit funkeln die angestrahlten Achate, Bergkristalle, Amethyste und Rauchquarze.

Tiefensteiner Str. 87, Idar-Oberstein,
Mitte März–Mitte Nov. tgl. 9–17 Uhr,
www.edelsteinminen-idar-oberstein.del

4 Calmont Klettersteig

Der dreistündige Weg über Felsen, Schiefersteinhalden und durch Weinberge belohnt mit einer atemberaubenden Aussicht auf die Moselschleife und die gegenüberliegende Ruine des Klosters Stuben. Zahlreiche Infotafeln über die steilsten Weinbergslagen Europas mit ihrer Flora und Fauna laden zu Pausen ein.

Ab Kirche, Bremm bis Eisenbahnbrücke, Eller,
www.calmont-region.de

5 Kultur- und Weinbotschafter

Ob per pedes, Mountainbike, Boot oder Geländewagen – die ausgebildeten Kultur- und Weinbotschafter verraten Geheimtipps an der Mosel. Dazu gibt es Infos rund um die Weine und die Gelegenheit, sie gleich an Ort und Stelle zu probieren.

Verschiedene Orte und Termine, nach Anm.,
www.kultur-und-weinbotschafter.de

6 Moseltherme

Von Ayurvedischen Massagen über Saunen bis hin zu Thermebecken reichen die Wellness-Angebote in der Mosel-Therme.

Wildsteiner Weg 5, Traben Trarbach,
Tel. +49 65 41/830 30, Mo. 14–21, Di–Fr 9–21, Sa/So. 9–18 Uhr, www.moseltherme

Hotels

Jugendstilhotel Bellevue
Das 1903 errichtete Gebäude fällt durch seinen Erkerturm auf, dessen Form einer Sektflasche nachempfunden ist. Von seiner Jugendstilausstattung ist vieles erhalten. Die Hotelzimmer sind individuell und geschmackvoll eingerichtet. Die Beautyfarm und der Spa-Bereich mit Schwimmbad, Sauna, Dampfbad, Tepidarium, Solarium und Ruheraum bieten Erholung bei jedem Wetter.
An der Mosel 11, Traben-Trarbach.
Tel. +49 65 41/70 30, DZ ab 140 €,
www.bellevue-hotel.de

Hotel Eurener Hof
Das Familienhotel am linken Moselufer steht für rustikales Ambiente, aber viel Komfort. Dazu zählen Hallenbad und Thermenlandschaft sowie ein gutes Restaurant mit umfangreicher Weinkarte.
Eurener Str. 171, Trier,
Tel. +49 651/824 00, DZ ab 85 €,
www.eurener-hof.de

Vital- & Wellnesshotel Zum Kurfürsten
Der ferne Osten ganz nah: Das Hotel ist auf traditionelle chinesische Medizin (TCM) spezialisiert, kocht u. a. nach der chinesischen 5-Elemente-Küche und hat die Zimmer nach Feng-Shui-Prinzipien eingerichtet. Dem Genuss eines regionalen Rieslings auf der Terrasse steht aber auch nichts entgegen.
Amselweg 1, Bernkastel-Kues,
Tel. +49 65 31/967 70, DZ ab 134 €,
www.zum-kurfuersten.de

Rund 90 Höhenmeter oberhalb von Braubach und auf dem 320 km langen Fernwanderweg Rheinsteig liegt die Marksburg.

23 Oberes Mittelrheintal

Rheinland-Pfalz

Da saß sie nun hoch oben auf ihrem Felsen, kämmte ihr goldenes Haar und lockte die Schiffer ins Verderben. So will es die Fama von der schönen Loreley, und was ihr wahrer Kern ist, das könnten wohl nur die armen Kerle erzählen, die der Verlockung – oder den Stromschnellen im Fluss – zum Opfer gefallen sind. Fest steht, dass es kaum einen Ort in Deutschland gibt, dem sich mehr Geschichte und mehr Sehnsucht eingeschrieben haben als dem oberen Mittelrheintal zwischen Bingen und Koblenz. Und mit der Sehnsucht ist wohl auch zu erklären, warum die Unesco den mächtigen Strom hier, zwischen steilen Hängen und schroffen Felsen, zum Weltkulturerbe erklärt hat. Einen Fluss! Als Zeugnis der Kultur! Genau hier nämlich wird der Rhein zum großen Erzähler, und was er erzählt, ist seine eigene Geschichte. Dabei halfen ihm die Maler und Musiker, Architekten und Dichter. Von überall her kamen sie angereist, griffen auf, was sie an den hohen Ufern des Rheins entdeckten, und schmückten es aus. Und wo Ruinen waren, bauten sie Burgen, und wo Burgen waren, gesellten sie neue hinzu, bis die sich durch das Flusstal zogen wie Perlen an einer Kette. Und ihre Lieder sangen von uralten Zeiten, von Rittern und Helden und von einer Frau, die auf dem Felsen saß und Männer in die Tiefe lockte. Und immer mehr Menschen kamen, um zu lauschen und zu staunen. Und der Rhein, der Königreiche getrennt und Menschen verbunden hatte, wurde zum großen Strom der deutschen Romantik.

www.welterbe-mittelrheintal.de

- ❶ Loreleyfelsen
- ❷ Koblenz
- ❸ Rheinanlagen
- ❹ Marksburg
- ❻ Emser Therme
- 1 Häcker's Grandhotel
- 2 Jugendherberge Bacharach
- 3 Schloss Rheinfels

❶ Loreleyfelsen

»Zu Bacharach am Rheine …« So beginnt das Gedicht von der Loreley von Clemens Brentano, einem der wichtigsten Vertreter der deutschen Romantik. Lord Byron, Heinrich Heine, Victor Hugo, William Turner und viele andere priesen die Schönheit der Landschaft am Mittelrhein mit ihren malerischen Burgen und Städtchen und schrieben über die Geschichte der »schönsten Jungfrau« mit ihrem »goldenen Haar«. Bis heute übt der sagenumwobene Schieferfelsen 132 m über dem engen Flussbett eine Faszination aus, der sich kaum einer entziehen kann. Im Besucherzentrum auf dem Loreley-Plateau wird die Region auf interaktive Weise vorgestellt.

Besucherzentrum: Auf der Loreley,
St. Goarshausen, Apr.–Okt. tgl. 10–17 Uhr,
www.loreley-besucherzentrum.de

❷ Koblenz

Die Römer brachten den Weinbau an den Rhein, sie bauten Wasserleitungen, Häfen und Brücken. Unter ihrer Herrschaft entwickelte sich auch Koblenz zu einer größeren Stadt, die Lage an der Mündung der Mosel in den Rhein war von höchster strategischer Wichtigkeit. Unter preußischer Verwaltung wurde die Festung Ehrenbreitstein zu einer der größten Bastionen Europas ausgebaut, die Flussufer verbreitert und architektonisch ausgestaltet, und am Deutschen Eck folgte die Errichtung des Kaiser-Wilhelm-Denkmals. Trotz wilhelminischer Strenge und der militärischen Bedeutung: Rheinischer Frohsinn und charmante Ecken lauern überall. Das Wahrzeichen der Koblenzer ist denn auch der »Schängel«, ein munterer Lausbube.

Tourist Info: Zentralplatz 1, Koblenz,
Tel. +49 261/194 33, tgl. 10–18 Uhr,
www.koblenz-touristik.de

❸ Rheinanlagen

Über 3,5 km erstrecken sich die Rheinanlagen auf der linken Koblenzer Rheinseite, bestehend aus dem Konrad Adenauer-Ufer und den Kaiserin-Augusta-Anlagen. Letztere wurden Mitte des 19. Jh. von dem genialen preußischen Gartenbaumeister Peter-Joseph Lenné, der auch für Sanssouci und die Pfaueninsel zuständig war, gestaltet. 1902 entstand der zweite Abschnitt des prachtvollen Uferboulevards, vom Kurfürstlichen Schloss bis zum Deutschen Eck. Ein schöner Weg zum Flanieren!

Kaiserin-Augusta-Anlagen, Koblenz

❹ Marksburg

Eine Bilderbuch-Höhenburg, als eine der wenigen beinahe komplett erhalten seit ihrer Fertigstellung im 14. Jh. – Rüstkammer, Rittersaal, Burgküche und Garten, die Besichtigung mutet an wie eine Zeitreise. Die Marksburg liegt auf einem be-

Beste Reisezeit

Von Mai bis Sept. finden die Feuerwerksspektakel »Rhein in Flammen« statt. Bengalfeuer tauchen die Promenaden und Sehenswürdigkeiten von Rüdesheim bis Bonn in ein zauberhaftes Rot. Eine illuminierte Schiffsflotte fährt, umrahmt von zauberhaften Feuerbildern, längs des Stroms.

waldeten Felsen und streckt wehrhaft ihre Zinnen gen Himmel. Auch der Blick nach unten über das Mittelrheintal lohnt sich.

Marksburg, Braubach, Mitte März–Okt. tgl. 10–17, Nov.–Mitte März 11–16 Uhr, www.marksburg.de

5 Weinseminare

Wer mehr über die Produkte und Arbeit der Winzer erfahren möchte, kann bei Weinseminaren und geführten Weinbergswanderungen nicht nur sein Wissen erweitern, sondern auch den Gaumen schulen. Viele Winzerbetriebe bieten ein abwechslungsreiches Programm, etwa Ausflüge in die Kunst, Literatur und Natur oder eine Schiffsreise auf dem Rhein.

www.mittelrhein-wein.com

6 Emser Therme

2012 erbaut, gehört das Thermalbad zu den modernsten Deutschlands. Auf 5500 qm erwartet die Gäste Abwechslung zwischen Wellness, Aktivität und Entspannung.

Viktoriaallee 25, Bad Ems, tgl. 9–22, Fr bis 24 Uhr, www.emser-therme.de

Entspannt unterwegs

Von Boppard nach Emmelshausen führt die Hunsrückbahn auf der steilsten Eisenbahnstrecke Deutschlands. Sie wird von einer Adhäsionsbahn befahren und gilt als eine der landschaftlich schönsten Strecken von Rheinland-Pfalz.

Gegenüber der Lahnmündung erhebt sich südlich der Koblenzer Altstadt die nach Entwürfen von Karl Friedrich Schinkel neugotisch ausgebaute Burg Stolzenfels aus dem 12. Jh.

Hotels

Häcker's Grandhotel
Was im 18. Jh. das »Fürstlich Oranien Nassauische Badehaus« war und 1912/1913 erweitert wurde, ist heute ein prächtig ausgestattetes Grandhotel der Familie Häcker. Ein hauseigenes, von den Emser Quellen gespeistes Thermalbad, 13 verschiedene Saunen und Dampfbäder sowie eine Beauty-Farm garantieren Entspannung.
Römerstr. 1–3, Bad Ems, Tel. +49 26 03/79 90, DZ ab 200 €, www.haeckers-hotels.com

Jugendherberge Bacharach
Herrschaftlich und trotzdem preiswert: Weltberühmt ist die Jugendherberge Bacharach in der historischen Burg Stahleck aus dem 11./12. Jh. – sie bietet einen einmaligen Blick über das Rheintal. Die Ausstattung ist natürlich eher spartanisch, dafür sind neue Bekanntschaften aus aller Welt zu erwarten.
Burg Stahleck, Bacharach, Tel. +49 67 43/12 66, DZ ab 43 €, www.diejugendherbergen.de

Schloss Rheinfels
Das Vier-Sterne-Hotel mit Blick auf die Loreley umfasst 64 komfortable Zimmer, Suiten und Apartments, verteilt auf Schlosshotel, die Villa und das Gut Rheinfels. Mehrere Restaurants und ein Wellnessbereich runden das Angebot ab.
Schloßberg 47, St. Goar, Tel. +49 67 41/80 20, DZ ab 130 €, www.schloss-rheinfels.de

24 Thüringer Wald

Thüringen

Wenn ein Land große Geister inspiriert, dann muss Thüringen eine ganz besondere Aura haben: In Weimar haben Goethe und Schiller der Klassik Flügel verliehen, Martin Luther auf der Wartburg das Neue Testament in die Sprache seiner Landsleute übertragen und Johann Sebastian Bach wurde in Eisenach geboren. Um nur einige von vielen zu nennen. Und weil jeder dem Land seine Spuren eingeschrieben hat, weil Thüringen zudem genau in der Mitte des wiedervereinigten Deutschlands liegt, beginnt jede Erkundungstour in die Seele des Volkes, seine Geschichte, seine Kultur, die Natur, die sein Denken und Empfinden begleitet hat – genau hier! Im bergigen, üppig grünen Thüringer Wald zum Beispiel, im Nationalpark Hainich, dem von der Unesco geschützten Inbegriff des deutschen Waldes. In Städten wie Erfurt, Gotha, Arnstadt, in den Schlössern, Klöstern und Kirchen, die von der reichen Vergangenheit des Landes erzählen. Und natürlich beim Wandern, dem deutschesten aller Freizeitvergnügen. Und um auch den letzten Zweifler zu beruhigen: Auf dem Rennsteig, Deutschlands berühmtestem Wanderweg, darf man auch langsam gehen.

---

www.thueringer-wald.com

Wenige Mauern bergen so viel
deutsche Geschichte wie jene
der Wartburg bei Eisenach.

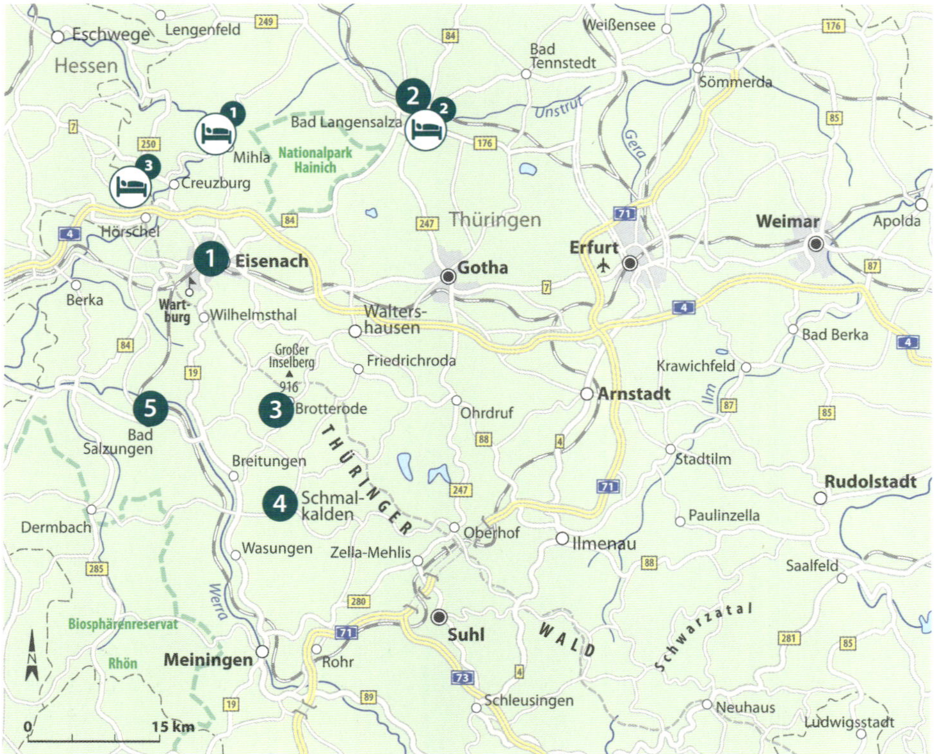

1 Eisenach
2 Bad Bad Langensalza
3 Inselberg Brotterode
4 Viba Nougat-Welt
5 Keltenbad
Hotel 1: Graues Schloss Mihla
Hotel 2: Residenz am Kurpark
Hotel 3: Hotel Hohenhaus

Entspannt unterwegs

Auf den stillgelegten Gleisen der ehemaligen Kanonenbahn geht es mit der Draisine gemächlich durch die reizvolle Landschaft des Eichsfelds. Es bieten sich Touren ab Lengenfeld an, über Viadukte, Dämme und durch Tunnels. www.erlebnis-draisine.de

1 Eisenach

Eisenach liegt reizvoll am Nordwestrand des Thüringer Waldes. Nach der Wende gelang es, die touristischen Reize auszubauen: den in der Nähe beginnenden Rennsteig, das Erbe des hier geborenen Johann Sebastian Bach und natürlich die über der Stadt thronende Wartburg (seit 1999 Unesco Weltkulturerbe). In Eisenach wurde immer wieder Geschichte geschrieben: Die Stadt war Schauplatz des legendären Sängerwettstreits, Zufluchtsort Martin Luthers und Treffpunkt der Studenten beim Wartburgfest 1817.

Tourist Info: Markt 24, Eisenach, Tel. +49 36 91/79 23 0, Mo–Fr 10–18, Sa/So 10–17 Uhr, www.eisenach.info

2 Bad Langensalza

Eingebettet in die waldigen Höhen des nördlichen Thüringens liegt Bad Langensalza mit seiner fast vollständig erhaltenen Stadtmauer. Wer Spaziergänge mag, wird diese Stadt mit ihren vielen Gärten lieben: Sei es das Arboretum und der Botanische Garten, der Japanischen Garten Kofuku No Niwa oder der Rosengarten – von kriegerischer Zerstörung und Industrialisierung verschont, bildet das Städtchen ein eindrucksvolles Panorama für seine landschaftlichen Highlights.

Tourist Info: Bei der Marktkirche 11, Bad Langensalza, Tel. +49 36 03/82 58 45, Mo–Fr Apr.–Okt. 9–18, Nov.–März 10–17, immer: Sa/So 10–16, Feiertag 13–16 Uhr, www.badlangensalza.de

3 Inselberg bei Brotterode

Die höchste Erhebung des westlichen Thüringer Waldes beschert dem Wanderer auf 916 m eine wunderschöne 360° Panoramaaussicht; bei klarer Sicht bis zum Brocken im Harz und zur Wasserkuppe in der Rhön. Doch auch wenn das Vorland des Thüringer Waldes im Nebel liegt, ist es auf dem Großen Inselberg meist wolkenlos und man blickt wie vom griechischen Olymp hinab auf das Wolkenmeer. Im Aussichtsturm lernt man etwas über die originale Übertragungstechnik des ehemaligen Fernmeldeturms.

Inselberg, Brotterode, frei zugänglich,
www.brotterode-am-inselsberg.eu

4 Viba Nougat-Welt

Schleckermäuler halten in der Viba-Erlebniswelt in Schmalkalden, wo man in der gläsernen Confiserie bei der professionellen Herstellung von Pralinen und deren filigraner Verzierung zusehen kann. In verschiedenen Kursen kann man sich selbst im Schokohandwerk probieren und Nougat-Pralinen, Schokoladenfiguren, Marzipan-Pralinen und Trüffel-Pralinés kreieren. Wem läuft da nicht schon beim Lesen das Wasser im Munde zusammen?

Nougat Allee 1, Schmalkalden,
Tel. +49 36 83/692 15 56 00, tgl. 10–18 Uhr,
Kurse nach Anm., www.viba-sweets.de

Das kommt den Atemwegen gerade recht: die salzige Luft im Gradierwerk.

5 Keltenbad Bad Salzungen

Auf den Spuren der Geschichte wandelt der Gast in diesem Heilbad, das durch sein Gradierwerk von 1801 und als Soleheilbad für Atemwegserkrankungen bekannt wurde. Das Keltenbad führt diese langjährige Badetradition fort. Hauptattraktion ist der Salztopf mit 15-prozentiger Sole, in der man zu keltischer Unterwassermusik wie im Toten Meer schwerelos treibt.

Am Solbad 4, Bad Salzungen,
Aktivbad und Saunaland tgl. 10.30–22,
Gradierwerk tgl. 8–19 Uhr,
Behandlungen nach Anm.,
www.solewelt.de

Beste Reisezeit

Drei Wochen vor Ostern geht es in Eisenach dem Winter an den Kragen: Beim Sommergewinn, dem größten deutschen Frühlingsfest, wird mit karnevalesken Ritualen, einer traditionellen Winterverbrennung und einem Festumzug die kalte Jahreszeit vertrieben.

Hotels

Graues Schloss Mihla
Herrschaftlich-rustikal in alten Gemäuern nächtigen und dabei auf keinen modernen Komfort verzichten – das kann man im liebevoll sanierten Grauen Schloss in Mihla. In idyllischer Lage lässt man den Abend im hauseigenen Biergarten unter einem Blätterdach ausklingen.
Thomas-Müntzer-Str. 4, Mihla,
Tel. +49 369 24/422 72, DZ ab 54 €,
www.graues-schloss.de

Residenz am Kurpark
Die 1- oder 2-Zimmer-Apartments mit vollausgestatteter Küche liegen in einem wunderschönen Fachwerkhaus, nicht weit vom Nationalpark Hainich. Die freundlichen Besitzer sind gerne bei der Planung von Ausflügen behilflich.
Grabenweg 5–5b, Bad Langensalza,
Tel. +49 36 03/81 00 51, DZ ab 38 €,
www.residenz-am-kurpark.de

Hotel Hohenhaus
Schon die Brüder Grimm ließen sich in den sagenumwobenen Wäldern zwischen Eisenach und Eschwege inspirieren. In diesem idyllischen Winkel »versteckt« sich eines der nobelsten deutschen Landhotels mit Garantie zum Abschalten. Denn Netz sucht man hier vergeblich. Der kreative Küchenchef und die vielfältigen Aktivitäten lassen jedoch keine Langeweile aufkommen.
Holzhausen bei Herleshausen,
Tel. +49 56 54/98 70, DZ ab 230 €,
www.hohenhaus.de

25 Saarland

Südwestdeutschland

Erste Fremdsprache: Französisch. Die Küche: ebenfalls den Nachbarn zugewandt. Die Saarländer sind schlau. Sie verstehen es, sich einzurichten. Ihre Hauptstadt Saarbrücken mit ihren vielen Cafés und erstklassigen Restaurants hat eindeutig französisches Flair, und wenn die heimische Schwerindustrie die weltweite Krise von Kohle und Stahl nicht übersteht – eh bien, dann bauen sie eben die Völklinger Hütte mit ihren gewaltigen Schloten und Hochöfen aus zu einem Industriedenkmal von Weltgeltung. Die Unesco hat es bestätigt. Der Atem von Ruß und Feuer, die Plackerei der Bergarbeiter unter Tage – das alles ist in Städten wie Lebach oder St. Ingbert noch zu ahnen; tief im Inneren des Brennenden Berges bei Dudweiler schwelt gar noch ein Feuer, das schon Goethe in Staunen versetzte. Aber auch der frühere Reichtum der Region hat seine Spuren hinterlassen: das barocke Schloss in Saarbrücken, die Benediktinerabtei in Mettlach, die reichen Zeugnisse des Historismus aus dem 19. Jahrhundert im ganzen Land. Eine Bergwerksdirektion, von der immerhin die prunkvolle Fassade erhalten blieb, und so manche Villa, die ein Industriebaron sich bauen ließ. Eine ganz eigene Rührung aber ergreift die Menschen hier, wenn sie der Natur ihrer Heimat begegnen – etwa, wenn sie hoch über der Saarschleife sitzen und hinabblicken auf den Wald und den Fluss, der ihrem Land seinen Namen gegeben hat. Das ist saarländisches Savoir-vivre.

www.tourismus.saarland.de

Egal, wie gut die Sicht gerade ist: Der Ausblick über die Saarschleife ist gigantisch.

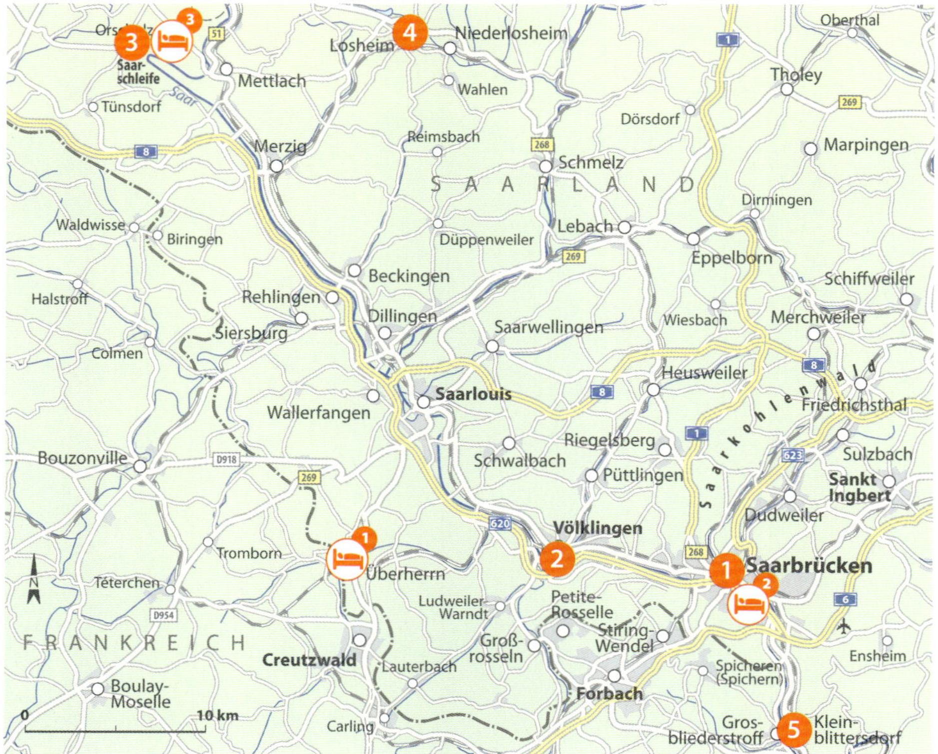

1 Saarbrücken
2 Völklinger Hütte
3 Saarschleife
4 Fliegenfischen
5 Saarland Therme
1 Linslerhof
2 Hotel Madeleine
3 Landhotel Saarschleife

1 Saarbrücken

Dem Besucher Saarbrückens begegnet das barocke Erbe des Baumeisters Friedrich-Joachim Stengel auf Schritt und Tritt. Auf dem Schlossplatz etwa errichtete Stengel auf den Überresten eines Renaissancebaus ein Barockschloss zu Ehren des Fürsten Wilhelm Heinrich von Nassau-Saarbrücken. Das Wahrzeichen der Stadt ist die Ludwigskirche in Alt-Saarbrücken, eine bedeutende evangelische Barockkirche. Auf dem anderen Saarufer befindet sich der St. Johanner Markt, auf dem der schöne Stengelbrunnen mit den ovalen Wasserbecken steht. Etwas versteckt findet man hier auch die Basilika St. Johann mit ihrem Zwiebelturm. Der Platz lädt mit seinen kleinen Geschäften, Restaurants und Cafés zu einer Verschnaufpause ein.

Tourist Info: Rathausplatz 1, Saarbrücken, Tel. +49 681/95 90 92 00, Mo–Fr 9–18, Sa 10–16.30 Uhr, www.saarbruecken.de

2 Völklinger Hütte

Das ehemalige Stahl- und Eisenwerk zu betrachten, ist ein imposantes Schauspiel – ein in Eisen gegossener Gigant des Industriezeitalters, dessen stählerne Gliedmaßen dem Zeitgeist trotzen. Im ausgehenden 19. Jh. lief die Völklinger Hütte auf Hochtouren, 1994 wurde sie zum Unesco-Welterbe geadelt. Das begehbare Industrieareal stellt eine erlebnisreiche Rundreise durch die einzelnen Stationen der Eisenerzeugung und eine perfekte Kulisse für die Kunstwerke der UrbanArt Biennale dar. Schwindelfreie sollten sich die Aussichtsplattform nicht entgehen lassen: In 45 m Höhe fühlt man sich wie ein ganzer (Hütten-)Mann.

Rathausstr. 75–79, Völklingen, tgl. 10–18, Apr.–Okt. bis 19 Uhr, www.voelklinger-huette.org

3 Saarschleife

»Auf der Mauer auf der Lauer sitzt ’ne kleine Wanze ...« Die Wanze, die hier auf

Entspannt unterwegs

Die siebentägige Tour »Schlemmerradeln im Saarland« führt über Wälder, Streuobstwiesen, Weinberge, Flüsse und Seen. Abends warten ein saarländisches Menü und ein gemütliches Bett in einem fahrradfreundlichen Hotel. www.tourismus.saarland.de

der Mauer sitzt, ist besonders schlau, denn sie kennt sich aus und weiß: Eine schönere Aussicht über die Saar gibt es kaum. Den Blick über Wälder und Fluss schweifen lassen, Schiffe in gemächlichem Tempo vorbeiziehen sehen – das perfekte Programm zur Entschleunigung.

Parkplatz: Alfred-Becker-Str., Orscholz/Mettlach, dann ca. 5 Min. Fußweg, www.tourist-info.mettlach.de

4 Fliegenfischen

Unter fachkundiger Anleitung von Josef Redel und Markus Schwarz erlernt man den Umgang mit der Fliegenrute oder nimmt an geführten Angeltouren an den Gewässern im Saarland teil, getreu dem Motto: »Fliegenfischen ist Natur erleben«.

Fliegenfischerschule Saar, Losheimer Stausee, mehrmals jährlich Sa/So, www.ff-saar.de

5 Saarland Therme

In der Therme, die sich in einem maurisch-andalusisch inspirierten Stil präsentiert, tauchen die Besucher in mit Thermalwasser gefüllte Becken ein und entspannen Körper, Geist und Seele. Acht Saunen, eine Lounge sowie Beauty- und Massageräume tun ihr Übriges.

Zum Bergwald 1, Kleinblittersdorf, tgl. 9–24, Fr/Sa bis 1 Uhr, www.saarland-therme.de

Beste Reisezeit

An den Wochenenden von März bis Okt. öffnen die Winzer in Perl ihre Weinkeller und Probierstuben – krönender Abschluss sind die Weinfeste im Herbst. www.saarlaendischer-weinsommer.de

In der Saarbrückener Kappenstraße nahe dem St. Johanner Markt reihen sich Cafés, Kneipen und Restaurants aufs Schönste aneinander.

Hotels

Linslerhof
Die Modedesignerin Brigitte von Boch hat die 62 Zimmer des fast 900 Jahre alten Hofs mit viel Liebe zum Detail im englischen Landhausstil gestaltet und so für eine echte Wohlfühlatmosphäre gesorgt. Bei diesem Einrichtungskonzept dürfen ein offener Kamin im Restaurant und Boxen für Gastpferde nicht fehlen.
Linslerhof 1, Überherrn, Tel. +49 68 36/80 70, DZ ab 119 €, www.linslerhof.de

Hotel Madeleine
Nachhaltiges und umweltbewusstes Handeln wird im zentral gelegenen Hotel Madeleine großgeschrieben und zertifiziert – was sich z. B. an Bio-Produkten beim Frühstücksbuffet und dem kostenlosen Fahrradverleih bemerkbar macht. Von den Suiten blickt man über das angesagte Nauwieser Viertel.
Cecilienstr. 5, Saarbrücken, Tel. +49 681/85 77 80, DZ ab 95 €, www.hotel-madeleine.de

Landhotel Saarschleife
Der Hotelname lässt es erahnen: Bis zum Aussichtspunkt »Cloef« sind es nur rund 400 m. Aber auch sonst punktet das Vier-Sterne-Haus der Familie Buchna und Team, etwa mit Hallenbad mit Blick in den Eichenwald, Sauna, Dampfbad und Kneippanlage.
Cloefstr. 44, Orscholz, Tel. +49 68 65/17 90, DZ ab 116 €, www.hotel-saarschleife.de

26 Pfälzerwald

Rheinland-Pfalz

Burgherr sein. Auf die höchste Zinne klettern und den Blick über ein grün wogendes Reich aus Bergen und Bäumen streifen lassen. Dann hinabsteigen zu den Wehrgängen und Tunneln, den Burghof überqueren, hinaustreten und geborgen sein unter einem gewaltigen Dach aus Blättern. Wandern. Zwischen steilen Felsnasen hindurch seinen Weg finden, einer Quelle lauschen, am Rande einer Lichtung ein Rudel Rehe, Wölfe oder Wildschweine erblicken. Den Atem anhalten. Ein Moospolster finden, sich niederlassen, in den Himmel schauen, träumen – und wieder Burgherr sein: Wir sind im Pfälzerwald, mit dem Naturpark Nordvogesen das größte zusammenhängende Waldgebiet in Westeuropa, dem stillen Hinterland der berühmten Weinstraße. Besiedelt schon in der Steinzeit, durchquert von römischen Legionären, umkämpft in Ritterfehden und Weltkriegen – und längst jenseits aller Tumulte, fernab und friedlich. Hier ist es gut sein. Hier lässt es sich auch leben: Badeseen locken, idyllische Städtchen, freundliche Gastlichkeit; das Essen ist herzhaft und reell, Frankreich nah, der Wein köstlich. Und wer dennoch Nervenkitzel sucht, der steigt auf die Bäume und wandert von Wipfel zu Wipfel. 35 m sind schwindelerregend hoch!

www.pfalz.de

Die Burgruine Altdahn erhebt sich schon seit dem 13. Jh. über den steilen Felsen.

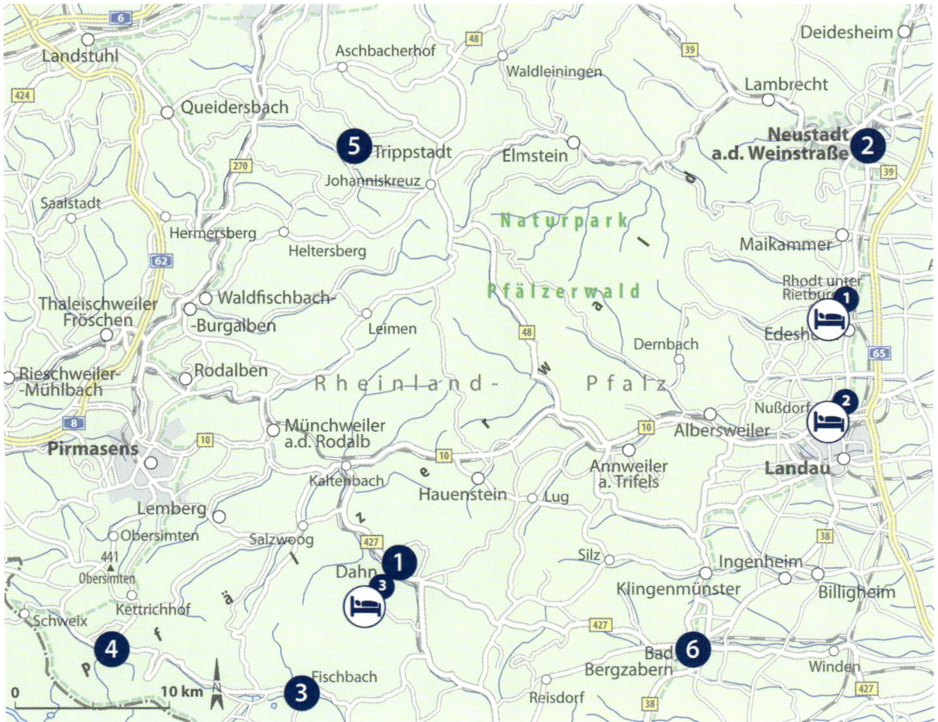

1 Dahner Felsenland
2 Deutsche Weinstraße
3 Baumwipfelpfad
4 Altschlossfelsen
5 Haus der Nachhaltigkeit
6 Südpfalz-Therme
Hotel Alte Rebschule (1)
Villa Delange (2)
Hotel Felsenland (3)

Beste Reisezeit

Zu grenzenlosen Klangerlebnissen lädt alljährlich das »Festival Euroklassik« im Sept. und Okt. ein. In Festhallen, Klosterkirchen, Pfarrkirchen oder Kulturzentren werden Konzerte unterschiedlichster Art gegeben, darunter auch Orchesterwerke, A-cappella-Musik, Gospel, Jazz und Folk.

1 Dahner Felsenland

Die Sandsteinriesen haben dem Dahner Felsenland nicht umsonst seinen Namen gegeben: 47 Naturdenkmale und 24 Aussichtsfelsen ragen hoch über die Baumwipfel hinaus und von ihren Plateaus eröffnen sich herrliche Blicke über den Wasgau. An 14 der markanten Felsentürme führt der Dahner Felsenpfad vorbei – ein 12 km langer Premiumwanderweg. Wer ihn in Teilen oder seiner ganzen Länge erwandert, wird fasziniert sein von der Vielfalt der Buntsandsteinformationen und den Sagen, die sich um »Jungfernsprung«, »Teufelstisch« und Co. ranken. Höhlen, Bänke, Klüfte, Vorsprünge, Durchbrüche und Spalten sind nur einige der Verwitterungsformen des Pfälzerwalds.

Tourist Info: Schulstr. 29, Dahn, Tel. +49 63 91/919 62 22, Mai–Okt. Mo–Mi 9–17, Do/Fr 9–18, Sa 9–12.30, Nov.–Apr. Mo–Fr 9–12, Mo–M14–16, Do 14–18, www.dahner-felsenland.net

2 Deutsche Weinstraße

Das Zentrum der »Genussmeile«, die sich am Rande des Pfälzerwaldes durch viele Weinorte schlängelt, liegt in Neustadt. In dessen sehenswerter Innenstadt strahlen die schmucken Fassaden der Patrizierresidenzen mit mittelalterlichen Fachwerkhäusern und hoch aufragenden Kirchenbauten um die Wette. Lebhaftes Zentrum der Stadt ist der Marktplatz, mehrmals pro Woche findet hier ein bunter Markt statt.

Tourist Info: Hetzelplatz 1, Neustadt/Wstr., Tel. +49 63 21/92 68 92, Apr.–Okt. Mo–Fr 9.30–18, Sa 9.30–14, Nov.–März Mo–Fr 9.30–17 Uhr, www.neustadt.eu

3 Baumwipfelpfad

In 12 bis 18 m Höhe geht man hier durch Baumkronen oder balanciert über schwankende Hänge- und Tellerbrücken. Und erfährt nebenbei, wie unterschiedlich schwer Holzarten sind, wie eine Eule ruft oder wie Vögel nisten. Am Ende des 270 m

Hotels

Hotel Alte Rebschule
Das Hotel gehört einer Winzerfamilie, was in vielerlei Hinsicht zum Ausdruck kommt: Zimmer mit Terrasse oder Balkon mit Blick auf die Weinberge, Produkte aus Traubenkernöl sowohl im Beauty-Vital-Reich als auch in der Küche sowie Events rund um den Wein unter fachkundiger Anleitung.
Theresienstr. 200, Rhodt unter Rietburg, Tel. +49 63 23/704 40, DZ ab 104 €, www.alte-rebschule.de

Villa Delange
»Moderner Komfort in traditionellem Gebäude« ist der erlebbare Slogan des Besitzer-Ehepaars Greenslade, die mit charmant eingerichteten Zimmern und Arrangements wie Vespa- oder E-Bike-Verleih inklusive Picknickkorb für das Wohl ihrer Gäste sorgen.
Lindenbergstr. 30, Landau-Nußdorf, Tel. +49 63 41/67 67 40, DZ ab 99 €, www.villa-delange.com

Hotel Felsenland
Der 3000 qm große Wellnessbereich ist das Aushängeschild des Hotels Felsenland: überdachter und beheizter Außenpool, Infrarotkabine, Dampfbad, fünd verschiedene Saunen, Beauty-Anwendungen und – damit bei all dem wirklich kein Stress aufkommt – neun Ruhezonen.
Im Büttelwoog 2, Dahn, Tel. +49 63 91/923 70, DZ ab 148 €, www.hotel-felsenland.de

Zeit zu zweit: Neustadts Lage an der »Genussmeile« kommt nicht von ungefähr.

langen Pfades geht es durch die Röhrenrutsche zurück auf den Waldboden.

Am Königsbruch 1, Fischbach bei Dahn, März/Nov. tgl. 9.30– 16, Apr./Okt. tgl. 9.30–17, Mai–Sept. tgl. 9.30–18 Uhr, www.biosphaerenhaus.de

4 Eppenbrunner Schlossfelsen

Sprichwörtlich steinalt: Vor ca. 250 Mio. Jahren entstanden die Altschlossfelsen, eine 1,5 km lange und etwa 20 m hohe Buntsandsteinformation. Vom Südwestende des Felsenriffs blickt man über die Nordvogesen auf das lothringische Roppeviller.

Parkplatz: Spießweiher, östlich von Eppenbrunn, www.wanderportal-pfalz.de

5 Haus der Nachhaltigkeit

Wo 1843 eine Gruppe von Förstern die Bezeichnung Pfälzerwald festlegte, treffen noch heute alle mit einem Kreuz markierten Wege zusammen. Unweit hat sich das Haus der Nachhaltigkeit der Bewahrung dieser einzigartigen Naturlandschaft verschrieben und informiert, z. B. mit Veranstaltungen wie Medizinalpflanzen entdecken, Walderkundungen oder Teamklettern, rund um Wald und Umwelt.

Johanniskreuz 1a, Trippstadt, So–Fr 10–17 Uhr, www.hdn-pfalz.de

6 Südpfalz-Therme

Bei den Römern kamen hauptsächlich Offiziere und reiche Kaufleute in den Genuss des Thermalwassers – heute ist das Thermalbad mit Außenbecken und Saunalandschaft jedermann zugänglich.

Kurtalstr. 27, Bad Bergzabern, tgl. 9 – 22 Uhr, www.suedpfalz-therme.de

Entspannt unterwegs

Eine besonders schöne Form von Aktivurlaub stellen Wanderritte dar. Detaillierte Karten mit Reitwegen, Routen, Wasserstellen, Übernachtungsmöglichkeiten und Sehenswürdigkeiten am Wegesrand werden ebenso wie ein Gepäckservice zur Verfügung gestellt. www.diepfalzzupferd.de

27 Neckartal

Baden-Württemberg

Man nehme: einen Flusslauf, der sich Jahrtausende lang ins Gestein gräbt, ein paar Römer, die an seinen Hängen Wein kultivieren, eine Reihe deutscher Könige, die fünf Jh. an einem Schloss bauen, und einen exzentrischen französischen Monarchen, der es zerstört – fertig ist ein magischer Dreiklang aus Canyon, Kulturlandschaft und Ruine. Letztere hat mit ihrem im Abendlicht rötlich glühenden Sandstein im 19. Jh. zahlreiche Künstler in Verzückung versetzt. Bei einem Becher Riesling ließ sich bestimmt trefflich davon schwärmen, wie großartig die Vergangenheit des Heidelberger Schlosses gewesen sein musste. Es waren Studenten, die für die Initialzündung der Heidelberger Romantik gesorgt hatten. Clemens Brentano und Achim von Arnim kamen Anfang des 19. Jh. an die hiesige Universität und waren beseelt von Ideen, die sozusagen gerade Trend waren: die Verewigung des Vergänglichen, die Sehnsucht nach Schönheit und die Bewahrung des Vergangenen. Gemeinsam gruben sie Volkslieder aus der Zeit vom Mittelalter bis zum 18. Jh. aus und brachten sie als »Des Knaben Wunderhorn« auf den Buchmarkt. Das Echo war gigantisch, sogar Goethe war angetan – und die Romantiker, sie legten nun erst richtig los. Hölderlin und Jean Paul, Joseph von Eichendorff und Gottfried Keller – sie verklärten Heidelberg und das Neckartal, und man muss bis heute sagen: zu Recht.

www.m-r-n.com

Das Schloss, dicht belaubte Wälder und die Alte Brücke über dem Neckar – kein Wunder, dass Heidelberg die Stadt der Romantik ist.

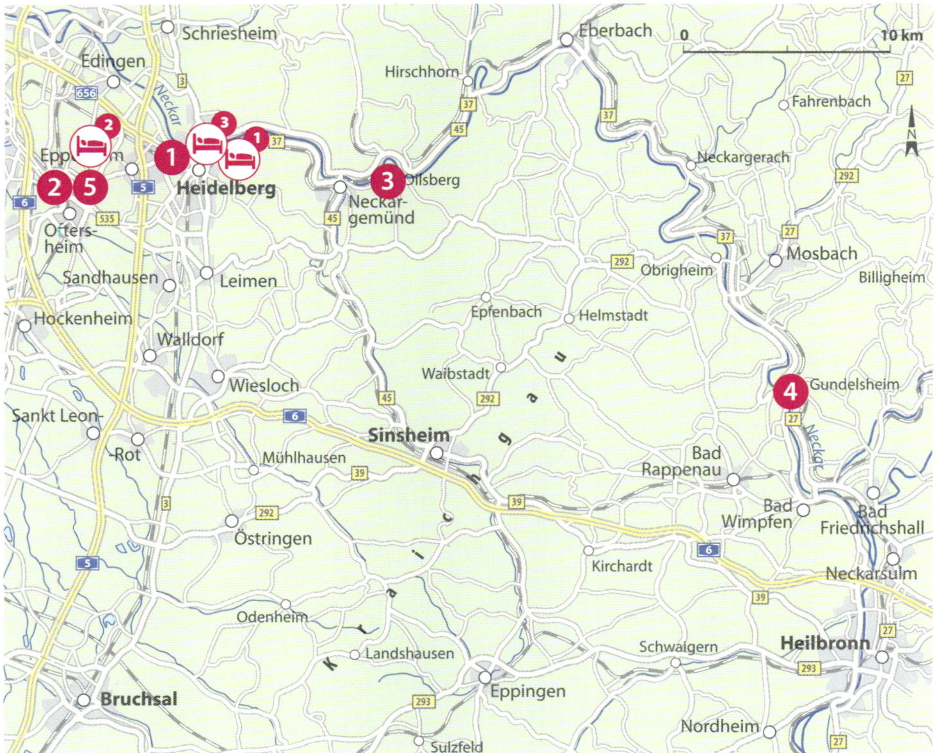

1 Heidelberg	3 Feste Dilsberg	1 Europäischer Hof
2 Schlossgarten Schwetzingen	4 Schokoladenmanufaktur	2 Grenzhof
	5 Bellamar	3 Qube Hotel

1 Heidelberg

Aus gutem Grund zählt Heidelberg weltweit zu den bekanntesten deutschen Städten – mit ihrer Lage an den grünen Hängen des lieblichen Neckartals gilt sie als Inbegriff deutscher Romantik. Einen ersten Überblick vermittelt ein Spaziergang zur berühmten Heidelberger Schlossruine hoch über der verwinkelten Altstadt oder zum Philosophenweg am Hang des Heiligenbergs mit seinem wunderbaren Blick über die Dächer der Stadt. Schnell fühlen sich Besucher wohl in der ehemaligen kurpfälzischen Residenzstadt. Von da an kann man sich entspannen und sich an den kleinen Dingen des Lebens erfreuen, z. B. an einem Kaffee auf dem Marktplatz oder einer Skulptur auf einem Sims.

Tourist Info: Willy-Brandt-Platz 1, Heidelberg, Tel. +49 62 21/584 44 44, Apr.–Okt. Mo–Sa 9–19, So 10–18, Nov.–März Mo–Sa 9–18 Uhr, www.heidelberg-marketing.de

2 Schlossgarten Schwetzingen

Wenn die Aprilsonne den Schlossgarten zum Blühen bringt, fährt halb Heidelberg herüber, um durch die erwachende Natur zu flanieren. Aber der Besuch lohnt sich zu allen Jahreszeiten, um das satte Grün des Sommers, die goldenen Rot- und Orangetöne des Herbstes oder die weiße und reine Bilderbuchlandschaft im Winter zu bewundern. Direkt am Schloss, umarmt vom Halbrund der Zirkelbauten, befindet sich der Französische Garten, dessen Bepflanzung peinlich genau durch Geometrie geordnet wird. Dahinter befindet sich der Englische Garten, in dessen Mitte ein See angelegt wurde und durch dessen Wäldchen sich kleine, malerische Wege schlängeln. In seiner Gesamtheit ist der Schlossgarten eine wahre Märchenwelt, in der man stundenlang umherspazieren kann, bevor man sich zu einem der Cafés und Restaurants am Schlossplatz aufmacht.

Schloss Mittelbau, Schwetzingen, Apr.–Okt. tgl. 9–20, Nov.–März tgl. 9–17 Uhr, www.schloss-schwetzingen.de

Entspannt unterwegs

Die 85 km lange Radtour entlang der Bergstraße zwischen Heidelberg und Darmstadt umfasst 15 Etappen und führt durch eine herrliche Landschaft. Weitere Infos sowie E- und Mountainbike-Verleihe findet man unter www.diebergstrasse.de

Die Herstellung dieser Köstlichkeiten lernt man in der Schokoladenmanufaktur Schell.

3 Feste Dilsberg

Die Feste Dilsberg liegt in einem auf einem Hügel gelegenen Stadtteil von Neckargemünd. Auch wenn man hier bei Ausgrabungen schon Reste einer römischen Signalstation gefunden hat, so wurde die Bergfeste Dilsberg erst im 12. Jh. von den Wormser Bischöfen errichtet und später als Rückzugsort des Kurpfälzischen Hofes genutzt. Die mittelalterliche Burgruine wird von einer 16 m hohen Ringmauer umgeben. Wer den herrlichen Blick ins Neckartal genießen möchte, steigt über den Treppenturm des Palas und einen hölzernen Steg auf die Ringmauer.

Burghofweg 3, Neckargemünd,
Apr.–Okt. Di–So 10–17.30 Uhr,
www.burg-dilsberg.de

4 Schokoladenmanufaktur

In den Seminaren der Schokoladenmanufaktur Schell werden beispielsweise Schokoladen-, Wein- und Essigspezialitäten verkostet. Erstaunt wird mancher Skeptiker feststellen, dass Wein hervorragend in und zu Schokolade passen kann.

Schloßstr. 31, Gundelsheim,
Tel. +49 62 69/350, Termine siehe Homepage, www.schell-schokoladen.de

5 Bellamar

Das Freizeitbad mit Wassergrotten, Strömungskanal, Sportbecken und Whirlpools bietet abwechslungsreiche Erholung. Das Wellnessangebot umfasst u. a. eine Kräuter-, Bio- und eine Panoramasauna sowie einen türkischen Hamam, Schwallbrausen, Erlebnisdusche, Kneippanlage und Tauchbecken. Im Sommer öffnet zusätzlich das Freibad.

Odenwaldring, Schwetzingen, tgl. 10–22 Uhr,
www.bellamar-schwetzingen.de

Beste Reisezeit

Im Juni, Juli und Sept. wird durch bengalische Leuchtfeuer der Brand des Heidelberger Schlosses von 1689 inszeniert. Danach füllt sich der nächtliche Himmel mit einem Feuerwerk – besonders schön vom Neckar aus auf einem Schiff der Weißen Flotte zu bestaunen.

Hotels

Europäischer Hof
Große Staatsmänner, Schriftsteller und andere berühmte Persönlichkeiten haben schon einmal im 1865 eröffneten Haus übernachtet. Reisende, die Luxus und guten Service im Stil der alten Grandhotels suchen, sind gut aufgehoben. Das Herzstück ist die prunkvoll dekorierte Halle, in der die Zeit stehen geblieben zu sein scheint, während die Zimmer an moderne Bedürfnisse angepasst sind.
Friedrich-Ebert-Anlage 1, Heidelberg,
Tel. +49 62 21/51 50, DZ ab 208 €,
www.europaeischerhof.com

Grenzhof
Ein idealer Ort für Reisende, die nicht direkt in der Stadt wohnen möchten und diese Ruheoase als Ausgangspunkt für Ausflüge nach Heidelberg, Ladenburg, Schwetzingen oder in den Odenwald nutzen. Das historische Gebäude im eleganten Landhausstil bietet den Gästen hübsche Themenzimmer.
Grenzhof 9, Heidelberg,
Tel +49 62 02/94 30, DZ ab 130 €,
www.grenzhof.de

Qube Hotel
Die Vorzüge des Biohotels sind nicht nur ökologischer Natur: Die Ausstattung ist modern, aber behaglich, die Altstadt nur ein paar Gehminuten entfernt und es gibt einen Fahrradverleih für die Gäste.
Bergheimer Str. 74, Heidelberg,
Tel. +49 62 21/18 79 90, DZ ab 128 €,
www.qube-hotel-heidelberg.de

28 Mainfranken

Bayern

Höher rauf geht's erst im Norden. Oder im Osten. Oder auch im Westen. Dort, wo Mainfranken an die Mittelgebirgslandschaften Rhön, Haßberge, Spessart und Steigerwald stößt. Dazwischen aber rollen die Hügel sanft dahin, haben der Main und seine Zuflüsse Talhänge in den Boden gegraben, an denen sie nun wachsen: die Reben. Das war schon im Mittelalter so, da war Franken das größte Weinanbaugebiet des Heiligen Römischen Reichs nördlich der Alpen. Apropos Mitte(l): Mitten in Europa gelegen, ist die Region schon seit Jahrhunderten ein Schnittpunkt von Handelsrouten und Pilgerwegen. Kein Wunder, dass es so manchen Großmeister hierher zog, den Maler Giovanni Battista Tiepolo zum Beispiel, der in der Würzburger Residenz sein wichtigstes Werk hinterließ. Der Weinbau hat die Landschaft, die Menschen und die Kultur geformt. Und weil das Regionale, das Ehrliche und Selbsterzeugte boomen, lassen sich Vinotheken und Restaurants, Weinstuben und Heckenwirtschaften viel einfallen, um die vielen Gäste noch mehr zu begeistern. Da werden Stahl und Glas ins Fachwerk gebaut, da wird die Tradition modern präsentiert, etwa in der Vinothek Iphofen oder bei »Divino« in Nordheim. Weniger ins Glas und mehr über den Tellerrand schauen? Das geht natürlich auch. In Schweinfurt zum Beispiel, im Museum Georg Schäfer, das eine der berühmtesten Privatsammlungen der Welt beherbergt.

www.mainfranken.org

Nicht nur von innen sehenswert ist die Würzburger Residenz mit ihrem figurenreichen Hofgarten.

1. Würzburg
2. Lohr am Main
3. Schloss Veitshöchheim
4. Flugsport-Club Würzburg
5. Papiermühle Homburg
6. KissSalis Therme

- Laudensack's Parkhotel
- Romantik-Hotel Neumühle
- Poppular City Hotel

1 Würzburg

»In Würzburg fängt der Süden an«, lautet ein Slogan der unterfränkischen Stadt, die geschützt zwischen den Hängen beidseits des Mains liegt. Mit Superlativen muss man nicht geizen, wenn es um ihre fürstbischöfliche Residenz geht: Das prachtvolle Denkmal absolutistischer Macht ist seit 1981 Unesco Weltkulturerbe. Als »Schloss über allen Schlössern« schuf sie einst der wohl bekannteste und größte Baumeister des Barock, Balthasar Neumann. Heute gilt der von 1720 bis 1744 entstandene Bau als Hauptwerk des süddeutschen Barock und eines der bedeutendsten Schlösser Europas.

Residenzplatz 2, Würzburg,
Tel. +49 931/35 51 70,
Apr.–Okt. 9–18, Nov.–März 10–16.30 Uhr,
www.schloesser.bayern.de

2 Lohr am Main

Kopfsteingepflasterte Gassen und eine Menge schöne Fachwerkbaukunst prägen den Ort, der von sieben Bergen und dem Naturpark Spessart umgeben wird. Im Stadtbild dominieren Gotik und Renaissance, viele Gebäude sind aus rotem Buntsandstein.

Tourist Info: Schlossplatz 5, Lohr am Main,
Tel. +49 93 52/194 33, Apr.–Okt. Mo–Fr
9–17.30, Sa 10–13, Nov.–März Mo–Fr
10–17 Uhr, www.spessart-mainland.de

3 Schloss Veitshöchheim

Das Barockschlösschen mit seinem herrlichen Rokokogarten war einst Sommersitz der Würzburger Fürstbischöfe. Die großzügige Parkanlage aus dem 18. Jahrhundert verzaubert mit seinem vom Barockbildhauer Ferdinand Tietz geschaffenen Figurenschmuck und seinen Laubengängen, Heckenkabinetten und Wasserspielen.

Echterstr. 10, Veitshöchheim,
Garten: tgl. bis Einbruch der Dunkelheit,
Schloss: Apr.–Mitte Okt. Di–So 9–18 Uhr,
www.veitshoechheim.de

4 Rundflug

Ein erhabenes Gefühl grenzenloser Freiheit durchflutet den Passagier – zu erleben auf einem Gastflug beim Flugsport-Club Würzburg vom Flugplatz Schenkenturm aus. Aber bitte Kamera nicht vergessen! Ob mit Motormaschine, Motorsegler oder lieber im Segelflugzeug bleibt den Vorlieben des Einzelnen überlassen. In einer halben Stunde bringen erfahrene Piloten ihren Passagieren die Mainschleife aus der Vogelsperspektive näher, in einer Stunde gelangt man bis in die Rhön mit Blick auf Kreuzberg und Wasserkuppe.

Schenkenturm, Würzburg,
Tel. +49 931/970 16 60, Anm. 2 Tage vorher,
www.fscw.de

5 Papier schöpfen

Papier ist geduldig. Geduld brauchte es einst auch, damit dieses Schöpfungswerk entstehen konnte: 200 Jahre Papierkunst – von dem aus der Holzbütte geschöpften Bogen bis zur Papiermaschine, von der

Beste Reisezeit

Einen exotischen Höhepunkt im Veranstaltungskalender setzt im Spätfrühling eines jeden Jahres das Africa Festival in Würzburg – das größte Fest für afrikanische Musik und Kultur in Europa mit Künstlern, Kunsthandwerk und Musik des schwarzen Kontinents.

Hier wird aus dem Vollen geschöpft: Johannes Follmer zeigt in der Papiermühle Homburg, wie besondere Büttenpapiere nach traditioneller Handwerkstechnik hergestellt werden.

handwerklichen bis zur industriellen Produktion zeigt das Museum Papiermühle Homburg in original historischer Kulisse.

Gartenstr. 11, Homburg/Main,
Tel. +49 93 95/992 22,
Mai–Okt. Di–So 10–12, 14–16, Sa/So bis 17 Uhr, Papierschöpfen nach Anm.,
www.papiermuehle-homburg.de

6 KissSalis Therme

Bad Kissingen, Frankens bedeutendstes Heilbad, war schon im 19. Jh. Treffpunkt der großen Welt. Der elegant anmutende Ort inmitten des weiten Wiesen- und Waldtals der Fränkischen Saale bietet gepflegte Kuranlagen und die KissSalis Therme, eine ansprechende Bade- und Wellnesslandschaft auf 7000 qm mit Innen- und Außenbecken, Saunen, Hamam, Wasserschwebebett, Shiatsu, Fitnessgeräten und einigem mehr.

Heiligenfelder Allee 16, Bad Kissingen,
tgl. 9–22, Fr/Sa bis 24 Uhr,
www.kissalis.de

Entspannt unterwegs

Auf der ruhig dahinfließenden Saale darf man sich paddelnd durch die beschauliche Flusslandschaft fortbewegen: ob zum Schnuppern, während einer gemütlichen Dreistundentour oder gleich für einen Zweitagestrip. Verleih mit Transport: Campingplatz Saale-Insel, www.campingplatz-saaleinsel.de

Hotels

Laudensacks Parkhotel
Die Villa aus der Gründerzeit mit ihrem weitläufigen Park bietet 20 geschmackvoll eingerichtete, lichtdurchflutete Zimmer, kulinarische Genüsse aus der Sterne-Küche des Hauses sowie einen Wellnessbereich mit finnischer Sauna, Soft-Dampfbad, Infrarotkabine, Whirlpoolwanne und Ruheraum. Wer aktiv werden möchte, kann dies beim Wandern und Fahrradfahren und auf dem Golfplatz in der Nähe tun.
Kurhausstr. 28, Bad Kissingen,
Tel. +49 971/722 40, DZ ab 76 €,
www.laudensacks-parkhotel.de

Romantik-Hotel Neumühle
Unweit von Hammelburg, direkt an der Fränkischen Saale, wartet Luxus in jeder Hinsicht. Das schöne Nobelhotel überzeugt mit seinem historischen Ambiente einer ehemaligen Mühle und dem großen Wellness-Bereich.
Neumühle 54, Wartmannsroth,
Tel. +49 97 32/80 30, DZ ab 210 €,
www.hotel-neumuehle.de

Poppular City Hotel
Nur wenige Gehminuten von der Würzburger Altstadt entfernt liegt das Hotel Poppular. In der hauseigenen Vinothek können die Gäste fränkische und internationale Weine ausgesuchter Weingüter probieren.
Textorstr. 17, Würzburg,
Tel. +49 931/32 27 70, DZ ab 94 €,
www.hotelpoppular.de

29 Fränkische Schweiz

Bayern

Nur das Wasser plätschert, während die Paddel leise und eben wegen der Stille ringsum doch scheinbar laut ein- und wiederauftauchen. Mit jedem Eintauchen scheint die Wiesent, die sich grau-grünlich und doch klar durch die felsige Berglandschaft schlängelt, vor Freude zu glucksen. Wie ein Bilderbuch ziehen sie vorbei, die Burgruinen, bizarren Felsformationen, und mit etwas Glück sieht man Enten, Biber oder sogar einen Eisvogel – eine feine Möglichkeit, die Fränkische Schweiz einmal vom Fluss aus zu erkunden. Wieder an Land, empfiehlt sich, dem fränkisch-schweizerischen Dreiklang nachzugehen, der da lautet: Burgen, Berge, Bier – sie machen den Landstrich aus. Erstens ist da die Veste Coburg, ein Kunststück in zweierlei Hinsicht: Von außen ein Zeugnis der Baugeschichte vieler Jahrhunderte, beherbergt sie in ihrem Inneren die Sammlungen der Coburger Herzöge. Zweitens lockt die Walberla nicht nur mit üppiger Kirschernte, sondern mit üppigen Blicken auf schmucke Häuser und weite Hügellandschaft. Drittens gibt es nichts Schönes, als den Tag im schattigen Biergarten ausklingen zu lassen, beispielsweise im kleinen Ort Aufseß, der gemessen an seinen 1320 Einwohnern mit vier Braustätten die größte Brauereidichte der Welt hat.

www.fraenkische-schweiz.com

Ob Ehrenbürg (offizieller Name) oder Walberla (gängiger Name) bezeichnet – der Weitblick von ihm aus ist herrlich.

1. Bamberg
2. Coburg
3. Walberla
4. Felsengarten und Burg Zwernitz
5. Deutsches Korbmuseum
6. Obermain Therme

- (1) Burg Rabenstein
- (2) Hotel Molitor
- (3) Schloss Burgellern

Beste Reisezeit

Jedes Jahr findet um den 26. Juli, dem Feiertag der Heiligen Anna, das zehntägige Forchheimer Annafest statt. In bzw. bei den Bierkellern gibt es Starkbier, kulinarische Leckerbissen und Livemusik.

1 Bamberg

Die Lage auf den sieben Hügeln und das einzige Papstgrab nördlich der Alpen – das hat Bamberg seinen Beinamen »fränkisches Rom« eingebracht. Die Altstadt eignet sich herrlich zum Bummeln zwischen Rathaus, Klein-Venedig und Dom und beeindruckt durch ihre Vielzahl herausragender Bauten und Kulturdenkmäler, von der Romanik über die Gotik bis hin zur Renaissance und zum Barock. Ihre ungemeine Fülle an gut erhaltenen historischen Bau-Ensembles sucht seinesgleichen.

Tourist Info: Geyerswörthstr. 5, Bamberg, Tel. +49 951/297 62 00, tgl. ab 9.30, Mo–Fr bis 18, Sa bis 16, So bis 14.30 Uhr, www.bamberg.info

2 Coburg

Der erste Blick auf Coburg hat Symbolcharakter: Die »Fränkische Krone«, die mittelalterliche Veste, thront mit ihrem vollständig erhaltenen Mauerkranz regelrecht über der einstigen Residenzstadt. Und von hier aus gibt es tatsächlich enge Verbindungen zu europäischen Königshäusern, welche sich bis heute in zahlreichen Schlössern in und um Coburg widerspiegeln. Aus der 800-jährigen Geschichte der Stadt sind viele Zeugnisse erhalten: Den Marktplatz z. B. prägen das Rathaus von 1580 und das Stadthaus gegenüber mit seinen charakteristischen Erkern.

Herrngasse 4, Coburg, Tel. +49 95 61/89 80 00, Sa 10–14, Apr.–Okt. Mo–Fr 9–18, Nov.–März Mo–Fr 9–17 Uhr, www.coburg-tourist.de

3 Walberla

Es gibt Berge, die wecken ein unstillbares Verlangen, den »Gipfel« zu besteigen, und das Walberla gehört dazu. Keine Frage: In der gesamten Region gibt es keine markantere Erhebung. Weil jeder Franke einmal in seinem Leben auf den Gipfel zu pilgern scheint, hat der Mundartdichter Fitzgerald Kusz das Walberla zum »fränkischen Fudschijama« erklärt. Anders als alpine Gipfel lässt es sich im Rahmen eines gemütlichen Spaziergangs erkunden.

Bei Wiesenthau, Ortsteil Schlaifhausen, www.walberla.de

4 Felsengarten Sanspareil und Burg Zwernitz

Bizarre Felsformationen säumen den Weg in dem märchenhaften Buchenwäldchen. Wie durch Zauberhand gerät man bei ihrem Anblick ins Träumen. Markgräfin Wilhelmine von Bayreuth schuf sich im 18. Jh. in dem vom Jurameer geformten Felsenhain nach dem Vorbild des Romans »Die Abenteuer des Telemach« ihre rund 14 ha große private Zauberinsel. Vom Plateau des Belvederefelsens blickt man direkt in das Ruinentheater, auf dessen Bühne im Sommer regelmäßig gespielt wird. Eine fabelhafte Aussicht über die Fränkische Schweiz genießt man vom Turm der Burg Zwernitz, die hoch über dem Felsengarten thront.

Sanspareil 29/34, Wonsees, Burg Zwernitz: Apr.–Sept. Di–So 9–18, bis Mitte Okt. 10–16 Uhr, www.bayreuth-wilhelmine.de

Hotels

Burg Rabenstein
Auf einem Hochplateau über dem Ailsbachtal liegt die Burg Rabenstein mit ihren 22 individuell gestalteten Zimmern. Auch tagsüber lässt es sich hier gut aushalten: Eine Gutsschenke mit fränkischer Küche, Burgführungen, eine Falknerei, ein Keltendorf mit Feuerplatz sowie die Sophienhöhle, eine beeindruckende Tropfsteinhöhle, ziehen die Besucher in ihren Bann.
Rabenstein 33, Ahorntal,
Tel. +49 92 02/970 04 40, DZ ab 79 €,
www.burg-rabenstein.de

Hotel Molitor
Mitten in der Bamberger Altstadt, umgeben vom Wasserschloss Concordia und dem Böttingerhaus, befindet sich das Hotel Molitor in einem 500 Jahre alten Zunfthaus. Das Haus zeichnet sich durch seine familiäre Atmosphäre aus.
Obere Mühlbrücke 2–4, Bamberg,
Tel. +49 951/91 70 79 50, DZ ab 99 €,
www.altstadthotel-molitor.de

Schloss Burgellern
Das über 250 Jahre alte Schloss mit romantisch verwildertem Landschaftspark lädt zu Spaziergängen und zum Entspannen ein. Ein Saunabereich, Massagen und Kurse, wie etwa Yoga oder die »Klößakademie«, sorgen auch bei schlechtem Wetter für Erholung.
Kirchplatz 1, Schesslitz,
Tel. +49 95 42/77 47 50, DZ ab 130 €,
www.schloss-burgellern.de

5 Korbflechten lernen

Im Deutschen Korbmuseum erfahren Besucher nicht nur alles über die Geschichte des Korbflechtens, sondern auch über das Handwerk. Ein/e Korbmacher/in zeigt die Vielfalt der Flechttechniken sowie den Umgang mit Material und Werkzeugen.

Bismarckstr. 4, Michelau, Tel. +49 95 71/835 48, Workshop Apr.–Okt. Sa 13.30–16.30 Uhr und nach Anm., www.korbmuseum.de

6 Obermain Therme

Bayerns wärmste und stärkste Thermalsole bringt Badende zum Schweben. Abtauchen kann man in den 16 Innen- und Außenbecken, acht Whirlpools, Fontänen und dem Wasserfall. Wer dann noch richtig ins Schwitzen kommen mag, ist im türkischen Dampfbad und im luxuriösen Saunaland goldrichtig. Ein Erlebnis für alle Sinne!

Am Kurpark 1, Bad Staffelstein, So–Mi 8–21, Do–Sa 8–23 Uhr, www.obermaintherme.de

Entspannt unterwegs

Eine herrliche Möglichkeit, die Fränkische Schweiz zu erkunden, ist eine 28 km lange Kanutour auf der Wiesent. Nur das Wasser plätschert, während man an bizarren Felsformationen vorbeipaddelt. www.kajak-mietservice.de

28 km Paddler-Idylle: Die Wiesent ist der einzige Fluss in der Fränkischen Schweiz, der mit dem Kanu oder Kajak befahren werden darf.

Spritziges Straßburg: Am Place Kléber, umgeben von historischen Gebäuden, ist immer Leben.

30 Elsass

Frankreich

Gemütlich ist die Region zwischen Rhein und Vogesen und ideal, um Kultur und Natur zu genießen und sich durch Küchen und Keller zu schlemmen. Meist herrschen Klischees über das Elsass vor: bunte Fachwerkhäuser, die Elsässerin in Tracht, das Land der Störche und des Sauerkrauts – ist das wirklich so? Das Klischee wird von der Wirklichkeit übertroffen: Harmonie und Schönheit der Landschaft, der Berge, der mittelalterlichen Dörfer und Städte suchen ihresgleichen. Die Tracht der Elsässerin ist sehr farbenfroh. Im ganzen Land kann man Störche erleben und dem Klappern ihrer Schnäbel zuhören. Das Sauerkraut ist im Kohlanbaugebiet Elsass ständiger Begleiter – aber in leckeren, kreativen Varianten. Und die Natur! In Nationalparks finden sich Wanderwege mit unglaublichen Panoramablicken, wie der vom Gipfel des Grand Ballons aus, auf benachbarte Länder, Berge und Städte – Vosegus, der keltische Berg- und Waldgott und Namensgeber der Vogesen, zieht magnetisch in seinen Bann. Das Elsass ist auch ein Hort von kulturellen Schätzen: Namhafte zeitgenössische Kunst kann in Straßburg in vielen Musentempeln bestaunt werden. Das Land bietet nicht nur ein pittoreskes Bild – es steht in jeder Hinsicht in voller Blüte: C'est la France!

www.tourisme-alsace.com

Entspannt unterwegs

Auf der Véloroute du Vignoble von Thann nach Marlenheim lernt man den Geist des Weines verstehen – beim E-Bike-Fahren durch die elsässischen Weinberge. Weitere Infos unter www.movelo.com, www.radfahrenimelsass.de

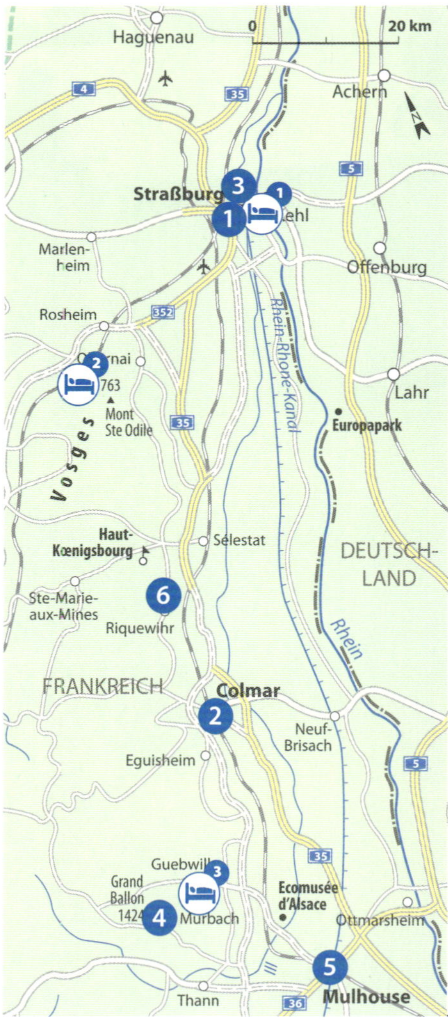

1 Straßburg
2 Colmar
3 Parc de l'Orangerie
4 Grand Ballon
5 Stoffdruckmuseum
6 Resort Barrière
1 Bouclier d'Or
2 Hostellerie des Châteaux
3 Le Schaeferhof

1 Straßburgs Altstadt

Müde Füße nach einem Bummel durch die Altstadt mit ihrer Grand' Rue? Ausruhmöglichkeiten bieten die Bänke der zentralen Place Kléber mit ihren vielen Springbrunnen. Hier kann man entspannt einfach nur die Szenerie auf sich wirken lassen. Das Münster in der Ferne, die Galeries Lafayette und historischen Gebäude mit Cafés leuchten im Sonnenschein. Auch ein Ausflug mit dem Touristenschiff auf der Ill durch Straßburg ist eine schöne Art, die Stadt zu entdecken. Alle Sehenswürdigkeiten wie das Gerberviertel oder EU-Gebäude sind vom Schiff aus zu sehen.

Tourist Info: 17, pl. de la Cathédrale, Strasbourg, Tel. +33 388/52 28 28, tgl. 9–19 Uhr, www.otstrasbourg.fr

2 Colmar

Die Stadt an der Ill und ihrem Zufluss Lauch besitzt eine verführerische Altstadt: La Petite Venise, Klein-Venedig, mit hübschen Bootshäusern und schattigen Trauerweiden direkt am Wasser. Dieses mittelalterliche Stadtviertel Colmars, das nach einer geglückten Sanierung im traditionellen Baustil eine europäische Goldmedaille für Denkmalpflege erhielt, repräsentiert für viele das typische Elsass mit Fachwerkhäusern, Brunnen, Erkern und Türmchen.

Tourist Info: 32, cours Sainte Anne, Colmar, Tel. +33 389 20/68 92, Apr.–Okt. Mo–Sa 9–18, So 10–13, Dez. Mo–Sa 9–18, So 10–13, 14–17 Uhr, www.ot-colmar.fr

3 Parc de l'Orangerie

Meister Adebar, das Wahrzeichen des Elsass, hautnah erleben kann man im wunderschönen Park der Joséphine de Beauharnais, Ehefrau Napoleons, in Straßburg: Storchennester und Störche überall, auf dem Pavillon der Kaiserin, im kleinen Zoo … Wer sich auf eine der vielen Bänke vor dem Wasserfall am kleinen See setzt, bekommt über kurz oder lang Besuch vom staksenden Rotschnabel. Am Himmel rauschen seine Verwandten lautlos dem Sonnenuntergang entgegen. Der Parc de l'Orangerie ist einen Besuch wert!

av. de l'Europe, Straßburg, www.strasbourg.eu

4 Grand Ballon

Eine verschlungene, jedoch gut befahrbare Straße ermuntert nicht nur Motorradfahrer zum Genussfahren. Die Krönung wartet auf dem Gipfel des höchsten Ber-

Ein Höhepunkt ist ein Ausflug auf den Grand Ballon (Großer Belchen) auf 1424 m Höhe.

ges der Vogesen, des Grand Ballon: weiter Blick auf den Schwarzwald, das französische Jura und die Alpen der französischen Schweiz, Mont Blanc inklusive. Im Winter bei Hochdruck ist die Sicht am besten, es kann aber sehr kalt und windig sein. Bei einem exzellenten Flammkuchen in der Gipfelhütte und einem elsässer Weißwein lässt sich der Panoramablick auf Mülhausen und Basel genießen.

42 km nordwestl. von Mülhausen

5 Stoffdruckmuseum

Das Musée de l'Impression sur Étoffes stellt eine herrliche Sammlung an fantastischen Stoffen (es gibt 6 Mio. erhaltene Motive zu bestaunen) aus. In Kursen bedrucken die bis zu fünf Teilnehmer ihre eigenen Textilien nach alter Tradition mit Holzmodeln.

14, rue Jean-Jacques Henner, Mülhausen,
Tel. +33 668/50 60 30, Di–So 10–12,
14–18, Kurse 10–16 Uhr nach Anm.,
www.musee-impression.com

6 Spa Resort Barrière

Tiefe Stille und Ruhe durchströmen Körper, Seele und Geist: Die Vogesen erheben sich majestätisch in der Ferne, die drei Burgen von Ribeauvillé zur Linken auf ihren Höhen, die Haut Koenigsbourg thront auf der rechten Seite. Davor eine weite Ebene mit Weingütern, die diese majestätische Ruhe der Berge auffängt und ausstrahlt. Große Glasfenster ermöglichen diesen Ausblick vom Wellness- und Spa-Bereich.

Route départementale 106, Ribeauvillé,
Tel. +33 389/73 43 45,
www.lucienbarriere.com

Beste Reisezeit

Um den Wein dreht sich die »Foire aux Vins d'Alsace« in Colmar, die zehn Tage lang Mitte Aug. ihre Tore öffnet. Die Messe mit 300 Winzern ist Spektakel, Ausstellung und internationales Pop-/Rock-Festival zugleich!
www.foire-colmar.com

Hotels

Bouclier d'Or
Das renovierte, edle Stadtpalais aus dem 16. Jh. liegt im historischen Zentrum von Straßburg. Drei Gebäude mit einer Innenausstattung aus viel Holz und Kronleuchtern, Wandteppichen und antiken Möbeln, kombiniert mit modernem Komfort, vermitteln Behaglichkeit und Wohlgefühl. Gemütliche Bar im Erdgeschoss, luxuriöses Spa mit Whirlpool, Sauna und Massagen.
1, rue du Bouclier, Straßburg,
Tel. +33 388/13 73 55, DZ ab 153 €,
www.lebouclierdor.com

Hostellerie des Châteaux
Das am Waldrand gelegene Nobelhotel mit stilvollen Zimmern, Appartements und Suiten verbindet eine romantische Atmosphäre mit Wellness-Einrichtungen wie Fitnesscenter, Hallenbad, Massagen, Whirlpool, Sauna, Hamam und Solarium. Die Suiten gibt es sogar mit Whirlpool!
11, rue des Chateaux, Ottrott,
Tel. +33 388/48 14 14, DZ ab €,
www.hostellerie-chateaux.fr

Le Schaeferhof
In der Nähe des Klosters Murbach liegt das renovierte Landhaus aus dem 18. Jh., weit abseits von Verkehrslärm in einem idyllischen Garten, mit fünf reizenden Zimmern und einer Suite sowie Sauna, Pool und Fitnessraum.
6, rue de Guebwiller, Murbach,
Tel. +33 389/74 98 98, DZ ab 190 €,
www.schaeferhof.fr

Der Name ist Programm: »Schauinsland« beginnt bereits bei der 20-minütigen Seilbahnfahrt auf den Freiburger Hausberg.

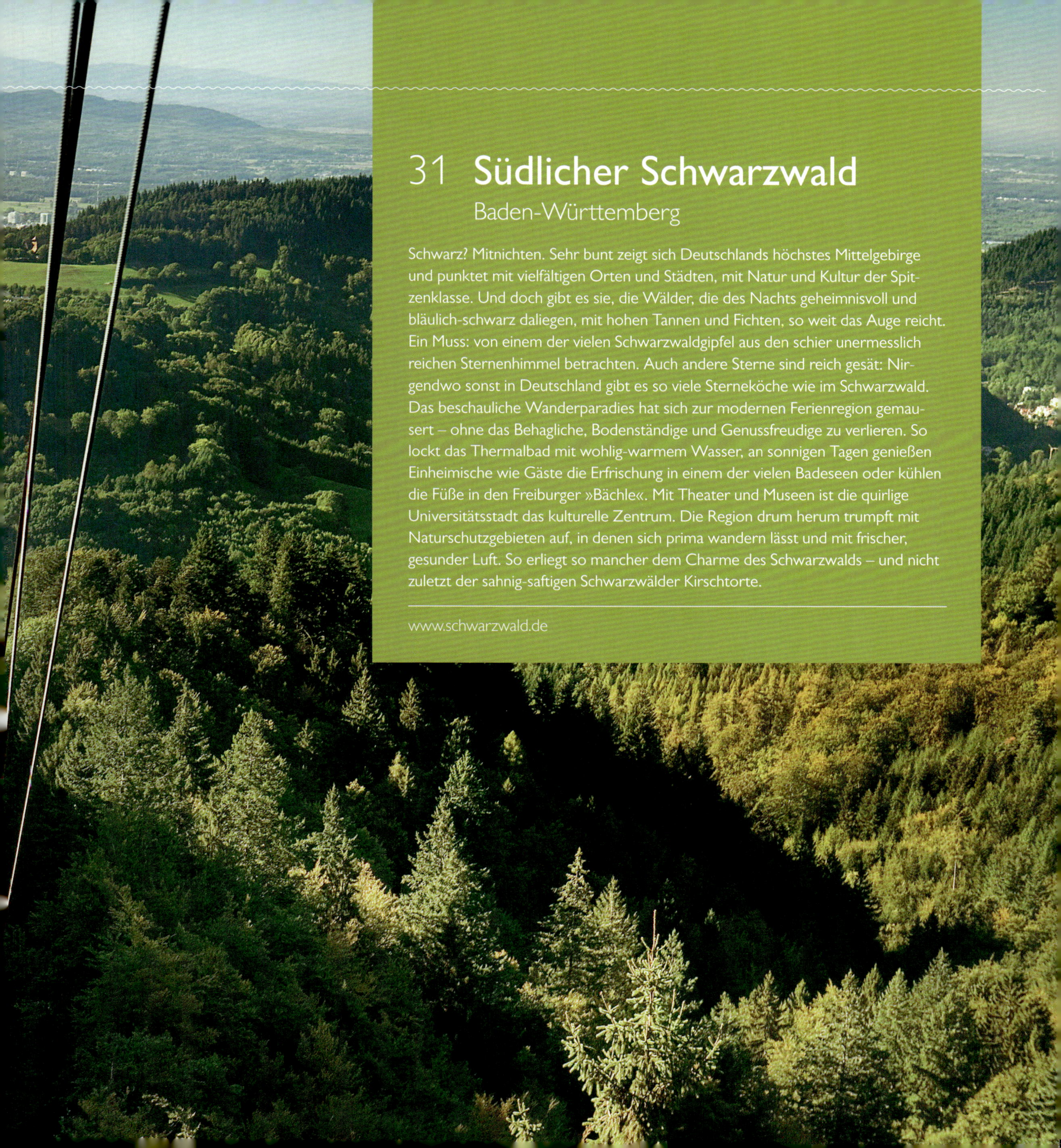

31 Südlicher Schwarzwald

Baden-Württemberg

Schwarz? Mitnichten. Sehr bunt zeigt sich Deutschlands höchstes Mittelgebirge und punktet mit vielfältigen Orten und Städten, mit Natur und Kultur der Spitzenklasse. Und doch gibt es sie, die Wälder, die des Nachts geheimnisvoll und bläulich-schwarz daliegen, mit hohen Tannen und Fichten, so weit das Auge reicht. Ein Muss: von einem der vielen Schwarzwaldgipfel aus den schier unermesslich reichen Sternenhimmel betrachten. Auch andere Sterne sind reich gesät: Nirgendwo sonst in Deutschland gibt es so viele Sterneköche wie im Schwarzwald. Das beschauliche Wanderparadies hat sich zur modernen Ferienregion gemausert – ohne das Behagliche, Bodenständige und Genussfreudige zu verlieren. So lockt das Thermalbad mit wohlig-warmem Wasser, an sonnigen Tagen genießen Einheimische wie Gäste die Erfrischung in einem der vielen Badeseen oder kühlen die Füße in den Freiburger »Bächle«. Mit Theater und Museen ist die quirlige Universitätsstadt das kulturelle Zentrum. Die Region drum herum trumpft mit Naturschutzgebieten auf, in denen sich prima wandern lässt und mit frischer, gesunder Luft. So erliegt so mancher dem Charme des Schwarzwalds – und nicht zuletzt der sahnig-saftigen Schwarzwälder Kirschtorte.

www.schwarzwald.de

1 Freiburg
2 Titisee
3 Todtnauer Wasserfälle
4 Schauinsland
5 Kräuterkochseminar
6 Vita Classica Therme
Hotel 1 Die Halde
Hotel 2 Hofgut Himmelreich
Hotel 3 Hotel Victoria

1 Freiburg

Freiburg ist umweltbewusste Universitätsstadt, inoffizielle Hauptstadt des Schwarzwaldes und kulturell beeinflusst durch die Lage im Dreiländereck. Dieser interessante Mix lockt viele Besucher in die restaurierte Altstadt mit dem berühmten Münster und ihren gemütlichen Lokalen.

Tourist Info: Am Rathausplatz, Freiburg, Tel. +49 761/388 18 80, Juni–Sept. Mo–Fr 8–20, Sa 9.30–17, So 10.30–15.30, Okt.–Mai Mo–Fr 8–18, Sa 9.30–14.30, So 10–12 Uhr, www.freiburg.de

2 Titisee

Flanieren, shoppen, sehen und gesehen werden, das geht am besten an der Seepromenade von Titisee am gleichnamigen Natursee. Vor allem am Wochenende herrscht hier lebhafter Badebetrieb, wochentags zeigt sich der Besuchermagnet ruhiger. Auch in den benachbarten Hochtälern findet man lebendige Schwarzwälder Tradition abseits vom Trubel.

Strandbadstr. 4, Titisee-Neustadt, Tel. +49 76 52/120 60, Mo–Fr 9–17, Sa/So 10–12 Uhr, www.titisee-neustadt.de

3 Todtnauer Wasserfälle

Niagara-Feeling im Schwarzwald: Spektakulär stürzen sich die Naturwasserfälle von Todtnau 97 m in die Tiefe. Im Winter übertrumpfen sie die amerikanische Schwester gar und erstarren zu glitzernden Eiszapfen. Viele Wege führen zu den wildromantischen Kaskaden, ein besonders schöne Route führt von Todtnauberg in Fließrichtung über Brücken und Stege.

Todtnau, tgl. frei zugänglich, www.hochschwarzwald.de

4 Schauinsland

Welch ein sprechender Name für den 1284 m hohen Hausberg Freiburgs! Der Blick vom Gipfel reicht bei gutem Wetter über die Vogesen und sogar bis zum Mont Blanc. Wandern, Skifahren oder einfach die Sonne genießen, wenn im Tal mal dicker Nebel hängt – die Freiburger wissen, was sie an »ihrem« Berg haben.

Seilbahnbetrieb Juli–Sept. tgl. 9–18, Okt.–Juni tgl. 9–17 Uhr, www.schauinslandbahn.de

Beste Reisezeit

Beim Zeltmusikfestival in Freiburg treten jedes Jahr ab Mitte Juli drei Wochen lang Künstler im einmaligen Ambiente einer Zeltstadt vor der grünen Kulisse des Freiburger Umlands auf, darunter internationale Musiker und Entertainer.

In Deutschlands wärmster Großstadt genießt man laue Sommerabende gerne draußen, z. B. unter romantischen Weinreben in der historischen Konviktstraße in Freiburg.

5 Kräuterkochseminar

Gerne teilt Josef Fehrenbach seinen großen Erfahrungsschatz über Kräuter in den monatlich stattfindenden Kochkursen des Waldhotels Fehrenbach. Leichte und saisonale Küche in vier Gängen steht auf dem Speiseplan, dazu gibt es passende Weine, eine Kochschürze und natürlich die Rezepte zum Nachkochen.

Alpersbach 9. Hinterzarten,
Tel. +49 76 52/919 40, nach Anm.,
www.waldhotel-fehrenbach.de

6 Vita Classica Therme

Die Vita Classica Therme bietet so viel Abwechslung, dass die Stunden wie im Fluge vergehen: Sprudelbäder und Whirlpools, Farb- und Musikspiele, ein Hamam, Blockhüttensaunen, Massagen und Peelings, Ayurveda und ein Kaminzimmer – wie gut, dass die Aufenthaltsdauer hier unbegrenzt ist!

Thürachstr. 3, Bad Krozingen,
tgl. 8.30–23 Uhr, abweichend für Musikhalle, Sauna und Wohlfühlhaus, www.vita-classica.de

Entspannt unterwegs

Sie hält, was ihr Name verspricht: Die Schwarzwald-Panoramastraße führt durch eine Bilderbuchlandschaft, vorbei an Gehöften, zu spektakulären Aussichten und über sich schlängelnde Serpentinen. Hier gilt: Der Weg ist das Ziel!

Hotels

Die Halde
In dem denkmalgeschützten, walmgedeckten Haus verströmen nicht nur die klassisch-ländlichen Zimmer einen Hauch von Luxus. Mit Blick auf die Feldberghöhen genießt man verschiedene Vital- und Wohlfühlprogramme, Loipe und Wanderwege beginnen direkt am Haus.
Halde 2, Oberried,
Tel. +49 76 02/944 70, DZ ab 260 €,
www.halde.com

Hofgut Himmelreich
Das Besondere an diesem Hotel ist die erfolgreiche Integration von Menschen mit Behinderung in alle Bereiche des Betriebsablaufs. Schwarzwälder Herzlichkeit und traditionelle Küche empfangen die Gäste in diesem jahrhundertealten Hofgut.
Himmelreich 37, Kirchzarten,
Tel. +49 76 61/986 20, DZ ab 70 €,
www.hofgut-himmelreich.de

Hotel Victoria
Hier schläft und isst man gesund und klimaneutral, denn schon seit 1985 laufen Umweltschutzprojekte in diesem zentral gelegenen Freiburger Hotel. Auf Komfort muss der Gast dabei nicht verzichten, neben modernen Zimmern zählt die beliebte Hemingway-Bar zum Angebot und die Stadtaussicht vom Dachgarten ist sowieso unbezahlbar.
Eisenbahnstr. 54, Freiburg,
Tel. +49 761/20 73 40, DZ ab 129 €,
www.hotel-victoria.de

Cafe

Das wohl beliebteste Postkartenmotiv in Rothenburg ob der Tauber: »Am Plönlein«.

32 Romantische Straße

Bayern

In den 1950er-Jahren eine Ferienstraße zu »erfinden«, war sicher ein höchst utopisches Unterfangen. Wer hatte damals schon ein Auto? Und welche ausländischen Touristen wollten in einem Land Urlaub machen, das noch mit Nazi-Terror assoziiert wurde? Doch die Rechnung sollte aufgehen: Alle wollten und wollen die Ferienstraße kennenlernen, die zwischen Main und Alpen pittoreske Städte und zauberhafte Landschaften wie auf eine Perlenkette auffädelt. 400 km Schönheit auf Schönheit: Historische Städte mit intakten Stadtmauern, barocke Wallfahrtskirchen, romanische Klöster und die zu Stein gewordenen Träume des bayerischen Märchenkönigs gehören ebenso dazu wie wildromantische Flusstäler und beschauliche Fischweiher, bäuerliche, über Generationen gewachsene Kulturlandschaften, Weinberge, schattige Wälder, die Postkartenszenerie des Voralpenlands und das majestätische Panorama der Ammergauer Alpen. Längst zählen die 28 Orte entlang der Romantischen Straße zu Deutschlands beliebtesten Attraktionen – einige Höhepunkt zu Beginn der Route stellen wir auf den nächsten Seiten vor. Dazu zählen stolze Städte mit ehrwürdiger Historie wie Würzburg, mittelalterliche Bilderbuchorte wie Rothenburg ob der Tauber oder Dinkelsbühl, aber auch Naturmonumente wie der Wallensteiner Felsen. Gekrönt wird diese Szenerie von einem reichhaltigen kulinarischen Angebot, das sich wie ein appetitlich duftender, wohlschmeckender Faden durch dieses Stadt-Land-Fluss-Ensemble zieht.

www.romantischestrasse.de

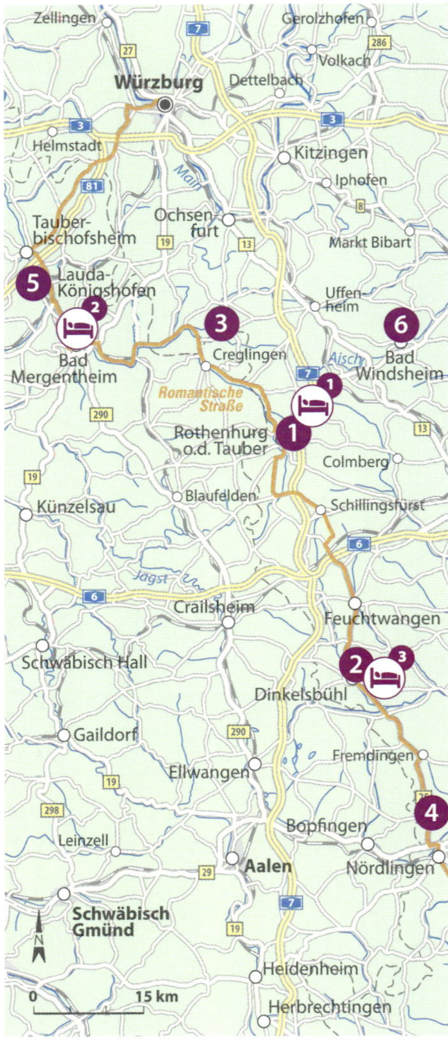

1. Rothenburg ob der Tauber
2. Dinkelsbühl
3. Sonnenuhrenweg
4. Wallersteiner Felsen
5. Vintasticum
6. Franken Therme

- (Hotel 1) Romantik Hotel Markusturm
- (Hotel 2) Jakobshof Lehr
- (Hotel 3) Dinkelsbühler Kunst-Stuben

1 Rothenburg ob der Tauber

Hoch über dem Taubertal liegt das pittoreske Städtchen, von einer 3 km langen Mauer umzogen. Innen zeigt sich ein einladendes Bild, geprägt von Gotik und Renaissance, verwinkelten Gassen und idyllischen Plätzen. Zur vollen Stunde versammelt man sich auf dem Marktplatz, um dabei zu sein, wenn sich die beiden Fenster der Kunstspieluhr öffnen und Bürgermeister Nusch ein ums andere Mal den Dreiliterhumpen Frankenwein in einem Zug leert und damit einer Legende nach die Stadt rettet. Historisch zwar nicht belegt, wird »Der Meistertrunk« trotzdem jedes Jahr an Pfingsten groß gefeiert.

Tourist Info: Marktplatz 2, Rothenburg, Tel. +49 098 61/40 48 00, Mo–Fr 9–18, Sa 9–13 Uhr, www.tourismus.rothenburg.de

2 Dinkelsbühl

Mit seinen Giebeln und Winkeln ist Dinkelsbühl nicht nur der Inbegriff der deutschen Romantik, sondern auch der angehaltenen Zeit: Alle Ladenschilder sind in Frakturschrift gesetzt. Für gemütliche Stadterkunder ist die Kutsche das angemessene Fortbewegungsmittel.

Tourist Info: Altrathausplatz 14, Dinkelsbühl, Tel. +49 9851/90 24 40, Mai–Okt. Mo–Fr 9–18, Sa/So 10–17, Nov.–Apr. tgl. 10–17 Uhr, www.dinkelsbuehl.de

3 Sonnenuhrenweg

Immer der Sonne nach! Auch bei bedecktem Wetter lohnt sich der 2 km lange Sonnenuhrenweg in Röttingen. 25 einzigartige Modelle des historischen Zeitmessers hat ein Mergentheimer Schlossermeister hier erbaut. Wer den Weg begehen möchte, sollte sich im wahrsten Sinne des Wortes Zeit nehmen, um es nicht bei einem kurzen Blick auf die Uhr zu belassen. Denn wer hat schon mal von einer zusammenklappbaren Taschensonnenuhr gehört?

Start: Rathaus am Marktplatz, Röttingen, ganzjährig, Führungen: +49 93 38/98 00 33, www.roettingen.de

4 Wallersteiner Felsen

Wer auf den Wallersteiner Felsen klettert, hat praktisch ein geologisches Phänomen unter den Füßen. Vor einiger Zeit, genau gesagt vor 14,5 Mio. Jahren, schlug ein Asteroid von 1 km Durchmesser in der Fränkisch-Schwäbischen Alb ein. Die

Beste Reisezeit

Seit jeher ist die Region um Dinkelsbühl eine der großen bayerischen Karpfen-Hochburgen. Wenn im Herbst die Weiher abgefischt werden, ist Dinkelsbühl startklar für die Fisch-Ernte-Woche, bei der sich alles um wohlschmeckende Karpfen, Zander und andere einheimische Fische dreht.

Absolut ungestört genießt man die Nähe zur Natur in den auf genau zwei Personen ausgelegten Weinfässern. Kuscheln ist hier ein Muss.

Folgen dieses Naturereignisses ließen den Wallersteiner Felsen entstehen, der am inneren Kraterring 17 m in die Höhe ragt und einen Rundblick über das gesamte Ries gewährt.

Zugänglich von Ostern–Ende Okt. über das Gelände der Brauerei, www.wallerstein.de

5 Vintasticum

Guter Wein schmeckt. Dass er auch andere Sinne ansprechen kann, beweist das einzigartige Konzept von »Vintasticum«. »Verführung aller Sinne« heißt es auf dem badischen Weingut Benz, wo man Reben von unten sieht, Wein fühlen kann und ... – mehr will Tochter des Hauses Corina Benz nicht verraten – der Überraschungseffekt soll schließlich sein Übriges tun.

Im Walterstal 1, Lauda-Königshofen,
Tel. +49 93 43/45 23, Sa 16 Uhr, nach Anm.,
www.weingut-benz.de

6 Franken Therme

Als ob man auf der Wasseroberfläche schwebt, so fühlt es sich an im Salzsee in der Franken Therme. Ein ungewöhnliches Erlebnis ist auch die Mitternachtssauna jeden ersten Freitag im Monat.

Erkenbrechtalle 10, Bad Mergentheim,
tgl. 9–22, Sauna & Wellness tgl 10–22 Uhr,
www.franken-therme.net

Entspannt unterwegs

Sanft und majestätisch fährt der Heißluftballon durch die Lüfte, von jeher faszinierend für den Menschen. Bei »Happy Ballooning« kann man seit 1987 diesem himmlischen Vergnügen über dem Taubertal nachgehen. Der Blick aus der Vogelperspektive ist zu jeder Jahreszeit beeindruckend.

Hotels

Romantik-Hotel Markusturm
Das wunderschöne Haus am historischen Markusturm beherbergte schon vor 500 Jahren Gäste. Die Zimmer sind ein Traum, ob im klassischen Biedermeier-Stil oder im verspielten Laura-Ashley-Dekor.
Rödergasse 1 Rothenburg,
Tel. +49 98 61/942 80, DZ ab 130 €,
www.markusturm.de

Übernachten im Weinfass
Zwei übergroße 8000-Liter-Fässer, wovon eines zum Schlafen dient und das andere mit Wohnbereich und Sanitäranlagen ausgestattet ist, bilden das lauschige Quartier inmitten der Weinberge um den Jakobshof Lehr. Auf die Fassbewohner wartet zur Begrüßung ein Vesperkorb mit zwei Flaschen Wein – der richtige Platz für eine romantische Auszeit zu zweit.
Bachgasse 3, Bad Mergentheim,
Tel. +49 79 31/29 59, Weinfass 159 €
www.jakobshof.lehr.de

Dinkelsbühler Kunst-Stuben
Das Künstleratelier im Haus verleiht dieser Unterkunft ihren besonderen Charakter. Man hat die Wahl dem Eigentümer bei seiner Arbeit zuzuschauen, in der Bibliothek zu schmökern oder doch den selbst gemachten Kuchen im Innenhof zu genießen.
Segringer Str. 52, Dinkelsbühl,
Tel. +49 98 51/67 50, DZ ab 70 €,
www.kunst-stuben.de

33 Bayerischer Wald

Bayern

Ein raues Land, weiträumig und dünn besiedelt – das ist der »Wald«, wie ihn seine Bewohner nennen. »War das ein Habichtskauz?« Keine Frage, da sitzt er, in den lichten Altholzbeständen, über die sich langsam die Dämmerung legt: Wer mit offenen Augen und Ohren durch den Nationalpark Bayerischer Wald streift, kann so manche Überraschung erleben. Rund um den Großen Falkenstein, Großen Rachel und Lusen liegt diese einmalige Experimentierküche der Natur, in der man zusehen kann, wie Urwälder entstehen. Wobei auch der Mensch Platz findet, sei es im Wildniscamp oder auf der Loipe. Vor allem freilich beim Wandern auf dem Goldsteig, dem längsten deutschen Qualitätswanderweg. Auch die Glasstraße schlängelt sich durch den Bayerwald. Kaum woanders finden sich so viele glasverarbeitende Betriebe und Künstler wie dort, mit frischen Ideen wie der weltgrößten Glaspyramide in Zwiesel oder einem gläsernen Wald bei Regen. Die Kontraste machen die Gegend aus: wilder Wald und prunkendes Rokoko, neuartige Glaskunst und uralte Tropfsteinhöhlen. Und neben kleinen Orten mit Postkartenidylle lockt Passau mit barocker Altstadt, in der sich majestätisch der Dom St. Stephan mit der weltgrößten Domorgel erhebt.

www.bayerischer-wald.de

Ein ungewöhnliches Ensemble: der Baumturm bei Neuschönau aus 2500 Kubikmetern Holz und 90 000 Schrauben.

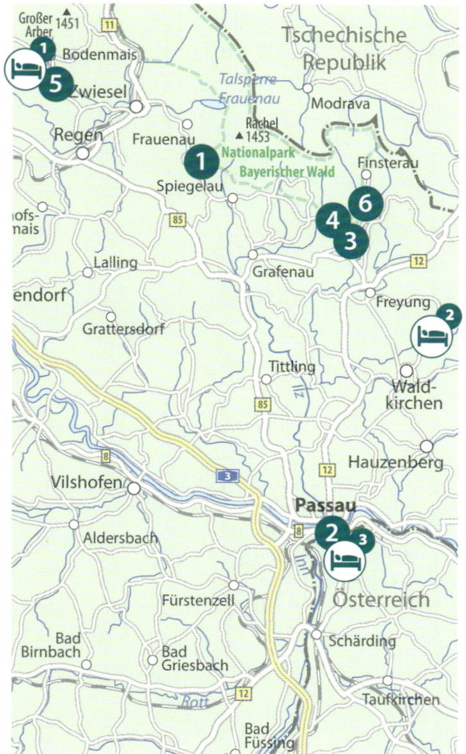

1. Nationalpark Bayerischer Wald
2. Passau
3. Tierfreigelände
4. Baumwipfelpfad Neuschönau
5. Glasblasen
6. Klangmeditation

- (1) GutsAlm Harlachberg
- (2) Bierhotel Gut Riedelsbach
- (3) Hotel Cultellus

1 Nationalpark

Im ältesten Nationalpark Deutschlands entstand dank dem Motto »Natur Natur sein lassen« ein richtiger Urwald. Bäume, wohin das Auge reicht, keiner darf mehr gefällt werden, kein Tier geschossen werden. Gut informiert durch zwei Nationalparkzentren und verschiedene Infostellen kann man sich eigenständig auf den Weg machen. Oder man schließt sich den Parkrangern an und entdeckt mit Hilfe der Wald-Profis wahre Naturschätze, die dem ungeübten Auge verborgen bleiben.

Führungen: Tel. +49 700/00 77 66 55,
www.nationalpark-bayerischer-wald.de

2 Passau

Genau genommen kann Passau auf eine mehr als zweitausendjährige Stadtgeschichte zurückblicken, siedelten hier doch bereits Kelten und Römer. Vielleicht wussten beide schon den einzigartigen landschaftlichen Reiz Passaus zu würdigen – wahrscheinlicher ist aber, dass die strategisch günstige Lage an den drei Flüssen Donau, Inn und Ilz den Ausschlag gab. Die drei Flüsse fließen eindrucksvoll direkt in der Altstadt zusammen. Das Leben und Treiben in den Gassen und Cafés vermittelt ein geradezu südländisches Flair, woher auch die Bezeichnung »bayerisches Venedig« rührt. Kulturliebhaber kommen in der Drei-Flüsse-Stadt natürlich auch nicht zu kurz, die mit vielen Museen und imposanten barocken und gotischen Bauten aufwartet.

Tourist Info: Bahnhofstr. 28, Passau,
Tel. +49 851/95 59 80, Mo–Fr 9–12,
12.30–17, Sa/So 10.30–15.30 Uhr,
Okt.–Ostern Fr nur bis 16 Uhr, So geschl.,
www.passau.de

3 Tierfreigelände

Viele Tierarten kehrten in den von der Natur regierten Nationalpark zurück. Sie alle leben in vergleichsweise großen Tierfreigeländen, die ihre natürlichen Lebensgewohnheiten nur geringfügig einschränken. Daher kann es vorkommen, dass sich weder Wolf noch Bär in dem 250 ha großen Areal bei Neuschönau zeigen. Auf 7 km Rundweg lässt sich dennoch viel entdecken und vielleicht kreuzen ja eine Herde Rotwild, ein Wildschwein oder gar ein Auerhahn den Weg.

Böhmstr. 35, Neuschönau,
tgl., Gehege schließen um 17/18 Uhr,
www.neuschoenau.de

4 Baumwipfelpfad

Nein, hier sind keine Außerirdischen gelandet, auch wenn der 44 m hohe Baumturm wie ein Ufo im Wald anmutet. Um drei uralte Tannen und Buchen herumgebaut, bildet er den sprichwörtlichen Höhepunkt des weltlängsten Baumwipfelpfa-

Beste Reisezeit

Mitte Juni bis Anfang Aug. lädt Passau zu den Europäischen Wochen und schlägt dabei Brücken von Politik zu Kunst, von Literatur zu Musik, von Barock zu Pop. Die über 20 Spielorte erstrecken sich auf drei Länder, der Europagedanke wird auf jeder Ebene gelebt.

Hotels

GutsAlm Harlachberg
Auf'm Berg – do is's schee! Beim »Sightsleeping« wird die Unterkunft selbst zur Attraktion und alte Bergtraditionen verbinden sich mit moderner Architektur. Ein Schmankerl ist das Bad im Holzzuber unterm Sternenhimmel.
Harlachberg 1–2, Bodenmais,
Tel. +49 99 24/943 49 30, DZ ab 130 €,
www.harlachberg.de

Bierhotel Gut Riedelsbach
»Bierkuschelzimmer« mit fassähnlichen Betten, eine Blockhütte mit Zapfanlage und Hopfenbäder im »Körpersudhaus«: Im gemütlichen, komfortablen Drei-Sterne-Superior-Hotel dreht sich alles um das flüssige Gold. Das zeigt sich auch in der unglaublichen, internationalen Bierauswahl, zu der der Bier-Sommelier gerne fundiert Auskunft gibt.
Riedelsbach 12, Neureichenau,
Tel. +49 85 83/960 40, DZ ab 110 €,
www.gut-riedelsbach.de

Hotel Cultellus
Das kleine Hotel im Herzen Passaus überzeugt mit modernem Design und Liebe zum Detail. Man schläft in handgefertigten Nussbaumbetten und wandelt auf sanften Eichenholzdielen. Im »kleinsten Hotel Passaus« steht einem die Besitzerin stets mit persönlichem Rat zur Seite.
Kleine Messergasse 12, Passau,
Tel. +49 851/49 09 52 04, DZ ab 95 €,
www.hotelcultellus.de

Bei der traditionellen Glasherstellung darf die Glasmacherpfeife nicht fehlen.

des und bietet eine traumhafte Aussicht. Vorher schlängelt sich der 1300 m lange Pfad auf 27 Stützen in einer Höhe von 8 bis 25 m durch die höheren Baumetagen Dutzender Tannen, Fichten und Buchen.

Böhmstr. 35, Neuschönau,
Nov.–März 9.30–15.30, Apr./Okt. 9.30–18,
Mai–Sept. 9.30–19.30 Uhr,
www.neuschoenau.de

5 Glasblasen

Wie aus einer bis zu 1480° heißen, rot glühenden Masse fantastisch schöne Gläser entstehen, ist immer wieder beeindruckend. Das jahrhundertealte Handwerk kann man in der Glashütte Joska sogar selbst ausprobieren. Die glühende Hitze ist schon nach wenigen Min. abgekühlt und die selbst geblasene Kristallkugel kann ihren Weg an den heimischen Weihnachtsbaum finden.

Am Moosbach 1, Bodenmais,
Mo–Fr 9.30–18, Sa 9.30–17, So 10–17 Uhr,
www.joska.com

6 Klangmeditation

Klangmassagen und Klangmeditation sind eine ganz eigene Erfahrung und fanden schon vor 5000 Jahren in der indischen Heilkunst Anwendung. Im Klangraum bei Rosalinde Link-Burkhart kann man sich in erfahrenen Händen auf dieses Erlebnis einlassen.

Forstwaldstr. 4, Neuschönau,
Tel. +49 85 58/97 39 61, nach Anm.,
www.klangraum-frg.de

Entspannt unterwegs

Wer den mühsamen Aufstieg auf die 1456 m des »Königs des Bayerischen Waldes« scheut, kann mit der Gondelbahn fast bis zur Spitze des Großen Arbers fahren. Bei guter Sicht kann man bis zu den Alpen sehen. Eine andächtige Stimmung herrscht Ende Aug zur Arberkirchweih, wenn ein Berggottesdienst zelebriert wird.

34 Bodensee

Baden-Württemberg & Schweiz

Übt die Kombination aus weiter Wasseroberfläche, vielfältiger Landschaft und atemberaubender Alpensicht den besonderen Reiz aus? Oder das milde Klima mit den Wetterschwankungen? Wenn im Winter oft Nebelschwaden den See einhüllen, öffnet das diffuse Licht der Fantasie alle Pforten und mit einem Mal erscheint das Gewässer so endlos wie ein Meer. Und wenn am sommerlichen Abendhimmel Blitze über den wildromantischen Bodanrück zwischen Bodman und Konstanz jagen, könnte die Stimmung zauberhafter nicht sein – kein Wunder, dass am Bodensee viele Künstler ihr Zuhause gefunden haben; unter ihnen Nobelpreisträger Hermann Hesse, der schrieb: »Die Rathäuser in Überlingen und Konstanz, das Schloss in Meersburg, die Kirchen der Reichenau und die alte Kanzlei in Überlingen gehören zum Allerschönsten, was ich je gesehen habe.« Recht hatte er – und ließ doch vieles unerwähnt: Nahe der Klosterinsel Reichenau bezaubert die paradiesische Blumeninsel Mainau Besucher mit üppigem Blütenflor und barocker Pracht von Kirche und Schlossanlage. Oder die drei Bodenseethermen, die es damals noch nicht einmal gab. Um sie kommt keiner herum, der sich entspannen möchte – am See(n)suchtsort Bodensee.

www.bodensee.eu

R(h)einste Idylle: Stein am Rhein wartet mit einer Bilderbuch-Kulisse auf.

1 Stein am Rhein	3 Insel Mainau	5 Tai Chi am See	1 Hotel 47°	3 Hotel Hirschen
2 Konstanz	4 Birnau	6 Bodenseesauna bora	2 ArtVilla am See	

1 Stein am Rhein

Mit dem Bilderbuchbild eines mittelalterlichen Marktstädtchens verbreitet Stein am Rhein eine ansteckend entspannte Atmosphäre. Bezaubernd wirken die Wehrtürme, kunstvollen Fachwerkaufbauten und Fassadenbemalungen, steilen Treppengiebel und markanten Erker. Ans Rheinufer grenzt die ebenfalls sehenswerte ehemalige Benediktinerabtei St. Georgen.

Tourist Info: Oberstadt 3, Stein am Rhein, Tel. +41 52/632 40 32, Mo–Fr 9.30–12, 13.30–17, Juli/Aug. Sa/So 9.30–12, 13.30–16 Uhr, www.tourismus.steinamrhein.ch

2 Konstanz

Das wissenschaftliche, kulturelle und wirtschaftliche Zentrum des Bodensees wirkt jung und international, liegt es doch an der Grenze zum schweizerischen Kreuzlingen. In den verwinkelten Gassen hinter dem Münsterplatz entfaltet Konstanz besonderen Charme: Die vielen kleinen Mittelalterhäuser und das alte Dominikanerinnenkloster sind tolle Fotomotive.

Tourist Info: Bahnhofplatz 43, Tel. +49 7531/13 30 30, Apr.–Okt. Mo–Fr 9–18.30, Sa 9–16, So 10–13, Nov.–März Mo–Fr. 9.30–18 Uhr, www.konstanz-tourismus.de

3 Blumeninsel Mainau

Ihre Gärten und Parks mit jahreszeitlich wechselnder Blütenpracht von Orchideen (im Gewächshaus) über Tulpen, Rhodo-

Entspannt unterwegs

Die Fähre zwischen Meersburg und Konstanz verkehrt die ganze Nacht – wie wäre es mit einer 15-minütigen kleinen Kreuzfahrt unter dem Sternenhimmel? www.stadtwerke.konstanz.de

dendren und Rosen bis zu den herbstlichen Astern beeindrucken. Ein etwa zweistündiger Spaziergang entlang der blauen Schilder auf botanischen Spuren erschließt zudem die architektonischen Highlights.

5 km nördl. von Konstanz, tgl. von Sonnenaufgang bis Sonnenuntergang, www.mainau.de

4 Wallfahrtskirche Birnau

Obwohl sie eine der schönsten Barockkirchen Deutschlands ist, wird vor der Tür noch mehr geboten: Vom Vorhof der »Birnau« schweift der Blick hinab auf den See und hinüber zur Bergkette der Alpen. Am schönsten ist der Blick, wenn die untergehende Sonne alles in warmes Licht taucht.

Maurach 5, Uhldingen-Mühlhofen, tgl. 7.30–17, im Sommer bis 19 Uhr, www.birnau.de

Im Glashaus der Blumeninsel Mainau fühlen sich auch exotische Schmetterlinge wohl.

5 Tai-Chi am See

Urlaub am Bodensee sorgt ohnehin für Entspannung. Wem das nicht genügt, der kann sich mit Gleichgesinnten zum Tai-Chi und Qigong treffen und kostenlos unter professioneller Anleitung den Körper mit sanften Bewegungen und Super-Seeblick auf Harmonie-Kurs bringen.

Seegarten beim Kneipp-Becken, Allensbach, Juni–Aug. Di/Fr 19 Uhr

6 Bodenseesauna bora

Von der finnischen Sauna über Erd- und Japansauna bis zur Rauchsauna reicht das schweißtreibende Angebot. Ebenso vielfältig sind die Optionen zur Abkühlung. Entweder springt man direkt in den See, steigt in den Außenpool oder stellt sich unter die Steindusche im Freien. Wer es auch im Wasser warm haben will, relaxt in einem heißen japanischen Bad (»Onsen«).

Karl-Wolf-Str. 33, Radolfzell, Mo–Sa 10–23, So 10–22 Uhr, www.bora-sauna.de

Beste Reisezeit

Fast jeder Ort hat sein eigenes Weinfest, und mancherorts kommt noch ein Winzerfest dazu. So hat man zwei Mal im Jahr einen Grund, feuchtfröhlich zu feiern. Besonders empfehlenswert sind die Feste in Meersburg (Juli/Sept.), Hagnau (Aug.) und Konstanz (Juli).

Hotels

Hotel 47°
Das Haus etwas außerhalb der Altstadt von Konstanz am Ufer des Seerheins empfiehlt sich mit angenehm modernem Design, bodentiefen Fenstern, stimmigem Beleuchtungskonzept und dem tollen Blick über das Wasser und auf die Altstadt, der sich einem schon während des richtig guten Frühstücks bietet.
Reichenaustr. 17, Konstanz,
Tel. +49 75 31/12 74 90, DZ ab 170 €,
www.47grad.de

ArtVilla am See
Exklusives kleines Hotel auf der Halbinsel Mettnau mit großem Garten und dem See direkt vor der Tür. Nomen est omen: Kunst findet sich sowohl in den Innenräumen als auch im Garten. Ausgezeichnetes Frühstück, freundlicher Service. Im hauseigenen Weinkeller findet man einige interessante Tropfen.
Rebsteig 2/2, Radolfzell,
Tel. +49 77 32/944 40, DZ ab 135 €,
www.artvilla.de

Hotel Gasthaus Hirschen
Das familiäre und preiswerte Hotel auf der Höri sorgt mit Pool, Saunen und Wellnessbehandlungen für Entspannung. Besonderes Schmankerl: Für Hausgäste werden auf Anfrage Touren mit einem Fischer angeboten. In der Wirtsstube wird Gutbürgerliches kredenzt.
Kirchgasse 3, Gaienhofen-Horn,
Tel. +49 77 35/933 80, DZ ab 88 €,
www.hotelhirschen-bodensee.de

Ein Muss für viele Musikfreunde sind die Bregenzer Festspiele mit ihren spektakulären Inszenierungen auf der Seebühne.

35 Vorarlberg

Österreich

Davor oder dahinter? Das kommt vor allem auf die Perspektive an. Mag es für Tiroler und Wiener auch anders sein – für Besucher dieses schönen Landes und für die Menschen aus dem Ländle selbst ist die Antwort klar: Der größte Teil Österreichs mag hinter dem Arlberg liegen, der schönste Teil liegt definitiv davor. Touristisch ist das Ländle ohnehin eine Perle auf der europäischen Landkarte. Die Internationalität der Region – hier zählt man 24 Grenzübergänge – hat einen offenherzigen und weltmännischen Menschenschlag geformt, der wie geschaffen ist, um als Gastgeber Erfolg zu haben. All diese positiven Eigenschaften der Menschen und des Landstrichs zwischen Tirol und Bodensee, Bayern und Graubünden sind zudem auch noch eingebettet in eine landschaftliche und kulturelle Vielfalt, wie es sie in Europa selten gibt: Ob mediterranes Flair am Bodensee oder Skiparadiese im Montafon und am Arlberg, ob traditionelle Walserdörfer und moderne Architektur auf Weltniveau, ob gelebtes Brauchtum oder die Bregenzer Festspiele: Vorarlberg hat es. Angefangen mit Bregenz, dessen größter Trumpf seine Lage ist. Am Wasser gebaut, schmiegt es sich an den Rücken des Pfänders. Und wer mit der Bahn auf den Hausberg fährt, der blickt über die Stadt, den See, das Rheinland und weit hinein in die Bergwelt mit über 200 Alpengipfeln. Weiter ist nur noch der Himmel – und der scheint ganz nah.

www.vorarlberg.travel

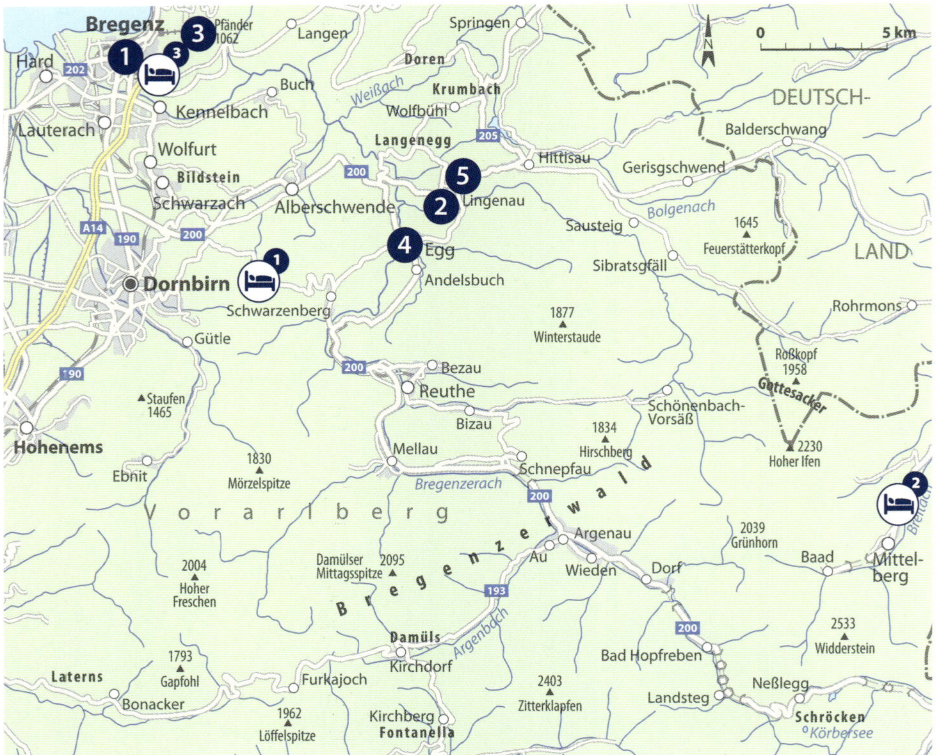

1 Bregenz
2 Quelltuffweg
3 Pfänder
4 Sennschule
5 Quellengarten
Hotel 1 Berghof Fetz
Hotel 2 Hotel Schwärzler
Hotel 3 Naturhotel Chesa Valisa

Entspannt unterwegs

Das Rolls-Royce-Museum ermöglicht Fans der berühmten Automarke, sich standesgemäß mit Chauffeur in einer der Prachtkarossen kutschieren zu lassen, z. B. vom Hotel zur Karrenseilbahn mit anschließender Bergfahrt. www.rolls-royce-museum.at

1 Bregenz

Vom Pfänder überragt, schmiegt Bregenz sich in die weite Ostbucht des Bodensees und bildet das Tor zum wildromantischen Bregenzer Wald. Im Mittelalter herrschten in der einst römischen Siedlung erst die Bayern, dann die Habsburger, in dieser Zeit entstand die auf einer Terrasse erbaute historische Oberstadt. Dort oben scheint die Zeit stehen geblieben zu sein, die Bregenzer haben mit viel Liebe ihre Fachwerkhäuschen erhalten. Der Spaziergang durch die Gassen eröffnet hübsche Blicke auf Fassaden und in Vorgärten. In jüngerer Zeit zieht Bregenz durch moderne Bauten, u. a. der »Vorarlberger Baukünstler«, Architekturinteressierte an.

Tourist Info: Rathausstr. 35a, Bregenz,
Tel. +43 55 74/495 90,
Mitte Aug.–Mitte Juli Mo–Fr 9–18, Sa 9–12,
Juli/Aug. Mo–Sa 9–19, So 10–14 Uhr,
www.bregenz.travel

2 Quelltuffweg

Der Weg erschließt das größte Tuffsteingebiet Vorarlbergs, eine der wenigen Kalksinterbildungen nördlich der Alpen. In kleinen Quellgerinnen fließt das Wasser zur Subersach hinab und bildet aus den Ablagerungen Baldachine und Sintervorhänge. Etwa eine Std. führt der Naturlehrpfad über gut befestige Stege und Treppen durch diese zauberhafte Welt.

Ab St.-Anna-Kapelle (Hittisauer Str.),
Lingenau, www.lingenau-bregenzerwald.at

3 Pfänder

Bei klarem Wetter reicht der Dreiländerblick vom 1064 m hohen Pfänder von den Allgäuer und Lechtaler Alpen im Osten über den Bregenzerwald, die steilen Gipfel des Arlberggebietes und der Silvretta, weiter über den Rätikon bis zu den Schweizer Bergen und den Ausläufern des Schwarzwalds im Westen. Unten liegt der Bodensee, eingerahmt vom Rheintal und

Auf dem Weg zum Sennerdiplom und während der aus Kuh- und Ziegenmilch hergestellte »Wälderkäsle« ruht, bleibt Zeit für Käse-Kostproben mit Ingo Metzler.

den oberschwäbischen Hügeln. Direkt vor Ort erwarten die Besucher neben der Aussicht ein Wildpark mit Adlerwarte und ein weitverzweigtes Wegenetz für Wanderer und Moutainbiker.

Pfänderbahn: Steinbruchgasse 4, Bregenz, tgl. 8–19 Uhr, www.pfaender.at

4 Sennschule

In der Sennschule der Familie Metzler stellt jeder Teilnehmer in einem eigenen Sennkessel in rund vier Std. nach alter Produktionsweise einen essfertigen Frischkäse her, den er natürlich nebst Sennerdiplom mit nach Hause nehmen kann.

Bruggan 1025, Egg, Tel. +43 55 12/30 44, nach Anm., www.molkeprodukte.com

5 Quellengarten

Das Hotel, das auch Tagesgästen offen steht, bietet ein umfangreiches Wellnessangebot und eine grandiose Aussicht.

Am Holz 93, Lingenau, tgl. 8–22 Uhr, www.quellengarten.at

Beste Reisezeit

Wenn im Juli/Aug. die Sonne im Bodensee versinkt, am fernen Ufer verschwommene Lichter blinken und in der gigantischen Kulisse die Scheinwerfer der Bregenzer Festspiele angehen, können selbst die größten Opernhäuser einpacken. www.bregenzerfestspiele.at

Hotels

Berghof Fetz
Gemütliches Hotel in wunderschöner Umgebung. Alle zehn Zimmer besitzen einen großen Balkon mit Ausblick auf den Bregenzerwald. Ein kleiner Wellnessbereich mit Panorama-Sauna lädt zum Entspannen ein. Das Restaurant serviert regionale Küche; die große Sonnenterrasse ist ganzjährig geöffnet.
Bödele 574, Dornbirn,
Tel. +43 55 72/774 00, DZ ab 132 €,
www.berghoffetz.at

Hotel Schwärzler
Das Viersternehaus im Stadtteil Weidach ist von Natur umgeben und entsprechend ruhig, aber trotzdem nur 15 Gehminuten vom Bregenzer Stadtzentrum entfernt. Regionale Küche mit Pfiff serviert das Gourmetrestaurant Babenwohl, im Sommer speist man im schönen Gastgarten. Ausgezeichnet mit dem Österreichischen Umweltzeichen.
Landstr. 9, Bregenz,
Tel. +43 55 74/49 90, DZ ab 122 €,
www.schwaerzler.s-hotels.com

Naturhotel Chesa Valisa
In dem ökologisch orientierten Wellnesshotel sind Außenpool, Saunen und Naturkosmetik im Angebot, man kann u. a. Kurse in Yoga belegen. Die Küche bietet Vollwert-, Trenn- und ayurvedische Kost an, alles in Bio-Qualität.
Gerbeweg 18, Hirschegg,
Tel. +43 55 17/541 40, DZ ab 196 €,
www.naturhotel.at

Beim Viehscheid in Balderschwang putzen sich nicht nur die Kühe fein raus – auch die Buam san ganz schön fesch!

36 Allgäu

Bayern

Wiesenläufer und Wassergänger, Alpenblicker und Gipfelstürmer: Sie alle finden im saftig-grünen, sanft-alpinen Allgäu ihr Eldorado. Ein kurzer Blick auf die Internationalität der Gäste zeigt, dass seine Attraktivität weltweit wahrgenommen wird. Kein Wunder, denn das Gesamtkunstwerk aus Bergen, Seen, Flüssen, Almen, prächtigen Schlössern, trutzigen Burgen und grandiosen Naturschauspielen bietet einzigartige Erlebnisse – auch, was Kultur und Wellness anbelangt. So haben 2000 Jahre Geschichte in Kempten, der größten Stadt des Allgäus, ihre Spuren hinterlassen: Im Archäologischen Park spaziert man durch die Reste der alten Römerstadt Cambodunum, wie Kempten damals hieß. Wer es moderner mag, kann sich unter dem offenen Kreuzgewölbe der Kunsthalle Kempten ein Bild davon machen, wie das zeitgenössische Kunst schaffende Allgäu aussieht. Ohnehin harmonieren Tradition und Moderne wunderbar, wie Wellness-Anwendungen in regionalen Hotels, ganz alpin-typisch und doch neuartig mit Heu, Kräutern, Wasser oder Moor zeigen. Tief durchatmen lässt es sich im Allgäu sowieso überall, sei es im Bauch des Schwarzenbergs während einer Sagentour durch die Sturmannshöhle oder abgehoben in der Seilbahn auf das Nebelhorn. Oben angekommen, kann man auf 2224 m Höhe bei klarer Sicht im weiten Panorama über Oberstdorf mehr als 400 Gipfel zählen oder sich auf einen der Rundwanderwege begeben – gute Aussichten inklusive.

www.allgaeu.de

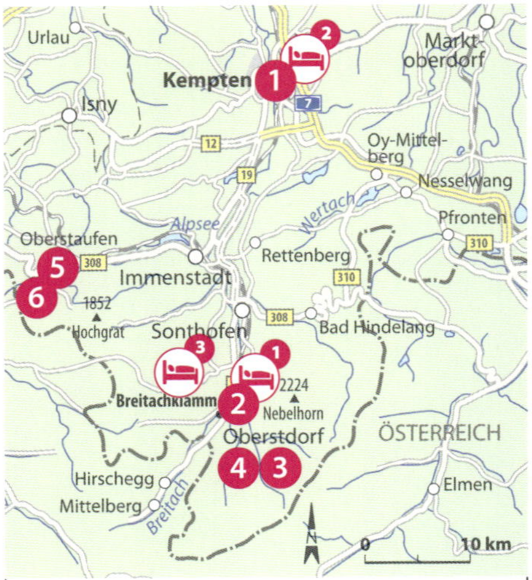

1. Kempten
2. Oberstdorf
3. Trettachtal
4. Heini-Klopfer-Schanze
5. Käseschule
6. Day Spa im Bergkristall

- (1) Geldernhaus
- (2) Der Fürstenhof
- (3) Sonnenalp

Beste Reisezeit

Der Alpabtrieb der Milchkühe – Viehscheid genannt – wird in vielen Orten mit festlichen Trachtenumzügen, prächtig aufgeputzten Kühen, Bierzeltfesten und Blasmusik gefeiert. Weithin bekannt sind die Viehscheide von Oberstaufen, Pfronten, Rettenberg, Hindelang, Hinterstein und Wertach.

1 Kempten

Das Herzen des Allgäus, die Region um Kempten, ist eine Gegend der Superlative: Kempten ist nicht nur die älteste Stadt Deutschlands, sondern blickt auch auf die abwechslungsreichste Gründungsgeschichte zurück. Jahrhundertelang war sie hin und her gerissen zwischen Protestanten und Katholiken, bis vor einigen Jahrzehnten galt es sogar noch als unschicklich, wenn sich ein Romeo aus der »Stiftsstadt« mit einer Julia aus der »Reichsstadt« vermählte. Heute ist die Stadt der Erfinder und Tüftler eine blühende Industriemetropole, eingebettet in eine eiszeitliche Gletscherlandschaft.

Tourist Info: Rathausplatz, Kempten, Tel. +49 831/252 52 37, Mai–Okt. Mo–Fr 9–17, Sa 10–13, Nov.–Apr. Mo–Fr 9–17 Uhr, www.kempten.de

2 Oberstdorf

Eigentlich ist Oberstdorf schon lange kein Dorf mehr, sondern die höchstgelegene Stadt Deutschlands (815 m ü. d. M.). Was das Schanzenspringen angeht, ist Oberstdorf einer der wichtigsten Wettkampfplätze der Welt. Nicht nur deswegen spielt der Tourismus eine wichtige Rolle in der autofreien Stadt. Rund 200 km Wanderwege, viele Gipfel, Täler und Seen machen die südlichste Stadt Deutschlands zum Ziel für Gipfelstürmer und Naturliebhaber.

Tourist Info: Prinzregenten-Platz 1, Oberstdorf, Tel. +49 83 22/70 00, Mo–Fr 9–17, Sa 9.30–12 Uhr, www.oberstdorf.de

3 Trettachtal

Bei all den vielen Bergen und Gipfeln des Allgäu gibt es auch wunderschöne Täler, die man durchstreifen kann. Eines der idyllischsten ist das Trettachtal. Autos sind hier nicht erlaubt, man genießt die Ruhe und das Panorama von weißen Gipfeln über saftig-grünen Wiesen ungestört. Kaum meint man, romantischer geht es nicht, erreicht man den verträumten kleinen Christlessee. Biegt man kurz vorher links ab, geht es zum nicht minder sehenswerten, restaurierten Bergbauerndorf Gerstruben, das teilweise als Museum und Gastwirtschaft fungiert.

Ausgangspunkt: Parkplatz Renksteg, Oberstdorf, www.allgaeu-erleben.de

4 Heini-Klopfer-Schanze

Der »schiefe Turm von Oberstdorf« im Stillachtal beim Freibergsee zählt mit 207 m Höhe zu den größten Skiflugschanzen weltweit. 40 Stahlanker, jeweils 14 m tief im Fels verankert, halten die Spannbetonkonstruktion. Benannt ist sie nach dem erfolgreichen Oberstdorfer Skispringer und Architekten Heini Klopfer, der 1950 hier die erste Skisprungschanze aus Holz erbaut hatte. Mit dem Sessellift fährt man zum Sprungturm, nimmt den Aufzug und steigt über die Treppe nach oben. Der Ausblick ist herrlich und wahrhaftig atemberaubend.

Stillachtal bei Oberstdorf, Sesselbahn und Aufzug 9.30–16.15 Uhr, www.skiflugschanze-oberstdorf.de

Als ob die Zeit stehen geblieben wäre: Die alten Bauernhäuser von Gerstruben sind seit 1893 unbewohnt, aber hervorragend gepflegt und dienen teilweise als Museum und Gaststube.

5 Käseschule

Das Allgäu ist berühmt für seinen Käse. Zu Recht, wie man bei einem Ausflug zu einer der zahlreichen Sennereien genussvoll feststellt. Echte Käsefans stellen sich in der Käseschule selbst an den Kupferkessel und nehmen ein Stück selbst gemachtes Allgäu mit nach Hause – oder verputzen es doch gleich selbst, so lecker ist es.

Kirchdorfer Str. 7, Oberstaufen/Thalkirchdorf,
Tel. +49 172/890 87 38, nach Anm.,
www.kaeseschule.de

6 Day Spa im Bergkristall

Hier beginnt die Entspannung schon bei der Planung, denn das Wellness-Hotel Bergkristall hat für seine Day Spa-Gäste verschiedene Sorglos-Pakete im Angebot: ob mit Ayurveda, Massage, Peeling, ob für Sie oder für Ihn – einen Tag Auszeit gönnt man sich hier gerne.

Willis 8, Oberstaufen, tgl. 8–20 Uhr,
www.bergkristall.de

Entspannt unterwegs

Ohne Trikotwechsel und schweißfrei auf die Allgäuer Gipfel – per E-Bike! Zum Glück gibt es mittlerweile viele Verleihstationen und kostenlose Akkuaufladestationen rund um Oberstdorf.
www.e-bike-allgaeu.de

Hotels

Geldernhaus
Die Unterkunft ist beim Sightsleeping viel mehr als Mittel zum Zweck, sie ist der Held des Urlaubs. So z. B. in der ehemaligen Grafenvilla Geldernhaus mit Kaminzimmer, detailreichem antiquarischem Interieur und traumhafter Umgebung. Urlaub fürs Auge eben!
Lorettostr. 16, Oberstdorf,
Tel. +49 83 22/97 75 70, DZ ab 108 €,
www.geldernhaus.de

Der Fürstenhof
Am Kemptener Rathausplatz in verkehrsberuhigter Lage heißt das Hotel Fürstenhof seine Gäste willkommen. Mit 49 im altenglischen Stil eingerichteten Zimmern ist für jeden Anspruch etwas dabei; das äußerst hilfsbereite Personal steht jederzeit mit Tipps zur Seite.
Rathausplatz 8, Kempten,
Tel. +49 831/2 53 60, DZ ab 74 €,
www.fuerstenhof-kempten.de

Sonnenalp
Wellness satt auf 5000 qm inmitten der Allgäuer Postkartenlandschaft. In den Zimmern dominieren Holz und dicke Polster, vor den Türen warten drei Golfplätze. Das Luxusresort mit eigener Einkaufspassage und mehreren Restaurants (darunter die Sterne-prämierte »Silberdistel«) ist noch in Familienbesitz – in der vierten Generation.
Sonnenalp 1, Ofterschwang,
Tel. +49 83 21/27 20, DZ ab 412 €,
www.sonnenalp.de

37 Fünf-Seen-Land

Bayern

Zwei große, zwei kleine und ein ganz kleiner See: Das sind die fünf, die dem Land seinen Namen gegeben haben. Der Starnberger See – mit fast 60 qm Fläche der größte – ist der mit dem noblen Flair. Ein Gewässer mit Promistatus, und das nicht erst, seit ein paar Stars und Sternchen hierher gezogen sind. Am fast ebenso breiten, nicht ganz so langen Ammersee geht es deutlich lässiger zu. An beiden kann man wunderbar entlangschauen und den Blick auf die Alpen genießen. Dampfer fahren kreuz und quer, und wenn der Wind zu stark für sie bläst, dann geht's für so manche Windsurfer erst richtig los. Ein Spektakel! Große Wasser haben immer auch etwas Wildes – wenn der Nebel so tief hängt, dass man nur noch eine mythische Weite erkennen kann, oder wenn sich ein Gewitter über dem See entlädt, das auch dem coolsten Zeitgenossen Ehrfurcht einflößt. Und die anderen? Der Wörthsee ist der heimelige. Promis mit weniger Geltungsbedürfnis teilen ihn sich mit Campern und Badegästen. Am Pilsensee ist es noch friedlicher: Der größte Teil des Ufers ist Naturschutzgebiet, und Dampfer fahren auch keine herum. Die Promidichte? Entsprechend gleich null … Und schließlich der Weßlinger See: ein Winzling mit Liegewiese, Kiosk und Bootsverleih, in weniger als einer Stunde zu Fuß umrundet.

www.sta5.de

Mit seiner Ursprünglichkeit und einem Weitblick von bis zu 15 km übers Wasser bezirzt der Ammersee seine Besucher.

1. Starnberger See
2. Ammersee
3. Wörthsee-Rundweg
4. Ilkahöhe
5. Siebdruckkurs im Gewerkhaus
6. Thermarium Starnberg

- 1 Chalet am Kiental
- 2 Seehotel Leoni
- 3 Schlossgut Oberambach

Beste Reisezeit

Während des Fünf-Seen-Filmfestivals im Juli/Aug., dem zweitgrößten Filmfestival Bayerns, lassen sich Natur und Kultur angenehm vereinen. Tagsüber erfrischt man sich während der zwölf Tage in einem der Seen, abends ziehen Spiel- und Dokumentarfilme in ihren Bann, etwa im Open-Air-Kino oder auf dem Dampfer. www.fsff.de

1 Starnberger See

Rundherum leben die reichsten Deutschen. Der See ist aber für alle da – mit schönen Badeplätzen und königlichen Parks: In Schloss Possenhofen war »Sisi« so lange glücklich, bis sie zum Kaiser nach Wien ziehen musste; gegenüber, bei Schloss Berg, ertrank ihr Cousin, Märchenkönig Ludwig II. von Bayern. Nur eine einzige Insel kann der Starnberger See aufbieten: die romantische Roseninsel vor Feldafing. An sommerlichen Wochenenden kann man sich, der Insel-Romantik angemessen, mit einem alten Fährkahn übersetzen lassen. Moderner Höhepunkt: das Buchheim-Museum mit seiner Sammlung expressionistischer Meisterwerke.

Tourist Info: Hauptstr. 1, Starnberg, Tel. +49 81 51/906 00, Mo–Fr 8–18, Mitte Mai–Okt. auch Sa 9–13 Uhr, www.sta5.de

2 Ammersee

Wie befreiend: der stille See, im Hintergrund die Berge. Da ist es ganz egal, dass auf dem Herrschinger Steg reges Treiben herrscht. Von hier kann man mit dem Raddampfer über das ruhige Nass schippern, die Nase in den Wind strecken, die herrliche Seeluft genießen und abschalten. Im Ortsteil Breitbrunn lohnt sich ein Halt, um bei Bootbauer Christian Gallasch vorbeizuschauen: Es gibt Flaschen- und Modellboote zu bewundern und mit etwas Glück trifft man ihn persönlich bei der Arbeit, vielleicht auch beim Restaurieren eines alten Holzbootes. Hoch über dem Ammersee ist Kloster Andechs mit seiner Rokoko-Klosterkirche nach Altötting der zweitgrößte Wallfahrtsort Bayerns – und längst auch eine sehr weltliche Pilgerstätte: Das Bier der Klosterbrauerei ist legendär und schmeckt vor Ort in Bräustüberl und Biergarten natürlich am besten.

Tourist Info: Bahnhofsplatz 3, Herrsching, Tel. +49 81 52/52 27, Mai–Okt. Mo–Sa 9–13, Mo–Fr 14–18, Nov.–Apr. Mo–Fr 10–16 Uhr, www.sta5.de, www.andechs.de, Holzbootbauer: Münchener Str. 3, Herrsching

3 Wörthsee-Rundweg

Ein 12 km langer Rundweg führt mit Informationstafeln zu Panorama, Geschichte, Flora und Fauna um den Wörthsee. Dabei wurde u. a. ein 120 m langer hölzener Bohlenweg fertiggestellt, auf dem die Wanderer fast schwebend und gleichzeitig naturschonend das Bacherner Moos durchqueren und erleben können.

Ab Rathaus, Steinebach

4 Ilkahöhe

Von der mit 726 m höchsten Erhebung im Fünf-Seen-Land hat man einen großartigen Ausblick auf den Starnberger See und die Alpen, insbesondere bei Sonnenuntergang. Vom Tutzinger Zentrum aus führt ein ca. einstündiger Wege hinauf, dort angekommen bietet sich eine Rast auf der Terrasse des Forsthauses Ilkahöhe an.

Ab Bahnhof, Tutzing, www.sta5.de
Forsthaus Ilkahöhe: Oberzeismering 2, Tutzing

Wahrlich einladend wirkt das Chalet am Kiental, in dessen Garten jeder ein Plätzchen findet.

5 Siebdruckkurs

Im Gewerkhaus, in dem insgesamt neun Kunsthandwerker arbeiten, bietet Caroline Ross eine Einführung in den Siebdruck an. Die Teilnehmer erfahren etwas über die Geschichte des Siebdrucks, anschließend darf sich jeder praktisch verwirklichen – es werden Farben, Bildideen und Motive ausgearbeitet, für den Handsiebdruck druckfähig gemacht und gedruckt.

Krankenhausstr. 7, Dießen,
Tel. +49 81 51/25 62, 2. Sa im Monat und nach Anm., www.caroline-ross.de

6 Thermarium Starnberg

Richtig schön ins Schwitzen kommt man hier dank verschiedener Saunen, teilweise mit Seeblick, einem maurischen Dampfbad, Whirlpools, Wärmeliegen, Massagen und einer Dachterrasse.

Petersbrunner Str. 15, Starnberg,
Mo–Mi 9.30–22.45, Do/Fr 9.30–21.45,
Sa/So 10.30–20.45 Uhr,
www.thermarium-starnberg.de

Entspannt unterwegs

Segelboote, Ruderboote, Tretboote und Elektroboote kann man am Starnberger See, Ammersee und am Wörthsee ausleihen. Die Verleihe sind leicht an zentralen Plätzen an den Seen zu finden, Adressen unter www.sta5.de.

Hotels

Chalet am Kiental
Als restaurierter Bauernhof verknüpft das denkmalgeschützte Chalet am Kiental Nostalgie mit modernem Komfort. Idyllisch am Kienbach und unmittelbar am Pilgerweg auf den heiligen Berg von Andechs gelegen, vermitteln zehn individuell und mit Naturmaterialien gestaltete Design-Hotelzimmer behagliches Wohlgefühl.
Andechsstr. 4, Herrsching,
Tel. +49 81 52/98 25 70, DZ ab 155 €,
www.chaletkiental.de

Seehotel Leoni
Direkt am Ostufer des Starnberger Sees liegt das Hotel mit Sauna, Dampfbad und Pool. Die Crossover-Küche des Restaurants genießt man auf der Sonnenterrasse oder im Wintergarten.
Assenbucher Str. 44, Berg,
Tel. +49 81 51/50 60, DZ ab 130 €,
www.seehotel-leoni.com

Schlossgut Oberambach
In Alleinlage über dem Starnberger See lädt das familiengeführte Biohotel ein zum Entspannen im Wellnessbereich, Schmökern in den Leseecken, Pritschen auf dem hauseigenen Volleyballplatz und Planschen im Naturbadeteich und am privaten Strand am Starnberger See. Die 40 Zimmer sind freundlich und gemütlich eingerichtet.
Oberambach 1, Münsing,
Tel. +49 81 77/93 23, DZ ab 218 €,
www.schlossgut.de

38 Bayerisches Oberland

Bayern

»Blau, blau, blau blüht der Enzian …« Die Farbe des krautartigen Gewächses, die einen bekannten Schlagersänger zu einem unverwüstlichen Hit hinriss, interessiert andere Berufsgruppen überhaupt nicht. Sie befassen sich erst gar nicht mit den farbigen äußeren Werten der Pflanze, sondern mit ihren Wurzeln. Daraus nämlich lässt sich eine nicht nur in Bayern verbreitete Spirituose herstellen: der Enzian-Schnaps. Allerlei positive Wirkungen werden ihm zugeschrieben, darunter Abhilfe bei Magenbeschwerden. Und weil die Tradition des Enzianbrennens im Bayerischen Oberland schon recht alt ist, hat sie sich inzwischen ordentlich weiterentwickelt. Am Tegernsee etwa, genauer gesagt in Gmund, destillieren Andreas und Anna-Maria Liedschreiber seit 2003 edle Brände und Liköre – beide sind übrigens Edelbrand-Sommeliers. Im Ort Tegernsee hat 2013 die Schlossbrennerei eröffnet, deren Name selbstverständlich Programm ist. Bis in die 1920er-Jahre reicht die Tradition der Destillerie Lantenhammer am Schliersee zurück (Enzian!), und dort befindet sich auch ein Vertreter eines relativ jungen Phänomens: in Bayern produzierter Single Malt Whisky. Das Destillat hört auf den Namen »Slyrs«, einer alten Bezeichnung für den Schliersee.

www.tegernsee-schliersee.de

Abfahrt in Richtung Zeit: Am Tegernsee und seinen Nachbarn baumelt die Seele.

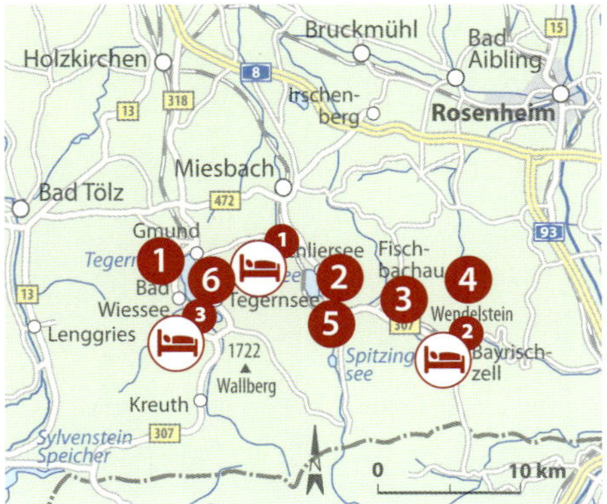

1. Tegernsee
2. Schliersee
3. Leitzachtal
4. Wendelstein
5. Bierbrauen im Freilichtmuseum
6. Monte Mare Seesauna

- (1) Das Tegernsee
- (2) Tannerhof
- (3) Relais-Chalet Wilhelmy

1 Tegernsee

Aktivität und Erholung, ausgezeichnete Restaurants und Gasthäuser, in denen Gäste aus Übersee mit Einheimischen die Bierkrüge heben und »Schmankerl« genießen – für einen Besuch am Tegernsee gibt es viele Gründe. Man kann baden (der See hat Trinkwasserqualität), segeln und wandern, Mountainbiken und Schifferlfahren. Bei guter Sicht ist die Fahrt mit der Seilbahn zum Wallberg höchst empfehlenswert. Oben genießt man das 360-Grad-Panorama und beobachtet das bunte Treiben der Gleitschirmflieger. Danach ins Gulbransson-Museum im Kurgarten: Hier betrachten Kunstinteressierte v.a. die Werke des Karikaturisten, der sich 1929 am Tegernsee niederließ.

Tourist Info: u.a. Hauptstr. 2, Tegernsee, Tel. +49 80 22/927 38 60, Mai–Okt. Mo–Fr 8–18, Sa 9–14, Nov.–Apr. Mo–Fr 9–17 Uhr, www.tegernsee.com

2 Schliersee

Am etwas kleineren Schliersee geht es entspannt zu. Im Sommer eignen sich ein paar Stellen am autofreien Westufer und das Strandbad im Ort Schliersee zum Baden im klaren Wasser, aber noch schöner ist es – und das ganzjährig – um den eingesenkt wirkenden See zu spazieren und die Aussicht auf Brecherspitz, Jägerkamp und all die anderen Gipfel des Mangfallgebirges zu genießen. Die idyllischen Häuser mit ihren Schnitzereien und Lüftlmalereien in den Örtchen und Weilern rund um den See schmücken in den warmen Monaten üppig bepflanzte Blumenkästen.

Tourist Info: Perfallstr. 4, Schliersee, Tel. +49 80 26/606 50, Mo–Fr 8.30–18, Sa/So 9–13 Uhr, www.schliersee.de

3 Leitzachtal

An der Leitzach wandert man genüsslich: Da wäre z.B. der 3,5-stündige Weg »Leitzachtaler Bergblicke«, der über Wiesenpfade am Wallfahrtsort Birkenstein vorbei und entlang des rauschenden Flusses führt. Höhepunkte sind zu erblickende Gipfel, und vielmehr noch einige gemütliche Einkehrmöglichkeiten unterwegs. Wer schon beim Wandern auf den Geschmack kommen möchte, findet zahlreiche Wildkräuter wie Brennnessel, Spitzwegerich und Giersch in der Gegend.

Ab Fischbachau, www.tegernsee-schliersee.de, www.kraeuter-kraft-natur.de

4 Wendelstein

Mit der 1912 eröffneten Zahnradbahn hinauf, mit der Seilbahn hinab: Den Ausflug auf den Wendelstein mit seinem markanten Sendemast darf man nicht versäumen. Die letzten 100 Höhenmeter zum 1838 m hohen Gipfel mit seiner phänomenalen Aussicht geht man zu Fuß auf einem in die Felsen gesprengten Weg (Geo-Lehrpfad). Egal, in welcher Richtung man über den Berg reist: Zurück zum Ausgangspunkt bringt die Bus-Ringlinie.

Zahnradbahn: Sudelfeldstr. 106, Brannenburg, Seilbahn: Osterhofen 90, Bayrischzell, www.wendelsteinbahn.de

Beste Reisezeit

Die sechs Seefeste starten Ende Juni romantisch mit dem Lichterfest in Gmund: Bei Einbruch der Dunkelheit stechen kleine Boote mit Kerzen in See. An allen Festen bis Ende Aug. gibt es Straßen voller Unterhaltung und kulinarischen Spezialitäten sowie ein Feuerwerk. www.tegernsee-schliersee.de

Hotels

Das Tegernsee
Die Lage des Hotels und des Sengerschlosses am Hang ist fantastisch: Schöner und ruhiger könnte der Blick auf See und Berge nicht sein. Traumhaft sind die Turmsuiten im Schloss, günstiger die individuell eingerichteten Zimmer in den Zubauten. Schöner Spa mit Feng-Shui-Architektur und Naturmaterialien.
Neureuthstr. 23, Tegernsee,
Tel. +49 80 22/18 20, DZ ab 249 €,
www.dastegernsee.de

Naturhotel Tannerhof
In den modern, aber gemütlich eingerichteten »Kammerln«, freistehenden Lufthütten und einigen anderen Unterkunftsmöglichkeiten des Hotels, umgeben von Wiesen, Wäldern und Bergen, sind Ruhe und Erholung angesagt. Zum Image als Rückzugsort passen Wellnessangebote wie Entschleunigungsseminare und Ganzheitliches Klavierspielen.
Tannerhofstr. 32, Bayrischzell,
Tel. +49 80 23/810, DZ ab 110 €,
www.natur-hotel-tannerhof.de

Relais-Chalet Wilhelmy
2012 gestaltete Familie Ziegelbauer die 21 Zimmer und Suiten samt Rezeption neu im modernen Landhausstil mit edlen Naturmaterialien. In der »Schlemmerei« kocht der Hausherr persönlich mediterrane Speisen aus regionalen Zutaten.
Freihausstr. 15, Bad Wiessee,
Tel. +49 80 22/986 80, DZ ab 169 €,
www.relais-chalet.com

5 Bierbrauseminare

Auf historische Weise Bier brauen heißt, alles mit der Hand erledigen: drei Std. lang die Maische – Malz und Wasser – in der Pfanne rühren, mit Eimern in den Läuterbottich füllen und dort drei weitere Std. bearbeiten. Beim Läutern muss der Treber, die Malzrückstände, vom Zuckerwasser getrennt werden. Dann wieder in die Pfanne schöpfen, Hopfen dazugeben, noch einmal aufkochen und in das Kühlschiff schöpfen. Wieder mit den Eimern. Nebenher wird fleißig verkostet. Mehr schafft man an einem Tag nicht, den Gärprozess erledigt der Brauer im Freilichtmuseum Schliersee dann allein mit Hilfe der Hefe. Nach rund sechs Wochen können die maximal zehn Teilnehmer ihr »Museumsbräu« endlich abholen und verdientermaßen genießen.

Brunnbichl 5, Schliersee/Neuhaus,
Tel. +49 80 26/92 92 20, nach Anm.,
www.wasmeier.de

6 Monte Mare Seesauna

Ein heißer Tipp ist die »monte mare«-Seesauna mit ihrem schönen Innen- und Außenbereich, Bademöglichkeit im Tegernsee und dem fest vertäuten Saunaschiff »Irmingard«.

Hauptstr. 63, Tegernsee,
Mo–Do 10–23, Fr/Sa 10–24, So 10–21 Uhr,
www.monte-mare.de

Entspannt unterwegs

Exotik mitten im bayerischen Idyll: Auf einer Herde Kamelen und zwei Dromedaren der Familie Klages kann man ca. 1,5 Std. durchs Mangfalltal reiten und die Landschaft aus einer neuen Perspektive erkunden. Wer mag, kann vorher beim Striegeln und Aufsatteln helfen. www.bayern-kamele.de

Wüstenschiffe im bayerischen Voralpenland: Vorneweg läuft Bianca Klages und führt die Tiere vom Kamelgut Breitmoos samt Reiter hinunter zur Mangfall.

12 ha Kleinod im Chiemsee: Die Fraueninsel gehört zur kleinsten Gemeinde Oberbayerns.

39 Chiemgau

Bayern

Kamera läuft, Film ab! Ob Weißblaue Geschichten, Utta Danella-Schmachtfilm oder die Rosenheim-Cops: Der Chiemgau ist ein beliebter Drehort. Kein Wunder, denn egal ob man die »Es gabert a Leich«-Geschichten mag oder nicht, der traumhaften, typisch bayerischen Kulisse mag sich keiner entziehen: sanft gewellte Blumenwiesen, tiefblaue Seen und als Hintergrund türmen sich die Zacken der Bergspitzen auf. Hauptprotagonist ist natürlich der Chiemsee, der ruhig und erhaben als größter See Bayerns daliegt, vom Sonnenlicht in Szene gesetzt. Seine Inseln vermögen ihm kaum die Schau zu stehlen, auch wenn es die Herreninsel mit der Kopie von Schloss Versailles zu Berühmtheit gebracht hat. Auf der lieblichen Fraueninsel gibt es Ruhe und selbst gebrautes Inselbräu. Rund um den Chiemsee finden sich Moore, noch mehr Seen und idyllische Landschaften – die keineswegs nur eine Nebenrolle spielen: Da sind die markanten Zacken der Kampenwand, wo es sich wunderbar wandern lässt. Und wenn sich unten an den Seen die kleine Moosjungfer mit der Adonislibelle trifft – zwei der über 50 Libellenarten – dann hört sich das fast nach Romanze an. Oscarverdächtig ist die reiche Tier- und Pflanzenvielfalt allemal.

www.chiemgau-tourismus.de

1 Prien
2 Fraueninsel
3 Kampenwand
4 Natur erforschen
5 Moorzeremonie
1 Gut Ising
2 Gästehaus Flora
3 Bayerischer Hof

1 Prien

Nach dem Tod Ludwig II. 1886 wurde die Herreninsel öffentlich zugänglich und Prien damit zum wichtigsten Ausgangspunkt für Besucher der Chiemseer Inseln. Dem sommerlichen Treiben des Luft- und Kneippkurorts entflieht man in die Kühle der Pfarrkirche Mariä Himmelfahrt und bewundert dort die virtuosen Fresken von Johann Baptist Zimmermann. Interessante Chiemgauer Lokalgeschichte bietet das Heimatmuseum mit dem berühmten Priener Hut, den Chiemgauer Trachten und der Volks- und Handwerkskunst.

Tourist Info: Alte Rathausstr. 11, Prien, Tel. +49 80 51/690 50, Mai–Sept. Mo–Fr 8.30–18, Sa 8.30–16 Uhr, Okt.–Apr. Mo–Fr 8.30–17 Uhr, www.tourismus.prien.de

2 Fraueninsel

Etwa 50 Häuser, vier Wirtschaften und 300 Einwohner auf 620 mal 300 m, das ist die Fraueninsel – eine Art Geheimtipp neben der durch ihr Königsschloss berühmten Herreninsel. Weithin sichtbar: der Kirchturm des Inselmünsters mit seiner barocken Zwiebelhaube. In einer Viertelstunde kann man die Insel bequem zu Fuß umrunden, passiert dabei zahlreiche Stege, hübsch bepflanzte Gärten und im Sommer vor Blumen leuchtende Balkone. Genauso schön ist es in der Adventszeit, wenn die Insel weihnachtlich geschmückt ist und der Weihnachtsmarkt die ersten beiden Adventswochen geöffnet hat.

Gemeinde Chiemsee, Führungen: Tel. +49 80 54/322, www.fraueninsel-fuehrungen.de

3 Kampenwand

Schroff und steil ragt die Kampenwand über Aschau auf. Wie gut, dass es die Seilbahn gibt, die einen in 14 Min. bis unter den Kamm auf 1500 m Höhe bringt. Von dort aus geht es in 30 Min. auf einem fast ebenen Panoramaweg zur urigen Steinlingalm, mit herrlichem Blick auf das Alpenvorland und den Chiemsee. Für ambitionierte Wanderer oder Kletterer hält die Kampenwand natürlich auch anspruchsvollere Wege bereit.

An der Bergbahn 8, Aschau, tgl. 9–17 Uhr, www.kampenwand.de

4 Die Natur am See erforschen

Die Hobbywissenschaftler stehen an der Reling und suchen unter Anleitung der ausgebildeten Natur-Führer das Delta der Tiroler Ache konzentriert mit den Ferngläsern ab. War das ein Kormoran? Wäre jedenfalls typisch für die Region, ebenso wie Renken, Krebse und Plankton. Das Plankton wird sogar direkt an Bord unter dem Mikroskop untersucht. Drei Std. ist

Beste Reisezeit

Um den längsten Tag des Jahres zu feiern, werden zur Sonnenwende große Feuer angezündet. Auf der Kampenwand wird das Ereignis durch Alphornbläser und den Blick auf die Sonnwendfeuer-Kette der österreichischen Berge einmalig.

Die Perspektive ist traumhaft, doch noch beeindruckender ist es für die Gondelinsassen. Die haben nämlich die Kampenwand und den Chiemsee mit seinen Inseln im Blick.

die Barkasse unterwegs und im Anschluss weiß man: Immer schön Mund zu beim Schwimmen, sonst wird man satt. Und das wäre schade, liegt das Strandhaus doch direkt an der Anlegestelle.

Dampfersteg, Julius-Exter-Promenade 11, Übersee-Feldwies, Tel.: +49 80 51/690 50, Mai–Okt. Fr/Sa, nach Anm., www.naturerlebnis-chiemsee.de

5 Moorzeremonie

Die Eiszeit hinterließ Oberbayern viele Moore, in denen man wunderbar wandern oder Rad fahren kann. Noch näher – genauer gesagt hautnah – kommt man dem Moor bei einer Moorzeremonie in Bad Aibling. Dort bekommt jeder eine Handvoll des heilsamen Bodens, reibt sich von oben bis unten damit ein und lässt ihn 15 Min. im Dampfbad einwirken. Der Peeling-Effekt sorgt außerdem für wunderschön weiche Haut. Noch mehr Moor für den Körper gibt es im Wellness-Bereich der Therme.

Lindenstr. 32, Bad Aibling, So–Do 10–22, Fr/Sa 10–23 Uhr, www.therme-bad-aibling.de

Entspannt unterwegs

Mit der Chiemseebahn, einer der ältesten aktiven Dampfstraßenbahnen, geht es vom Priener Bahnhof zum Hafen. Dort bringt z. B. die sympathische MS Edeltraud die Besucher auf die Inseln oder rund um den See.
www.chiemsee-schifffahrt.de

Hotels

Gut Ising
Auf einem großzügigen Gelände inmitten malerischer Natur liegen die acht Gutshäuser des vier Sterne Superior Hotels. Unterschiedlich eingerichtete Zimmer für jeden Geschmack und Platzbedarf, Wellness und eine mehrfach ausgezeichnete Küche ergeben einen traumhaften Urlaub. Für mitreisende Vierbeiner gibt es spezielle Angebote.
Kirchberg 3, Chieming, Tel. +49 86 67/790, DZ ab 170 €, www.gut-ising.de

Gästehaus Flora
Das größte Anliegen des Eigentümerpaares ist das Wohlbefinden ihrer Gäste. Das merkt man in dem traditionell eingerichteten Gästehaus beim herzlichen Empfang mit Willkommensgetränk, beim liebevollen Frühstück und täglichen »Betthupferl« und bei den Ausflugtipps.
Dorfstr. 23, Reit im Winkel, Tel. +49 86 40/88 05, DZ ab 64 €, www.gaestehaus-flora.de

Bayerischer Hof
Modern-urban und gleichzeitig traditionell präsentiert sich das bayerische Hotel in zentraler Lage in Prien. Regionale Spezialitäten genießt man im hauseigenen Biergarten, den Panoramablick auf die Chiemgauer Alpen gönnt man sich am besten in der finnischen Sauna.
Bernauer Str. 3, Prien am Chiemsee, Tel. +49 80 51/60 30, DZ ab 85 €, bayerischerhof-prien.de

40 Salzburger Land

Österreich

Was 70 m Höhenunterschied doch ausmachen – und das im Alpenraum! Verliert man sich in Salzburgs Altstadt noch im hübschen Gassengewirr (Mozartkugeln nicht vergessen, aber bitte die echten!), so hat man nach einer kurzen Bahnfahrt oder einem nicht ganz so kurzen Aufstieg zur Festung Hohensalzburg auf einmal die ganze Stadt im Blick. Und nicht nur das: Im Norden sieht man bei gutem Wetter bis ins bayerische Voralpenland, im Süden bis zum Tennengebirge. Hier kann man nun ein bisschen ins Sinnieren kommen, zum Beispiel über die eindrucksvolle zeitliche Dimension des Ortes. Fast 1000 Jahre ist der älteste Teil der Festung schon alt, schon im 13. Jh. war die Anlage quasi so groß wie heute. Und es waren keine Kaiser und Könige, die hier so eifrig haben bauen lassen, sondern Erzbischöfe. Immer größer und wuchtiger wurde die Burg, und als Napoleon kam, ergab man sich kampflos. Nur deshalb steht die Festung noch. Man könnte aber auch überlegen, welches Salzburger-Land-Gefühl man als Nächstes haben möchte. Stürzt man sich in die Wildnis des Nationalparks Hohe Tauern, wagt sich gar auf den weiß glitzernden Großvenediger? Oder zieht einen doch das liebliche Salzkammergut mit seinen 76 Seen an? Geht man entspannt wandern im weniger bergigen Flachgau, nördlich von Salzburg gelegen?

www.salzburgerland.com

Besteigt man den Salzburger Kapuzinerberg auf 200 m über dem Stadtniveau, bietet sich dem Betrachter dieses traumhafte Panorama.

1 Salzburg
2 Hallein
3 Spaziergang am Fuschlsee
4 Daxlueg
5 Bier brauen
6 WaldSpa
1 Sinnlehenhof
2 Hotel Auersperg
3 Winterstellgut

1 Salzburg

Nostalgischer Charme gepaart mit kultureller Klasse und historischer Bedeutung. Salzburg bietet Eleganz genauso wie Gemütlichkeit, ist eine sehenswerte und auch sehr übersichtliche Metropole. Und natürlich ist Mozart allgegenwärtig. Auf der westlichen Seite ist die Altstadt mit dem Mönchsberg und der Festung zweifellos der berühmtere Teil der Stadt. Drüben auf der Ostseite baut sich der Kapuzinerberg auf, zu dessen Füßen Schloss Mirabell und der Mirabellplatz die bekannten Sehenswürdigkeiten sind und wo die Fußgängerzone in der Linzer Gasse eine beliebte Einkaufsmeile ist. Dazwischen zieht sich die Salzach schnurgerade durch die Stadt und bildet so quasi ihr Rückgrat und einen fixen Orientierungspunkt für die Besucher.

Tourist Info Hbf: Südtiroler Platz 1, Salzburg, Tel. +43 662/88 98 73 40, Okt.–Apr. tgl. 9–18, Mai & Sept. tgl 9–19, Juni–Beginn Festspielzeit tgl. 8.30–19, Festspielzeit–Aug. tgl. 8.30–20 Uhr, www.salzburg.info

2 Hallein

Der historische Kern der Salinenstadt steht unter Denkmalschutz. Wie schon vor 400 Jahren zieren sie schmucke Bürgerhäuser in bunten Farben, liebevoll restauriert mit barocken Motiven und Sinnsprüchen, Torbögen, Gassen und einer Fußgängerzone mit Pflastersteinen. Den Ruhm der Bezirkshauptstadt des Tennengaus macht aber das Schaubergwerk mit Gradierwerk im Ortsteil Bad Dürrnberg aus.

Tourist Info: Mauttorpromenade 6, Hallein, Tel. +43 62 45/853 94, Mo–Fr 9–17 Uhr, www.hallein.com

3 Spaziergang am Fuschlsee

Hier am nördlichen Ufer des Fuschlsees dreht sich normalerweise fast alles um das berühmte Schlosshotel am Seeufer. Es gibt hier allerdings noch weitere landschaftliche Schönheiten zu bewundern. Die Hundsmarktmühle z. B. ist ein lohnendes Ziel für einen Spaziergang am Fuschlsee. Vom Fuschlseebad aus geht es zum See hinunter und dann weiter am Ufer entlang Richtung Mühle, zurück fährt man mit dem Bus. Die Mühle stammt aus dem 16. Jh. und steht direkt am Wanderweg, der rund um den See führt.

Dorfstr. 30, Fuschl am See, fuschlsee.salzkammergut.at

4 Daxlueg

»Das kleine Paradies hoch über Salzburg« nennt sich dieser versteckte Ort bei Hallwang nordöstlich der Stadt – und zurecht. Denn wer die kurvige Straße hinauffährt, wird mit einem tollen Ausblick auf Salzburg belohnt. Dabei ist die Gegend hier weitgehend vom Tourismus verschont. Besonders fein sitzt es sich auf der Terrasse bei einem gutbürgerlichen Mahl des Gasthauses.

Daxluegstr. 5, Hallwang, tgl. 11.30–21 Uhr, www.daxlueg.at

Beste Reisezeit

Ganz oben am Berg und weit weg vom Alltag – beste Voraussetzungen für ungewöhnliche Musikerlebnisse. Bei den »Tonspuren« von Juni – Aug. auf dem Asitz werden bei Sonnenuntergang unterschiedliche Stile performt.

Den Sonnengruß nimmt man im WaldSpa wörtlich: Die warmen Strahlen auf der Haut versüßen jede Asana und die Verbindung zur Natur ist noch intensiver.

5 Bier brauen

Dass Salzburg eher eine Bier- denn eine Weinregion ist, dafür ist das kleine Obertrum der beste Beweis. Dort kann man sich im Bierkulturhaus in die Braukunst vertiefen und sich mit Bierseminaren und Braukursen weiterbilden. Wer will, kann hier auch eine 14-tägige Diplom-Biersommelierausbildung machen.

Dorfplatz 1, Obertrum, Tel. +43 664/212 30 34, nach Anm., www.bierkulturhaus.com

6 WaldSpa

Wellness mitten im Wald. Das ist ein neues Angebot des Hotels Forsthofgut in Leogang. Die Gäste spazieren auf einem Barfußweg ein paar Min. bergauf und erreichen dann ein Holzplateau, auf dem man sich verschiedenste Behandlungen mitten in der Natur gönnen kann: von Kosmetik und Körperpflege bis zu Massage und Peeling. Schön sollte das Wetter dazu schon sein. Wenn nicht, dann gibt es noch klassische Indoor-Wellnessangebote mit Bio-Badesee und Saunawelt im Haus.

Hütten 2, Leogang, WaldSpa 9–19/21 Uhr, Anwendungen 10–19 Uhr, www.forsthofgut.at

Entspannt unterwegs

Das kleine Dorf Werfenweng wurde bereits ausgezeichnet für seine sanfte Mobilität SAMO. Wer hier Urlaub macht und auf das Auto verzichtet, wird mit zahlreichen Vergünstigungen belohnt. Dazu gehören gemütliche Elektroräder, rasante Einsitzer im Rennwagenstil und andere fantasievolle Vehikel.

Hotels

Sinnlehenhof
Der romantische, über 300 Jahre alte Biobauernhof bietet seinen Gästen ein Biofrühstück mit Produkten aus eigener Landwirtschaft. Neben den Ferienwohnungen gibt es auch ein nostalgisches Ferienhäuschen. Auf der nur 15 Gehminuten entfernten Alm verbringen Kühe und Schweine den Sommer.
Hirnreit 8, Leogang,
Tel. +43 65 83/84 38, DZ ab 60 €,
www.sinnlehen.at

Hotel Auersperg
In einer ruhigen Seitenstraße, nur wenige Gehminuten östlich des Zentrums, versteckt sich dieses charmante Viersternehaus. Besonders reizvoll sind die neuen Zimmer in der Villa und das Cityspa im Dachgeschoss.
Auerspergstr. 61, Salzburg,
Tel. +43 662/88 94 40, DZ ab 155 €,
www.auersperg.at

Winterstellgut
Früher wurden in dem Bergbauernhof Pferde über den Winter einquartiert. Als der Red-Bull-Gründer Dietrich Mateschitz den Hof übernommen hatte, baute er ihn zu einem edlen Berggasthaus aus. Gehobene ländliche Küche, ein Traumpanorama und dazu ein gediegenes klassisches Ambiente. Letzteres gilt auch für die Zimmer und Suiten.
Braunötzhof 4, Annaberg,
Tel. +43 64 63/60 07 80, DZ ab 220 €,
www.winterstellgut.at

Ein Platz an der Sonne:
Die Place de la Navigation in
Lausanne ist voller Leben.

41 Waadtland

Schweiz

Was haben Charlie Chaplin und Freddie Mercury gemeinsam? Klar, sie gehörten zu den größten Entertainern ihrer Zeit. Und es zog sie hierher, in den Kanton Waadt an den Genfersee. War es die Faszination der »waadtländischen Riviera«, die die Künstler begeisterte? War es das südländische Flair, der Blick auf die majestätischen Alpen? War es der Wein, der hier auf großzügigen Rebflächen angebaut wird, mengenmäßig nur noch vom Wallis übertroffen? Chaplin kam 1952 auf einer Europatournee hier vorbei und beschloss, zu bleiben; auch, weil ihm eine Rückkehr in die USA von den Behörden verwehrt wurde. Er bezog mit seiner Familie ein riesiges Herrenhaus oberhalb Corsier-sur-Vevey, das 2016 als Chaplin-Museum seine Pforten öffnen wird. Eine Statue des großen Komikers steht an der Seepromenade des Ortes. Auch an Freddie Mercury erinnert eine Statue, sie steht in Montreux und reckt in typischer Manier die Faust in den Himmel. Er verliebte sich, so sagt man, Ende der 1970er-Jahre in das lässige Flair der Stadt, kaufte sich ein Studio und lebte mehrere Jahre dort. Mit seiner Band Queen arbeitete er hier an insgesamt sieben Alben, darunter das letzte mit dem Titel »Made in Heaven«. Gut möglich, dass damit der Blick auf den Genfersee gemeint war, der auf dem Plattencover zu sehen ist. Auch Mercury kann man heute noch nachspüren: Unter dem Namen »Queen – The Studio Experience« ist das Aufnahmestudio fast komplett erhalten und dient mit seiner Dauerausstellung und vielen Memorabilien seinen Fans als Pilgerstätte.

www.genferseegebiet.ch

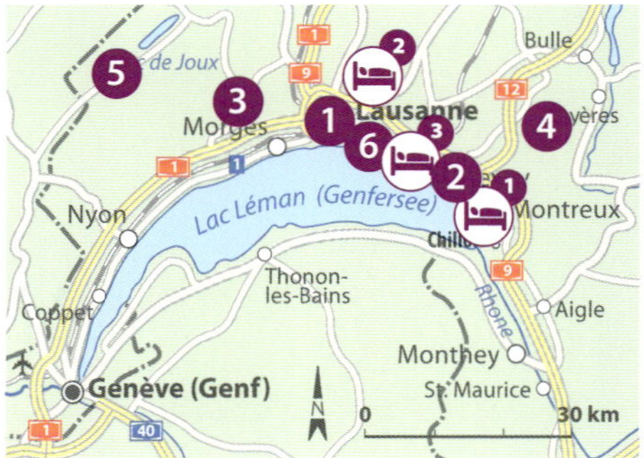

1. Lausanne
2. Weinterrassen des Lavaux
3. La Côte
4. Moléson
5. Centre d'Initation à l'Horlogerie
6. CBE Concept Spa

- Hotel 1: Fairmont Le Montreux Palace
- Hotel 2: Guesthouse & Backpacker
- Hotel 3: Le Vigny

1 Lausanne

Die Kathedrale Notre-Dame gilt als die Königin von Lausanne, allein weil sie den Hügel der Oberstadt krönt. Auch wenn ihr weicher Sandstein immer wieder behandelt werden muss, entschädigt ihre gotische Pracht mit dem strahlenden Gelb der Wände und mit dem Glockenturm und dessen 6,5 t schweren Glocke. An der Place de la Palud, an der auch das Rathaus steht, und in der Rue de Bourg schlagen die Shoppingherzen höher – hier findet man neben den üblichen Ketten auch einige Traditionsgeschäfte, z. B. für Tabak und Uhren. Mediterran gibt sich der Vorort Ouchy mit seinen Uferkais, dem Genfersee und einigen Gärten, die zum Flanieren einladen. Im südlichen Zentrum liegt das Flon, einst Flusstal, heute rund um die Uhr pulsierendes Trendviertel. Jeder Meter ist so modern wie möglich, eine Mischung aus der Anmutung der alten Lagerhallen und neuer, großflächiger Verglasung ist hier entstanden.

Tourist Info: Place de la Gare 9, Lausanne, Tel. +41 21/613 73 73, tgl. 9–19 Uhr, www.lausanne-tourisme.ch

2 Weinterrassen des Lavaux

Vor gut 900 Jahren haben Mönche die Landschaft des Lavaux geformt und die Weinterrassen hier in mühevoller Arbeit angelegt. Spätestens seit der Ernennung zum Unesco-Welterbe in der Kategorie »Kulturlandschaften« ist das Ziel der Einheimischen, dieses Erbe zu erhalten und unter dem Schutz der Natur weiterzuentwickeln. In bis zur 17. Generation bestellen die ca. 250 Winzer ihre Rebfläche, alle anderen können in der herrlichen Umgebung wandern, radfahren und natürlich die Arbeit der Weinbauern kosten.

Rund um Rivaz, zwischen Lausanne und Schloss Chillon, www.lavaux.ch

3 Schlösser im La Côte

Auf dem Küstenstreifen zwischen Genf und Lausanne werden ca. die Hälfte der Waadtländer Weine produziert. In dieser zauberhaften Umgebung gibt es viele imposante spätmittelalterliche Schlösser zu sehen – eines der schönsten liegt im Winzerdorf Vufflens-le-Château. Auch wenn es nur von außen zu besichtigen ist, lohnen sich eine Fahrt hierher und ein Spaziergang durch die Weinberge.

Place du Village, Vufflens-le-Château, www.morges-tourisme.ch

4 Aussichtsgipfel Moléson

Dem Himmel ganz nah bringt einen der Moléson bei Gruyères. Auf den Berg gelangt man per Seilbahnen mit Panoramafenster. Oben angekommen, gibt es auf 2002 m Höhe rund um die Uhr etwas zu entdecken: Tagsüber kann man durch das größte Fernrohr der Welt spähen und das Beobachtungsfeld von 360 Grad, vom Genfersee bis zum Jura und vom Mont Blanc bis zu den Gipfeln des Berner Oberlands, genießen. Und nachts wird Gruppen von mindestens 15 Personen eine Einführung in die Astronomie angeboten: Teleskope führen auf eine nächtliche Reise durch Tausende von Lichtjahren, ergänzt

Beste Reisezeit

Eng und steil ist die Straße, die zum Weingut von Alain Chollet in Lutry führt – den Weg finden Weinliebhaber mit der richtigen Nase trotzdem. Während der Erntezeit im Spätsommer und Herbst kann man mithelfen und wird mit einer Flasche Wein pro Std. entlohnt. www.alainchollet.ch

In den Kursen von Olivier Piguet ist Fingerspitzengefühl gefragt, aber auch erlernbar.

wird die Beobachtung der Himmelskörper durch Videoanimationen.

Seilbahn auf den Moléson, Plan-Francey,
Tel. +41 26/921 29 96,
Termine laut Homepage oder nach Anm.,
www.moleson.ch

5 Centre d'Initation à l'Horlogerie

Die Welt der Uhren von innen entdecken, mit bloßem Auge kaum erkennbare Rädchen und Schrauben in die richtige Position bringen und das Prinzip von Antriebsmechanismus, Räderwerk und Hemmungsmechanismus verstehen, ... Olivier Piguet, Uhrmacher und -kenner, weiht in die jahrhundertealte Uhrmacherkunst ein. Auf verschiedenen Niveaus können Amateure das Handwerk in Theorie und Praxis erlernen.

Derrière-la-Côte 12, Le Sentier,
Tel. +41 21/845 71 24,
www.olivierpiguet.ch

6 CBE Concept Spa

Das 1915 eröffnete Luxushotel Lausanne Palace ist auch bekannt für seinen großen Wellnessbereich, der auch als Day Spa zugänglich ist. Entspannen kann man sich bei einer Fülle an Massagen und Pflegebehandlungen sowie im Hallenbad, Jacuzzi, der finnischen Sauna, im marrokanischen Hamam, Fitnessbereich und auf der Panorama-Außenterrasse.

Grand Chêne 7–9, Lausanne, tgl. 6.30–22 Uhr,
www.lausanne-palace.ch

Entspannt unterwegs

Auf der motorbetriebenen Galeere »La Liberté« kann man von Mai bis Okt. ab Morges über den Genfersee schippern. Am Bau waren fünf Jahre lang 600 Arbeitslose aus dem Bauhandwerk beteiligt. Es war dafür gedacht, Opfern der Wirtschaftskrise der 1990er-Jahre Mut zu machen. www.galere.ch

Hotels

Fairmont Le Montreux Palace
Der edle Hotelpalast mit Zimmern im Stil der Belle Époque – die meisten mit Blick auf den Genfersee und Balkon oder Veranda – und einem großzügigen Wellnessbereich zählt zu den berühmtesten Hotels der Schweiz.
Ave. Claude Nobs 2, Montreux,
Tel. +41 21/962 12 12, DZ ab 300 €,
www.fairmont.com/montreux

GuestHouse & Backpacker
Das klassische Hotelgebäude von 1894 wurde im Jahr 2001 unter Verwendung ökologischer Materialien als preiswerte Unterkunft mit Charme und schöner Aussicht auf die Berge und den See wiederhergestellt. Gut fürs Gewissen: Es wird nicht nur auf die Natur, sondern auch auf gute Bedingungen für die Mitarbeiter Wert gelegt.
Chemin des Epinettes 4, Lausanne,
Tel. +41 21/601 80 00, DZ ab 100 €,
www.lausanne-guesthouse.ch

Le Vigny
Hier wohnt man in den gemütlichen vier Zimmern des Winzerhauses, der kleinen Winzerhütte oder im Hühnerhüsli auf Stroh gebettet. Die Atmosphäre ist sehr familiär, wozu Gastgeberin Yolande einen großen Beitrag leistet. Von der Sonnenterrasse im Garten blickt man über die Weinberge, den See und die Berge.
Chemin du Vigny 10, Cully,
Tel. +41 21/799 38 12, DZ ab 58 €,
http://levigny.wix.com/index

42 Wallis

Schweiz

Spektakulär – das mag ein oft missbrauchter Ausdruck sein, doch auf das inmitten der Schweizer Alpen gelegene Wallis trifft er zu. Es bieten sich viele überraschende – und ja, spektakuläre – Panoramablicke: Man kann sich kaum sattsehen an den Bergen, schaut ständig hinauf zu den steilen Felswänden und den schneegepuderten 40 Viertausendergipfeln. Wer das Wallis zum ersten Mal bereist, muss zumindest einmal ganz nach oben. Das ist nicht zwangsläufig anstrengend, vielerorts fahren Bahnen. Eine der schönsten Fahrten ist die mit der Gornergratbahn. Der Blick von oben ist eine epische Komposition aus Himmel, Bergen und Eis. Apropos Eis: Ein weiteres Muss sind die Gletscher. Wer den längsten Eisstrom der Alpen, den 23 km messenden Aletschgletscher, einmal gesehen hat, wird ihn nie wieder vergessen. Die meisten Besucher begrüßt das Wallis im Winter. Viele der Skigebiete sind weltberühmt, allen voran Zermatt. Ganz viel Matterhorn und keine Autoabgase haben das 5600-Seelen-Bergdorf zum internationalen Topziel werden lassen – ohne dass es seinen urigen Charme verloren hätte. Auf Zermatts Pisten lässt es sich wunderbar ins Tal flitzen oder stundenlang an einer der Schneebars in der Sonne liegen. Im Sommer ist das Wallis genauso attraktiv, sei es zum Wandern oder um in einem Bergdorf die ruhige Atmosphäre samt guter Luft zu genießen – und das eine oder andere Gläschen Walliser Wein.

www.valais.ch

Immer wieder zieht auf einer Fahrt mit der Gornergratbahn das Matterhorn am Fenster vorbei.

1 Zermatt
2 Gr. Aletschgletscher
3 Allalinhorn
4 Panoramabahn
5 Goldmine Gondo
6 Leukerbader Thermen
Alpfrieden (1)
Hotel Monte Rosa (2)
Fafleralp (3)

1 Zermatt

Der Berg ruft – und alle Welt kommt nach Zermatt, um ihn anzusehen. Was sich lohnt, weil das Matterhorn (4478 m) im Original wirklich viel größer ist als auf dem größten Foto. Die Luftseilbahn Matterhorn glacier paradise erreicht die höchste Bergstation des Kontinents. Per Gipfellift kommt man sogar noch bis zur Spitze des »kleinen« Matterhorns: Europas höchste Aussichtsplattform auf 3883 m.

Matterhorn glacier paradise:
Schluhmattstr. 28, Zermatt, tgl. 8.30–17 Uhr,
www.matterhornparadise.ch

2 Großer Aletschgletscher

Der 28 km lange Gletscher gehört zu den Naturwundern der Alpen und zum Unesco-Welterbe. Auf zahlreichen Wanderungen ist das majestätische Eismeer zu bewundern, günstige Ausgangs- und Aussichtspunkte sind die Riederalp und die Bettmeralp. Zu letzterer führt von Blatten aus eine Seilschwebebahn hinauf. In der Villa Cassel (Riederalp) vermittelt Pro Natura die einzigartige Flora und Fauna. In geführten Gletscher-Rundtouren gelangen Besucher sogar sicher über das Eis.

Riederalp/Bettmeralp, www.aletscharena.ch

3 Allalinhorn

Wer schon immer davon träumte, einmal einen Viertausender zu besteigen, der ist hier richtig. Auch Ungeübte können das 4027 m hohe Allalinhorn bewältigen – mit Unterstützung eines Bergführers und etwas Bergwander-Erfahrung. Von der Station Mittelallalin der »Metro Alpin«-Seilbahn erreicht man den Gipfel in etwa zwei Std. (600 Höhenmeter).

Im Sommer,
www.zermatt.ch, www.saasfeeguides.ch

4 Matterhorn-Panoramabahn

Seit 1898 bietet die Gornergratbahn ein einmaliges Panorama-Erlebnis. Die steile, gut 9 km lange Strecke ist außerordentlich abwechslungsreich – immer wieder ertönt – schönes Wetter vorausgesetzt – ein vielstimmiges »Ah-oh«, untermalt vom hastigen Klicken der Kameras, wenn das Matterhorn ins Blickfeld kommt. Bereits nach einer halben Std. hat die Zahnradbahn 1500 Höhenmeter überwunden und die Bergstation auf dem Gornergrat erreicht.

Beste Reisezeit

Anfang Sept. steht 800 Walliser Schafen ein steiler »Alpabzug« auf dem historischen Gemmiweg in engen und steilen Serpentinen bevor. 1700 Höhenmeter haben sie dann hinter sich. Auch für Schaulustige ein besonderes Erlebnis.

Wellness vor schroffen Felsen: Wer sich in den wohlig warmen Außenbecken der Leukerbader Thermen erholt, blickt auf ein beeindruckendes Panorama.

Von dort ist wiederum eine der schönsten Aussichten der Alpen zu genießen, fast 30 Viertausender sind auszumachen.

Zermatt, www.gornergrat.ch

5 Goldsuche am Simplon

Dieser Tipp ist Gold wert: Südlich des Simplon, im Zwischbergental, wurde das begehrte Edelmetall über Jh. geschürft. Und noch immer ist es zu finden. Auf Exkursionen kann man die alten Stollen erkunden und an den goldhaltigen Kiesbänken am Fluss Gold waschen. Riesige Nuggets sind nicht zu erwarten, eher Goldflitter. Doch was man findet, darf man behalten.

Gondo, Tel. +41 79/469 54 36, nach Anm., www.goldmine-gondo.ch

6 Leukerbader Thermen

3000 l warmes Wasser sprudeln pro Min. aus den Thermalquellen, den Badebetrieb gibt es schon seit dem Mittelalter. Während die Leukerbad-Therme Familien anspricht, ist die Alpentherme ruhiger und bietet die schönsten Bergperspektiven.

Dorfplatz, Leukerbad, tgl. 9–20 Uhr, www.alpentherme.ch

Entspannt unterwegs

Auf einem »Snowbike« sitzt man ähnlich wie auf einem Fahrrad. Nur hat das Gefährt Kufen statt Räder und der Fahrer Kurzski an den Füßen. www.snowbikegraechen.ch

Hotels

Alpfrieden
Freundliches Hotel im Chaletstil mit komfortablen Zimmern und traumhafter, autofreier Lage sowie direktem Skipistenzugang. Dazu gehört auch ein ausgezeichnetes Restaurant mit Sonnenterrasse und ein Weinkeller.
Bettmeralp, mit der Luftseilbahn ab Betten-Talstation erreichbar, Tel. +41 27/927 22 32, DZ ab 96 €, www.alpfrieden.ch

Hotel Monte Rosa
Von hier war Whymper zur Erstbesteigung des Matterhorns aufgebrochen. Bis heute ist die Atmosphäre der alpinistischen Gründerjahre zu spüren. Im Hier und Jetzt kommen die Gäste im 1700 qm großen Spa- und Wellnessbereich an. Die 41 Zimmer sind individuell, aber immer luxuriös ausgestattet.
Bahnhofstr. 80, Zermatt, Tel. +41 27/966 03 33, DZ ab 574 €, www.monterosazermatt.ch

Fafleralp
Weit hinten im Lötschental steht etwas verborgen auf einer bewaldeten Anhöhe das schöne alte Hotel Fafleralp. In traumhafter Lage ist es ein Platz, sich abseits von Hektik und Lärm rundum wohlzufühlen. Die Reize der hochalpinen Bergwelt und die gute Walliser Küche des Restaurants tragen ihren Teil dazu bei.
Im Paradies, Fafleralp, Tel. +41 27/939 14 51, DZ ab 155 €, Mitte Mai–Mitte Okt., www.fafleralp.ch

43 Vierwaldstättersee

Schweiz

Aufs Wasser, ins Wasser oder in die Höhe? Schön, wer mehrere Tage zur Verfügung hat, der probiert einfach alle drei Varianten. Rund um den Vierwaldstättersee ragen die Rigi, der Pilatus und der Bürgenstock in die Höhe, und alle Berge können mit Superlativen aufwarten: Die Vitznau-Rigi-Bahn war die erste Zahnradbahn Europas, die Trasse auf den Pilatus ist die steilste der Welt und der Hammetschwand-Lift ist der höchste Freiluft-Aufzug Europas. Er fährt in einem Gitterturm an der steilen Wand des Bürgenstock hinauf (3,15 m pro Sek.) und gewährt einen sensationellen Blick auf den See. Gänsehaut garantiert! Ins Wasser kann man natürlich fast überall, doch nirgends so elegant wie im Seebad Luzern. 1885 wurde es eröffnet und seither immer wieder unter Bewahrung seines ursprünglichen Charakters restauriert. Sprungtürme und Pingpongplatten? Gibt's anderswo. Auf dem Wasser sorgt die Schifffahrtsgesellschaft des Vierwaldstättersees für Betrieb. Fünf historische Dampfer wie die »Uri« begeistern Nostalgiker. Wer eher für handfestere Freuden zu haben ist, kann sich eine der kulinarischen Themenfahrten aussuchen, z. B. mit Fondue Chinoise, Fajita- oder Spaghetti-Menü oder natürlich mit Raclette.

www.luzern.com

Ein schöner Holzweg: Die Kapellbrücke in Luzern wurde im 14. Jh. als Verbindungssteg und Teil der Befestigungsanlage errichtet.

1. Luzern
2. Pilatus
3. Weg der Schweiz
4. Bürgenstock
5. Victorinox Brand Store
6. Mineralbad & Spa Rigi-Kaltbad

- Hotel Alpenclub (1)
- Iglu-Dorf (2)
- Schweizerhof (3)

1 Luzern

Das mittelalterliche Zentrum grenzt sich durch die Museggmauer im Norden und den Fluss Reuss im Süden ab. Sein Name »Großstadt« führt genauso in die Irre wie die vielen kleinen Gässchen, die die Altstadt Luzerns prägen und schon so manchen Touristen orientierungslos werden ließen. Macht nichts, denn zwischen all den repräsentativen Patrizierhäusern, wie etwa dem spätgotischen barockisierten Haus Zur Gilgen oder dem Göldlinhaus aus dem 16. Jh., verliert man sich gerne.

Tourist Info: Zentralstr. 5, Luzern, Tel. +41 41/227 17 17, Nov.–Apr. Mo–Fr 8.30–17.30, Sa 9–17, So 9–13, Mai–Okt. Mo–Fr 8.30–19, Sa 9–19, Apr.–Okt. So 9–17 Uhr, www.luzern.com

2 Pilatus

Der Hausberg der Luzerner hat zu jeder Jahreszeit etwas zu bieten: verschiedenste Wintersportmöglichkeiten von Airboard bis Zipfelbob sowie Wandern, Mountainbiken, Gleitschirmfliegen etc. im Sommer. Egal, wonach einem auf dem 2132 m hohen Berg der Sinn steht, ein besonderer Pilatus-Moment sollte immer auf dem Programm sein: die 1635 Höhenmeter überwindende Fahrt hinauf mit der steilsten Zahnradbahn der Welt. Ein solcher Rekord erfordert eine ausgeklügelte Technik: Ingenieur Eduard Locher entwickelte nur für diese Strecke ein System, bei dem die Zahnräder horizontal greifen.

Zahnradbahn: ab Alpnachstad, Mitte Mai–Mitte Nov., www.pilatus.ch

3 Weg der Schweiz

Zum 700-jährigen Jubiläum der Schweiz entstand um den südlichen Teil des Vierwaldstättersees ein 35 km langer Wanderweg. Das Besondere daran: Er spiegelt das ganze Land wider, indem jedem Kanton ein eigener Abschnitt und jedem Schweizer Bürger umgerechnet fünf mm gewidmet sind. Eine der schönsten Strecken verläuft von Flüelen nach Sisikon, großteils direkt am See entlang und auf der alten, in den Fels gehauenen Axenstraße. Ein genauerer Blick lohnt auf die geschichtsträchtige Tellskapelle am Wegesrand.

Gesamtstrecke Rütli–Brunnen, www.weg-der-schweiz.ch

4 Bürgenstock

Seit dem 19. Jh. zieht es Übernachtungsgäste und Tagesausflügler auf den Bürgenstock am Vierwaldstättersee hinauf. Wo vor ein paar Jahrzehnten Filmstars wie Sophia Loren oder Sean Connery abstiegen, wird momentan ein ganzer Hotelkomplex modernisiert. Was dabei in jedem Fall geöffnet bleibt, ist der Hammetschwand-Lift von 1905, aus der Zeit der Belle Époque. Überwindung kostet es schon, den höchsten Freiluft-Aufzug Europas zu betreten. Dafür ist bei der Fahrt über 152,8 m Nervenkitzel garantiert, eine imposante Sicht auf die steil abfallenden Felsen hinunter in den See erst recht.

Exklave Bürgenstock, Luzern, Mai–Okt., www.buergenstock.ch

5 Taschenmesser bauen

Was der Unternehmer Karl Elsener, Inhaber einer Messerschmiede in Ibach bei

Beste Reisezeit

Das alljährliche Lucerne Festival (Aug./Sept.) ist das wichtigste Kulturereignis der Stadt. Eröffnet wird es vom eigens formierten Orchester, das sich aus international renommierten Solisten, Kammermusikern, Professoren und den rund 50 Mitgliedern des Mahler Chamber Orchestra zusammensetzt.

Roter Rekord: Mit einer Steigung von bis zu 48 Prozent ist die Zahnradbahn von Alpnachstad auf den Pilatus seit ihrer Eröffnung im Jahr 1889 die steilste der Welt.

Schwyz, 1897 als »Offiziersund Sportmesser« gesetzlich schützen ließ, machte bald als »Swiss Army Knife« weltweit Karriere. Heute heißt dieses Modell »Spartan«, und man kann im Besucherzentrum von Victorinox unter Anleitung selbst montieren, Namensgravur inbegriffen.

Bahnhofstr. 3, Brunnen,
Tel. +41 41/820 60 20, nach Anm.,
www.swissknifevalley.ch

6 Mineralbad & Spa Rigi Kaltbad

Gebadet wird hier in den Becken einer von Stararchitekt Mario Botta gestalteten Anlage mit Blick auf die Bergwelt – und das im vitalisierenden mineralhaltigen Wasser des »Drei-Schwestern Brunnens«. Im Spa (nur für Erwachsene ab 16 Jahre) lässt es sich im Kristallbad schweben oder in den verschiedenen Saunen schwitzen.

Zentrum 4, Rigi Kaltbad, tgl. 11–19 Uhr,
www.mineralbad-rigikaltbad.ch

Entspannt unterwegs

Die »Uri« ist der älteste aktive Schaufelraddampfer der Schweiz, seit 1901 tuckert sie über den Vierwaldstättersee. Wer das besondere Flair ihrer Geburtsstunde nachempfinden möchte, bucht am besten eine Fahrt 1. Klasse im üppig verzierten neobarocken Salon, der an eine Gartenlaube erinnert. www.lakelucerne.ch

Hotels

Hotel Alpenclub
Acht Zimmer beherbergt das familiäre und gemütliche Hotel – alle sind in einem charmanten Stil, der der fast 140-jährigen Geschichte des Hauses und modernem Komfort zugleich gerecht wird, eingerichtet. Im zugehörigen Restaurant zählen Fondue und Raclette zu den Spezialitäten.
Dorfstr. 5, Engelberg,
Tel. +41 41/637 12 43, DZ ab 181 €,
www.alpenclub.ch

Iglu-Dorf
Inmitten wildromantischer Landschaft mit Aussicht auf die Bergwelt liegt das Iglu-Dorf auf Trübsee. Hier kann man in Iglus verschiedener Größe übernachten, und muss dafür kein Outdoor-Profi sein – Expeditionsschlafsäcke werden gestellt.
Engelberg, Tel. +41 41/612 27 28,
Ende Dez.–Mitte Apr., ab 109 €/Pers.,
www.iglu-dorf.com

Schweizerhof
Schon vor über 150 Jahren wurde am nördlichen Seeufer in Luzern extra ein Stück Land aufgeschüttet. Hier, direkt am Wasser, wurden luxuriöse Grandhotels gebaut, die seither, neben den üblichen Komforthotels dieser Klasse, einen malerischen Ausblick bieten. Das erste Hotel dieser Art war der 1845 eröffnete »Schweizerhof«.
Schweizerhofquai 3, Luzern,
Tel. +41 41/410 04 10, DZ ab 320 €,
www.schweizerhof-luzern.ch

PARTENZA PER
ISOLE DI BRISSAGO
RANZO
GERRA
SAN NAZZARO
ASCONA
LOCARNO
BRISSAGO

Nur 10 Min. braucht das Schiff ab Brissago auf die Insel – und legt an in einer anderen Welt.

44 Tessin

Schweiz

Seit mehr als 100 Jahren ist das Tessin ein Ziel der Südsehnsucht. Imposanter Eintritt und »Tor zu Italien« ist Bellinzona mit seinen mächtigen Kastellen. Viele Reisenden zog es noch weiter, zu den tiefblauen »tre laghi«, dem Lago Maggiore, dem Luganer und dem Comer See. Sie kamen damals wie heute wegen der Magie der Farben, des Dufts der Kamelien, der weiß gepuderten Bergspitzen und der Sonne. Kaum zu glauben, welche Kontraste das Tessin bietet: Wo man auf den Uferpromenaden in Locarno und Lugano unter gepflegten Palmen spaziert, dringt man in den wilden Seitentälern in einen alpinen Dschungel vor. Die Architektur pendelt zwischen Steinzeit, Belle Époque und Hypermoderne, und für den Zweiklang von Berg und Baden warben Freigeister auf dem legendären Monte Verità, dem Wahrheitsberg bei Ascona, schon vor 100 Jahren. Dort haben Rudolf von Laban und seine Schüler auch den Ausdruckstanz erfunden, in der Regel nackt getanzt. Wer will, kann sich heute beim Baden im weitläufigen Maggia-Delta nackig machen. Für einen Bummel entlang der alten »Grandezza« sollte man sich aber wieder anziehen, schick dazu. Denn zwischen Palmen und Platanen prahlt die Pracht von gestern. Die Grandhotels an den Seeufern erzählen Geschichten von altem Glanz, sind nach wie vor Magneten für die High Society – und ein exzellent-exklusiver Ort für einen Sonnenuntergang bei Aperol Spritz.

www.ticino.ch

- ❶ Burgen in Bellinzona
- ❷ Brissago-Inseln
- ❸ Parco Scherrer
- ❹ Monte Brè
- ❺ Scuola di Scultura
- ❻ Therme Locarno
- 🛏1 Casa Borgo
- 🛏2 Locanda Fior di Campo
- 🛏3 Verbano

❶ Burgen in Bellinzona

Die drei mittelalterlichen Burgen und ihre Wehranlagen gehören zum Unesco-Welterbe: »Castelgrande«, die größte Burg, auf der Ostseite der Altstadt »Castello di Montebello« (die kleinste, 13./14. Jh.) und als höchstgelegene Burg »Castello di Sasso Corbaro« aus dem 15. Jh. Letztere steht isoliert auf einem Felssporn im Südosten Bellinzonas und bietet einen Ausblick in die 230 m tiefer gelegene Altstadt.

Tourist Info: Palazzo Civico, Bellinzona, Tel. +41 91/825 21 31, www.bellinzonaunesco.ch

❷ Brissago-Inseln

So warm ist es sonst nirgends in der Schweiz: Die beiden Brissago-Inseln genießen ein subtropisches Mikroklima. Ende des 19. Jh. kaufte die schillernde Baronesse de Saint Léger die Inseln und legte auf der größeren einen botanischen Garten an, die kleinere blieb (bis heute) der Natur überlassen. Zwischenzeitlich gehörten die Inseln einem Hamburger Kaufmann, ehe sie 1949 in öffentlichen Besitz übergingen. Seitdem ist der Inselgarten mit seiner faszinierenden Flora jedermann zugänglich. Über 1700 verschiedene Pflanzen- und Blumenarten aus allen Kontinenten kann man hier bewundern und so einen ganzen Tag vertrödeln. Per Schiff ist der Botanische Garten von allen Anlegestellen aus leicht erreichbar.

Per Schiff ab Locarno, Ascona, Porto Ronco und Brissago, März–Okt., www.isolebrissago.ch

❸ Parco Scherrer

Der reiche Textilhändler und Kunstliebhaber Arthur Scherrer erwarb 1930 ein Grundstück am Ufer des Luganersees und begann, es in einen Garten nach seinen Vorstellungen umzugestalten. Kunst, Kultur und Natur wollte er hier vereinen, Raum und Zeit verschmelzen. Eindrücke und Mitbringsel, die Scherrer bei zahlreichen Reisen in aller Herren Länder gesammelt hatte, brachte er in seinen Park ein. Zwischen Pflanzen aus aller Welt begegnet man im »Giardino delle meraviglie« daher auch Bauten und Kunstgegenständen aus diversen Kulturkreisen und Epochen – teils Originale, teils Nachbildungen.

Sentee da la Scola, Morcote, Mitte März–Okt. 10–17, Juli/Aug. bis 18 Uhr, www.promorcote.ch

❹ Monte Brè

Er gilt als sonnigster Ort der Schweiz und ist einer der Luganer Aussichtsberge. In einer Viertelstunde hat man vom Stadtteil Cassarate mit der 1912 erbauten Drahtseilbahn den Gipfel des Monte Brè (933 m) erreicht. Nicht nur Stadt und See überblickt man von hier, wenn das Wetter mitspielt, sind Walliser und Berner Alpen zu sehen. Vom Gipfel erreicht man in einem kurzen Spaziergang das schöne Dörfchen Brè, das seinen ländlichen Charme erhalten – und mit Kunst ergänzt hat: Das Museum Wilhelm Schmid widmet sich dem Vertreter der Neuen Sachlichkeit.

Ab Lugano Cassarate, Lugano, www.montebre.ch

Beste Reisezeit

Im Parco delle Camelie, breitet sich auf 10 000 qm der Stolz Locarnos aus. Gepflanzt auf der alten Bauschuttdeponie der Stadt, findet hier einmal im Jahr im März und Apr. das Kamelienfest zwischen etwa 900 verschiedenen Kameliensorten statt. www.camellia.ch

Auf 15 000 qm Fläche schuf Scherrer einen Park für alle Schätze, die er auf seinen vielen Reisen gesammelt hatte – seit 1965 ist die Anlage öffentlich zugänglich gemacht worden.

5 Scuola di Scultura

Marmor, Holz, Metall, Ton, Silikon, Gips – die Materialien sind vielfältig, denen hier Gestalt gegeben wird. Seit über 30 Jahren ist die Bildhauerschule ein Ort der künstlerischen Entfaltung für Anfänger, Fortgeschrittene und Profis in gleicher Weise. Künstler(innen) aus dem In- und Ausland bieten vielfältige Kurse und Anregungen.

Peccia, Tel. +41 91/7 55 13 04, Apr.–Okt., www.scultura.ch

6 Therme Locarno

Am Lido Locarno eröffnete 2013 neben dem Schwimmbad ein Thermalbad mit Saunalandschaft, Solebad und Spa. Im 35 °C warmen Natursolewasser mit über 400 qm Wasserfläche beginnt die Erholung schon mit dem Blick über den See und auf die Berge von den Sprudelliegen des Außenpools. Im Spa werden u. a. Ölmassagen angeboten.

Via Respini 7, Locarno, tgl. 9–21.30 Uhr, www.lidospa-locarno.ch

Entspannt unterwegs

Die Centovalli-Bahn führt ab Locarno ca. 2 Std. durch wilde Tessiner Täler, über schwindelerregende Brücken, durch Kastaniewälder, vorbei an rauschenden Wasserfällen und steilen Felsen. Naturgenuss pur! In Domodossola empfiehlt sich ein Umstieg nach Stresa und von dort eine Schifffahrt zurück über den See nach Locarno.

Hotels

Casa Borgo
In einem Palazzo aus dem 16. Jh. eröffnete die Familie Pura ein Bed and Breakfast mit Bar über mehrere nostalgische Salons, Geschenkboutique und Café Al Borgo mit lauschigem Innenhof. Die vier Zimmer sind mit viel Liebe zum Detail eingerichtet.
Via Borghese 2, Locarno, Tel. +41 91/751 74 21, DZ ab 114 €, www.casaborgo.ch

Locanda Fior di Campo
Die Ruhe und Abgeschiedenheit auf 1350 m Höhe in einem Seitental des Maggiatals ist einfach herrlich und der Ort der ideale Ausgangspunkt für Wanderungen. Die Besitzer haben 2014 sehr behagliche Räume mit viel Naturmaterialien geschaffen. Im Haus sind ein Restaurant mit gut sortiertem Weinkeller, ein kleines Spa und eine Boccia-Bahn.
Case Pedrazzini 1, Campo, Tel. +41 91/754 15 11, DZ ab 172 €, www.fiordicampo.ch

Verbano
Das rote Hotel aus dem 19. Jh. liegt auf der kleinen Fischerinsel gegenüber dem Palast der Borromäer. Die zwölf Zimmer mit Seeblick tragen Blumennamen und sind im Stil entsprechend den jeweiligen Blumen eingerichtet. Abends hört man nur die Wellen des Lago und die Möwen.
Via Ugo Ara 2, Isola dei Pescatori, Tel. +41 323/304 08, DZ ab 112 €, www.hotelverbano.it

45 Südtirol

Italien

Das Hohelied der Berge wird in Südtirol gesungen. Bergsteiger, Skifahrer, Wanderer, Naturliebhaber und Genießer – alle haben in dieser Region ihre Freude. Die Landschaft bezaubert mit idyllischen Almen und Hochebenen, mit Weinbergen und duftenden Obstplantagen, mit kristallklaren Seen zu Füßen bizarrer Berge. Südtirol, das ist Lebensqualität in einer eigenen und kulturprächtigen Welt – vielleicht liegt es an der langen, wechselvollen Geschichte, die das Land geprägt hat. Mal deutsch, mal italienisch, mal bayerisch, mal österreichisch. Diese Zeiten haben eine unglaubliche Vielfalt an Kultur hervorgebracht. Davon erzählen die wunderbaren, oft gut erhaltenen Burgen, Ansitze und Schlösser. In den historischen Gemäuern gibt es viel Geschichte – wie im Bozener Schloss Runkelstein, der Bilderburg mit dem größten profanen Freskenzyklus des Mittelalters. In Südtirol locken auch Herausforderungen am Berg. Sie wecken ein Juchzen und Glucksen im Bauch, wenn es von der Bergstation Pfiffing aus im Winter auf der Naturrodelbahn oder des Sommers im Alpinbob hinabgeht. Und sie bringen einen beim Wandern zum Schnaufen – und Seufzen, weil die Ausblicke auf die Gipfel der Dolomiten einfach zu schön sind. Gerade eben noch auf dem Berg, fährt die Seilbahn Meran 2000 ins Tal, wo kurz darauf in der pittoresken Meraner Altstadt weitere Genüsse warten: Lieber Apfelstrudel oder Schlutzkrapfen?

www.suedtirol.info

Schon Kaiserin Sisi war der Schönheit der Botanischen Gärten von Schloss Trauttmansdorf bei Meran verfallen.

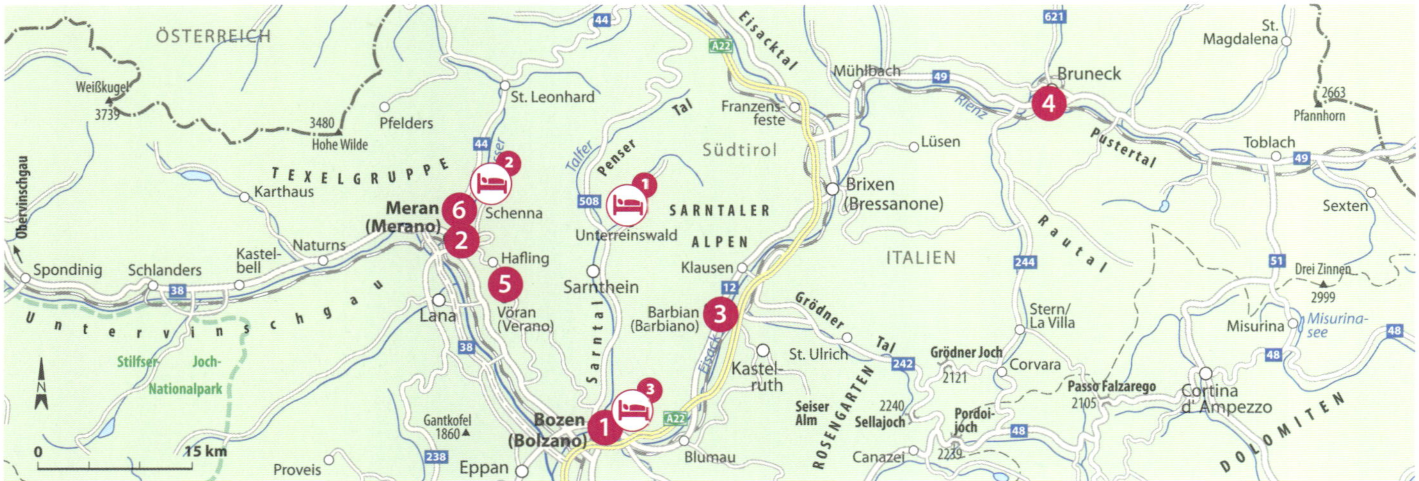

❶ Bozen
❷ Meran
❸ Kastanienwälder
❹ Dolomitenstraße
❺ Schüttelbrot
❻ Therme Meran
(1) Bar Garni Reischnhitt
(2) Oberegger Hof
(3) Hotel Greif

❶ Bozen

Bozen hat sich in den letzten Jahren unglaublich gemausert. Es wächst vom behäbigen, altväterlichen Provinzort zur zukunftsfreudigen, quirligen Stadt. Hier mischt sich das Italienische mit dem Deutschen, hier vereinen sich Kunst, Kulinarik und Kultur auf das Beste. Die Gletschermumie »Ötzi« ist letztendlich auch ein Bozener geworden und zieht im Archäologiemuseum jährlich Tausende Besucher an. Als »Tor zu den Dolomiten« hat auch das Umland einiges zu bieten. Die Freie Universität unterrichtet in Deutsch, Italienisch und Englisch und zieht Studenten aus aller Herren Länder an.

Tourist Info: Waltherplatz 8, Bozen,
Tel. +39 04 71/30 70 00, Mo–Fr 9–19,
Sa 9.30–18 Uhr, www.bolzano-bozen.it

❷ Meran

»Schöneres wie Meran ist kaum zu denken«, schwärmte der Schriftsteller Stefan Zweig. Damals, 1910, gehörte Meran zur Habsburger-Monarchie. Heute zeigt sich die Grandezza an prächtigen Fassaden von Grandhotels oder alten Villen. In der berühmten Laubengasse tummeln sich die Gäste und erstehen Speck und Leckereien, dann entspannt man sich beim »Macchiato mit Brioche«. Doch bei aller Begeisterung für die Stadt – auch das Umland lockt mit mildem Klima und einzigartiger alpin-mediterraner Vegetation. Nicht zu vergessen Kaiserin Sisis Sommerfrische-Residenz: Schloss Trauttmansdorf.

Tourist Info: Freiheitsstr. 45, Meran,
Tel. +39 04 73/27 20 00, Mo–Fr 9–18,
Sa 9–16, So 10–12.30 Uhr, www.meran.eu

❸ Durch die Kastanienwälder

Kastanien, in Südtirol Keschten genannt, sind eine Köstlichkeit in stacheliger Schale. Ein Spaziergang durch die Kastanienwälder im Eisacktal bringt Kraft und gute Energie, die mächtigen Kastanienbäume vermitteln eine stille und angenehme

Beste Reisezeit

Wenn woanders in den Alpen noch der Winter herrscht, dann zieht der Frühling im Vinschgau schon ein. Es gibt wohl nichts Bezaubernderes als dieses Tal zur Apfelblütenzeit. Sonnenverwöhnt strahlt der Himmel blau und davor erheben sich weiß die Gipfel.

In der Meraner Therme trifft Wellness auf bis ins kleinste Detail durchdachtes Design.

Ruhe. Der Eisacktaler Keschtnweg ist in mehrere Abschnitte eingeteilt. Einer der romantischsten ist Abschnitt 3 – an der St. Verena Kirche hat man einen wunderbaren Blick aufs Land hinaus.

Ausgangspunkt: Barbian, www.eisacktal.com

4 Die Große Dolomitenstraße

Im Sommer bei schönem Wetter auf der Großen Dolomitenstraße unterwegs sein – ein Klassiker. Der Rundweg ab und bis Bruneck durch faszinierende Landschaften wie das Pordoijoch und den Misurina See ist ein Roadmovie für die Sinne.

www.suedtirol-travels.com

5 Schüttelbrot selbst gemacht

»Geschüttelt, nicht gerührt« heißt es bei diesem Workshop. Denn der Teig wird eben geschüttelt, bevor die dünnen Fladen entstehen. Kümmel, Fenchel, Anis und Schabzigerklee kommen in den Roggenteig. Alles Weitere ist Geheimnis des Bäckers und von Tal zu Tal verschieden – aber der Vöraner Bäcker Gregor lässt sich gern über die Schulter schauen.

Bäckerei Schrot & Korn, Vöraner Str. 80, Vöran, Tel. +39 04 73/27 94 57, Sept.–Okt. Do 10–12 Uhr, kostenlos, nach Anm., www.foodiefactory.it

6 Therme Meran

25 In- und Outdoor-Pools, diverse Saunen und Bäder – z. B. Apfelsprudelbäder (nein, nicht Apfelstrudel …) – viel Schönes wird hier auf 52 000 qm geboten. Nach der Sauna wartet Abkühlung im Schneeraum.

Thermenplatz 9, Meran, Pools tgl. 9–22, Freibad tgl. 9–20, Sauna Mo–Fr 13–22, Sa/So 9–22 Uhr, www.termemerano.it

Entspannt unterwegs

Auf dem Rücken eines Haflingers saust man durch die Winterlandschaft, zu hören sind nur Pferdeschnauben und das Knirschen der Hufe im Schnee. Vom Dorf Hafling aus geht es auf Hufen oder Kufen los. www.reiterhofpaur.com

Hotels

Bar Garni Reischnhitt

Das neu gebaute Gästehaus der Sarntaler Wellness-Oase »Alpenwellness Eschgfeller« verwöhnt die Gäste schon am Morgen mit einem wunderbaren Frühstücksbuffet. Das Haus ist eine Art Conceptstore fürs Wohlbefinden, von Latschenkiefernbad über finnische Sauna bis hin zu Massagen und Kneippgüssen.
Unterreinswald 17, Sarntal,
Tel. +39 04 71/62 51 38, DZ ab 64 €,
www.alpen-wellness.bz

Oberegger Hof

Der 500 Jahre alte Bauernhof wurde erst kürzlich mit viel Liebe und Sorgfalt restauriert. Für alle, die nicht nur den Flair eines original Südtiroler Bauernhauses genießen möchten, sondern auch jeglichen modernen Komfort.
Unterverdinserweg 9, Schenna,
Tel. +39 04 73/94 96 16, DZ ab 75 €,
www.obereggerhof.com

Hotel Greif

33 zeitgenössische Künstler aus Deutschland, Österreich, der Schweiz, Italien sowie Japan sind die Meister der Kunst, denen der Besitzer Franz Staffler die Aufgabe erteilte, die Zimmer des Hotels neu zu erfinden. Die Extravaganz setzt sich beim himmlischen Frühstück, auf der Rooftop Lounge und im privaten Park fort. Sehens- und bewohnenswert!
Waltherplatz, Bozen,
Tel. +39 04 71/31 80 00, DZ ab 150 €,
www.greif.it

46 Gardasee

Italien

Samtweich ist die Luft, silberhell glänzen in der Abendsonne die Blätter der Olivenbäume, leise gewiegt vom Wind. Wenn von Garda, dem namensgebenden Städtchen aus, der Blick Richtung Norden gleitet, sieht man schroffe Felsen, wohin das Auge reicht. Im Süden breitet sich eine lieblich mediterrane Hügellandschaft aus, in der Palmen, Pinien und Zypressen in den Himmel wachsen. Und vor einem der völlig zu Recht viel besungene, schimmernde Gardasee. Beschwingte Brisen kräuseln seine Wellen, Segelboote gleiten lautlos vorbei, Badende stürzen sich vergnügt in seine Fluten. Naturerlebnis, Genuss und Dolcefarniente, das gepflegte Dasein, kommen zusammen. Es gibt viele Lieblingsplätze, jeder hat Charme. Der Norden ist so imposant wie wild. Zerklüftete Felswände und das mächtige Massiv des Monte Baldo locken Naturfreunde. Wer auf den Spuren der Dichter wandeln will, den zieht es in den Osten. In der Scaligerburg in Malcésine erinnert eine Ausstellung an Goethes Besuch. Der Westen des Sees lockt mit alter Pracht, feinem Essen, Spa- und Wellness-Tagen in bester Lage. Ebenso schön wie überlaufen ist der Süden. Dort liegt die Halbinsel mit dem Städtchen Sirmione, das von Poeten über die Jh. als eines der schönsten am Gardasee gepriesen wird – davon wollen sich im Sommer viele Reisende selbst überzeugen. Wem es zu viel wird, radelt durch die Weinberge, um sich bei einem Lugana zu erholen.

www.visitgarda.com

Auf den Spuren des Bardolino gönnt man sich auch mal ein Glas: an der Weinstraße in Torri del Benaco.

TAVINA

1 Malcésine

Zwischen Himmel und See thront Malcésine. Der Hauptort des Ostufers liegt am Fuß des Monte Baldo und wird überragt von einem zum See hin steil abfallenden Burgberg. Dort erhebt sich mächtig die Scaligerburg, die den Besucher beim Schlendern durch die engen Gassen wie ein Magnet anzieht. Überall in der Stadt färben Kunstobjekte internationaler Bildhauer die Altstadtansicht modern. Besonders stimmungsvoll ist die Piazza Turazza, ein beliebter Treffpunkt der Einheimischen. Obwohl sich die Touristen in der Hochsaison drängen, hat sich Malcésine seine Ursprünglichkeit bewahrt. Unvergleichlich zauberhaft ist allerdings der Moment, wenn es glückt, ganz alleine auf den Zinnen der alten Burg zu stehen.

Tourist Info: Piazza Statuto, Malcesine, Tel. +39 045/658 99 04, Mo–Fr 8.30–12.30, Do 15–18 Uhr, www.malcesinepiu.org

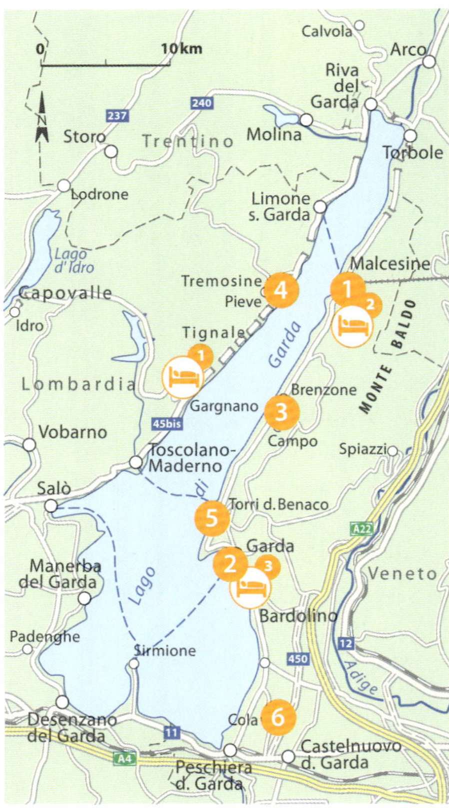

2 Garda

Mittelalterlich und doch modern wirkt das Städtchen, das dem See seinen Namen gegeben hat. Alte Palazzi prägen das Stadtbild und die kleinen Gassen beherbergen vielerlei hübsche Boutiquen und Geschäfte. Die lange Uferpromenade ist wunderbar zum Schlendern geeignet, es reiht sich eine nette Gelateria an die andere. Immer im Blick: La Rocca di Garda, das 294 m hohe Felsplateau. Hier überblickte bis ins 16. Jh. eine mächtige Burg die Küste, heute sind von ihr nur noch Mauerreste übrig.

Tourist Info: Piazza Donatori di Sangue 1, Garda, Tel. +39 045/627 03 84, www.visitgarda.com

1 Malcésine
2 Garda
3 Spaziergang nach Campo
4 Tremosine – Balkon des Gardasees
5 Italienisch Kochen
6 Parco Termale del Garda
(Hotel 1) Lefay Resort & Spa
(Hotel 2) Hotel Casa Sartori
(Hotel 3) Quattro Stagioni

3 Spaziergang nach Campo

Dichter, Maler und Lebenskünstler haben das Dorf oberhalb von Brenzone wieder aufgebaut. Es erzählt von einer Zeit, als der Gardasee noch unberührt vom Tourismus war. Über einen alten Mauleselpfad geht es hinauf, der Kopfsteinpflasterweg ist gesäumt von Olivenbäumen. Kurz vor der letzten Wegbiegung eröffnet sich ein traumhafter Blick über den See. Im Dorf hat die Ewigkeit ungestört ihr Heim.

www.campobrenzone.altervista.org

4 Balkon des Gardasees

»Balkon des Gardasee« wird Tremosine auch genannt. Die Aussicht von der Piazza Cozzaglio des Ortes Pieve ist schwindelerregend. Man steht 400 m über dem See, darunter fällt die Felswand steil ab. Das Restaurant Miralago ist direkt an die Kante gebaut, der Blick noch intensiver.

Piazza Cozzaglio, Tremosine
www.infotremosine.org

Beste Reisezeit

Im Terminkalender vormerken sollte man sich die verschiedenen Weinfeste Bardolinos: Den Auftakt macht das »Chiaretto-Fest« im Juni, da gibt es vor allem Spumante zu verkosten. Im Herbst dann das »Festa dell'Uva e del Vino« – ein Highlight für Weinliebhaber.

Die Vision des Lefay Resort & Spa an der bezaubernden Zitronenküste lautet: »Orte erschaffen, von denen wir träumen.« Wir würden sagen: Geglückt!

5 Italienisch Kochen

Ein Kochkurs bei Chefkoch Andrea im Restaurant »Le Gemme di Artemisia« speist alle Sinne mit unvergesslichen Eindrücken. Da sind der wunderbare Duft von Kräutern und frischen Zutaten, die Aromen der lokalen Produkte. Dazu lehrt Andrea die richtige Technik für die beste Pasta. Was gekocht werden soll, wird vorher abgesprochen. Kurse für Anfänger und Fortgeschrittene in kleinen Gruppen von zwei bis sechs Personen gibt es, aber nur vormittags von 9–13 Uhr. Am Nachmittag muss er nämlich selbst in die Küche. Das Ganze findet in einer Villa statt, die einen atemberaubenden Ausblick auf die umliegenden Hügel und über den See bietet.

Via Corrubio 18, Albisano di Torri del Benaco,
Tel. +39 045/242 86 22, nach Anm.,
www.legemmediartemisia.it

6 Parco Termale del Garda

Das natürlich 37 Grad warme Thermalwasser speist den Badesee im Park der Villa Cedri. Der See bietet Springbrunnen, Wasserfälle, Unterwassermassagen – aber auch Medial Fitness wird betrieben.

Piazza di Sopra 4, Colá di Lazise,
Tel. +39 04 57 59 09 88, www.villadeicedri.it

Entspannt unterwegs

Im Oldtimer um den See chauffieren, sich nicht von moderner Mechatronik die Geschwindigkeit diktieren lassen, sondern sich auf die Wurzeln des Fahrens besinnen – ganz ohne Navi und GPS. Das geht bei: www.slowdrive.it

Hotels

Lefay Resort & Spa
Einfach nur übernachten, das geht nicht im jungen Lefay Resort & SPA. Es ist ein Ort, von dem man noch lange träumt. Die Terrassen sind natürlich zwischen sanften Hügeln und Olivenhainen eingebettet, der Panoramablick über den See ist gigantisch. Wunschlos macht der Spa-Bereich: Es gibt eine Wellnessarea und mehrere Pools – drei davon mit Salzwasser gefüllt. Mehr wie Meer!
Via Angelo Feltrinelli 118, Gargnano,
Tel. +39 03 65/24 18 00, DZ ab 520 €,
www.lefayresorts.com

Hotel Casa Sartori
Klein und fein ist die Casa Sartori, groß sind die Terrassen oder Balkone. Nur wenige Meter sind es zur Segelschule oder zum Surfspot. Das Haus liegt 3 km südlich von Malcésine und ist idealer Ausgangspunkt für sportliche Aktivitäten.
Via Lavei 1, Malcésine,
Tel. +39 338/971 03 71, DZ ab 70 €,
www.casasartori.it

Quattro Stagioni
Schon in vierter Generation heißt die Familie Arietti Manara ihre Gäste inmitten der Altstadt Bardolinos willkommen. Zentral und dennoch ruhig in einem großen mediterran bepflanzten Park gelegen, lädt ein Pool im Garten zum Relaxen nach dem Shoppen ein.
Borgho Garibaldi 23/25, Bardolino,
Tel. +39 045/721 00 36, DZ ab 132 €,
www.hotel4stagioni.com

Fast wäre er im Zweiten Weltkrieg zerstört worden, heute beherbergt der Palazzo dei Trecento in Treviso die schmucke Bar Beltrame.

47 Veneto

Italien

Die Hitze des Tages hat die »gradinate«, die Plätze in der Arena di Verona, aufgewärmt, der pralle Vollmond hängt über den antiken Mauern am sternklaren Himmel wie ein Teil der Kulisse. Letzte »panini« werden mit Mortadella belegt, Rotwein eingegossen – schließlich braucht es vor viereinhalb Std. Verdi eine Stärkung. Doch sobald die Lichter ausgehen, weicht der Trubel andächtiger Stille. Der Zauber der Musik füllt das Theater, und jeder spürt die grenzenlose Faszination, mit der eine Opernaufführung in der Arena einhergeht. Verona mit seinen Opernfestspielen, den mit buntem Marmor geschmückten Bauwerken und dem Balkon, auf dem Romeo und Julia spielt, ist Venetos bedeutendste Kunst- und Kulturmetropole. Nach Venedig, versteht sich! Denn das Veneto steht natürlich zuallererst für den Lagunentraum Venedig. Und doch sind Städte wie Verona, Vicenza, Padua, Treviso älter und reich an Kultur. So bezaubert Treviso mit alten Palazzi und freskengeschmückten Häusern, ist wie Venedig durchzogen von Kanälen. Und die Szenerie: Das Veneto trumpft auf mit voralpinen, sanften Hügeln, silbrig glänzenden Küstenlagunen, Flüssen und Seen, Gipfeln und ewigem Schnee, berühmten Kurorten, schier endlosen Weingärten. Geradezu sinnlich schön ist die Landschaft, die in unvergleichlicher Farbharmonie schwelgt – ein Land wie ein Traum, der am besten nie zu Ende geht.

www.veneto.eu

- ❶ Verona
- ❷ Padua
- ❸ Orto Botanico Padua
- ❹ Stadtmauer Citadella
- ❺ Kochen mit Lucas
- ❻ Abano Terme
- 🛏1 Byblos Art Hotel
- 🛏2 Casa del Pellegrino
- 🛏3 Agriturismo San Michele

❶ Verona

Verona mit seinen weltberühmten Opernfestspielen, mit der von der Etsch verschlungenen Altstadt, den mit buntem Marmor geschmückten Bauwerken und dem Balkon, auf dem die tragischste Liebesgeschichte der Weltliteratur spielt, ist zu jeder Jahreszeit einen Besuch wert. Von Rom einmal abgesehen, sind in keiner anderen italienischen Stadt so viele Spuren der Römerzeit erhalten, das antike Wegenetz bestimmt noch heute den Straßenverlauf der Altstadt. Diese besichtigt man am besten zu Fuß, den schönsten Blick hat man vom Torre dei Lamberti.

Tourist Info: Via Degli Alpini 9, Verona, Tel. +39 045/806 86 80, Mo–Sa 10–19, So 10–16 Uhr, www.tourism.verona.it

❷ Padua

Padua ist eine Stadt der Wissenschaft, Kunst und Kultur: Sie gilt als Heimat des römischen Geschichtsschreibers Livius, Andrea Palladio wurde hier geboren und Galileo Galilei lehrte 18 Jahre lang an der 1222 gegründeten traditionsreichen Universität. Heute studieren hier 60 000 Studenten. Fast ebenso alt ist die Basilika mit den Reliquien des heiligen Antonius, eine der bedeutendsten Wallfahrtsstätten Italiens. Paduas ganzer Stolz ist allerdings der Prato della Valle, ein barocker Platz, von einem künstlichen Kanal und Statuen berühmter Bürger umgeben.

Tourist Info: Piazzale Stazione Ferroviaria, Padova, Tel. +39 049/201 00 80, Mo–Sa 9–19, So 10–16 Uhr, www.turismopadova.it

❸ Orto Botanico Padua

Der Botanische Garten Paduas wurde um 1545 zum Studium der Heilpflanzen angelegt und ist der älteste in Europa. Zu sehen sind etwa 6000 europäische und exotische Pflanzen. Übrigens hat auch Goethe den Orto Botanico besucht. Prompt wurde eine Pflanze nach ihm benannt: Die »Goethe-Palme«, ein riesiges, über 400 Jahre altes Exemplar, wächst in einem Gewächshaus hinter einer alten Sonnenuhr.

Via Orto Botanico 15, Padova, Apr.–Sept. 9–19, Okt. 9–18, Nov.–März 9–17 Uhr, www.ortobotanicopd.it

❹ Stadtmauer Cittadella

Mittelalterliche Festungsarchitektur vom Feinsten: Das Städtchen Cittadella umgibt ein etwa 1445 m langer, ungefähr 12 m hoher Mauerring mit vier Toren, 32 Türmen, Wehrgang und Wassergraben. Ein Spaziergang auf der Mauer zeigt den historischen Ort aus spektakulären Perspektiven.

www.comune.cittadella.pd.it

Beste Reisezeit

Opernliebhaber wallfahren von Juli bis Sept. zu den berühmten Sommerfestspielen in der römischen Arena von Verona. Unvergesslich, wenn der Zauber der Musik die mondbeschienene Arena füllt. www.arena.it

Ursprünglich wurde der Ponte Scaligero von Cangrande II. della Scala als Fluchtbrücke errichtet. Heute flieht man in Verona höchstens vor dem Alltag und bewundert die alte Baukunst.

5 Kochen mit Lucas

Als ob man sich bei Freunden zum Kochen trifft – so fühlt sich »Kochen mit Lucas« an. Ganz nebenbei wird man patent und sympathisch in die Geheimnisse der Pastaherstellung eingeweiht.

Contra Porta Santa Lucia 154 , Vicenza,
Tel. +39 388/445 58 23, nach Anm.,
www.cookingwithlucas.com

6 Abano Terme

In den Voralpen dringt Regenwasser bis in 3000 m Tiefe und tritt 25 Jahre später nach etwa 100 km, auf über 80 °C erwärmt und mit Mineralien angereichert, wieder an die Oberfläche. Die Euganeischen Thermalbäder in Abano gelten als das älteste Thermalbecken der Welt. Bereits die Römer wussten die therapeutische Wirkung der Schlammbäder zu schätzen, heute hat jedes Hotel der Stadt eine eigene Quelle.

www.abano.it

Entspannt unterwegs

... auf dem Tandem! Zu zweit strampelt es sich eben viel einfacher, und man hat Zeit, die bekannten und unentdeckten Ecken Veronas zu bewundern. Dabei hilft ein Radwanderführer, den es gleich mit dazu gibt.
www.veronaintandem.it

Hotels

Byblos Art Hotel
In der etwas außerhalb der Stadt gelegenen ehemaligen Patriziervilla ist jedes Zimmer anders eingerichtet. Natürlich dürfen ein Spa und ein Gourmet-Restaurant auch nicht fehlen und in der Empfangshalle finden Ausstellungen berühmter zeitgenössischer Künstler statt. Der Transfer ins Zentrum ist kostenlos.
Via Cedrare 78, Corrubbio di Negarine (Verona), Tel. +39 045/685 55 55, DZ ab 185 €,
www.byblosarthotel.com

Casa del Pellegrino
Schlicht und ruhig ist es in der Pilgerherberge vis-à-vis von Il Santo, der berühmten Basilika Paduas. Die Lage des antiken Barockpalazzo ist genial, die Zimmer sind pieksauber und im Hinterhof gibt es einen eigenen Parkplatz.
Via Melchiorre Cesarotti 21, Padova, Tel. +39 049/8239711, DZ ab 53 €,
www.casadelpellegrino.com

Agriturismo San Michele
In der Nähe der Villa La Rotonda gelegen und im palladianischen Stil eingerichtet, passt der elegant renovierte Bauernhof wunderbar in die idyllische Hügellandschaft um Vicenza. Ein Bad im Whirlpool unter freiem Himmel lässt keine Wünsche mehr offen.
Strada della Pergoletta 118, Vicenza, Tel. +39 349/736 22 49, DZ ab 75 €,
www.agrismichele.it

48 Kärnten

Österreich

Wer eine Frischluft-Phobie hat, sollte lieber nicht in Österreichs südlichstes Bundesland fahren. Es vereint aufs schönste Alpenglück und Süden-Feeling, hohe Berge und glasklare Seen – man muss einfach raus, egal zu welcher Jahreszeit. Erlebnisse für Aktive finden sich in Höhlen und Mooren, auf Flüssen und Gletschern. Reisende in Sachen Geschmack freuen sich über den Spagat zwischen Almkäse und Bauernspeck auf der einen und allerlei Fischspezialitäten auf der anderen Seite. Das Angebot reicht sogar bis zu Flusskrebs und Kaviar. Und weil Kärnten so weit im Süden liegt, kann man nach Italien und Slowenien quasi rüberspucken. Oder man meint es zumindest, wenn man auf der Aussichtsplattform des Pyramidenkogel steht und den sensationellen Blick auf den Wörthersee, die Karawanken und die Julischen Alpen genießt.

www.kaernten.at

Mag der Aufstieg auf den Pyramidenkogel noch so beschwerlich gewesen sein – runter geht's dafür mit der längsten überdachten Rutsche Europas.

1 Klagenfurt
2 Villach
3 Kreuzbergl
4 Pyramidenkogel
5 Kochkurs mit Tici Kaspar
6 Karlbad
1 Alpinhotel Pacheiner
2 Wunders Ferienpension
3 Hotel Sandwirth

1 Klagenfurt

Italienische Baumeister haben viel beigetragen zum heutigen Aussehen der Landeshauptstadt mit ihren hübschen Palästen und Bürgerhäusern. Aber Klagenfurt hat nicht nur eine sehenswerte Altstadt, es ist auch das pulsierende Zentrum Kärntens, hat hier doch die Landesregierung ihren Sitz. Nicht zu vergessen die Alpen-Adria-Universität und prominente kulturelle Institutionen. Noch ein großer Vorteil: die Lage am namhaften Wörthersee.

Tourist Info: Neuer Platz 1, Klagenfurt, Tel. +43 463/537 22 23, Sommer Mo–Fr 8–18, Sa 10–17, So 10–15 Uhr, Winter Mo–Fr 8–18, Sa 10–15, So 10–13 Uhr, www.visitklagenfurt.at

2 Villach

Villach ist zweitgrößte Stadt Kärntens und steht in gesunder Rivalität zu Klagenfurt. Für sich allein beanspruchen kann Villach den Status der Faschingshauptstadt Österreichs. Durch die reizvolle Lage an der Drau und die Nähe zu Italien herrscht eine mediterrane Atmosphäre mit Eisdielen und schmucken Geschäften. Rund um Villach liegen einige der schönsten Seen Kärntens, wie der smaragdgrüne Ossiacher See oder der idyllische Faaker See.

Tourist Info: Bahnhofstr. 3, Villach, Tel. +43 42 42/205 29 00, Mai–Aug. Mo–Fr 9–18, Sa 10–14 Uhr, Sept.–Apr. Mo–Fr 9–17 Uhr, Dez. zusätzlich Sa 10–16 Uhr, www.region-villach.at

3 Kreuzbergl

Der grüne Ausflugsberg der Klagenfurter ist eingebettet in ein 660 ha großes Landschaftsschutzgebiet im Nordwesten der Stadt. Neben vielen Teichen und Wanderwegen, die zum Herumstreifen einladen, lohnen das Botanikzentrum und die Sternwarte einen Besuch. Ein Wasserfall, eine Farn- und Moosschlucht und Feuchtbiotope vermitteln Botanik hautnah.

Ausgangspunkt: Volkmannweg 1, Klagenfurt, www.visitklagenfurt.at, www.sternwarte-klagenfurt.at, www.landesmuseum.ktn.gv.at

4 Pyramidenkogel

Der höchste Holzaussichtsturm der Welt und die höchste überdachte Rutsche Europas sind eine architektonische Meisterleistung. Auf drei überdachten Aussichtsplattformen genießt man einen grandiosen Rundblick über den Wörthersee und den Süden Kärntens, und selbst bei schlechtem Wetter ist man in der Sky-

Beste Reisezeit

Kärntner Brauchtum und Volksmusik geben beim Villacher Kirchtag Anfang Aug. den Ton an. Beim größten Brauchtumsfest Österreichs ziehen seit 70 Jahren über 100 Veranstaltungen in einer Woche die Besucher in die festlich geschmückte Innenstadt.

Selbst wasserscheue Landratten müssen hier keine Angst vor Schiffbruch haben, denn der Faaker See hat Trinkwasserqualität und ist bis in den Herbst hinein angenehm warm.

box geschützt. Schon wenige Monate nach der Eröffnung zählt der neue Pyramidenkogel zu den Top-Attraktionen Kärntens.

Linden 62, Keutschach, Juni–Aug. tgl. 9–21, Mai & Sept. tgl. 9–20, Apr. & Okt. tgl. 10–19, März tgl. 10–18, Nov.–Feb. Fr–So 10–17 Uhr, www.pyramidenkogel.info

5 Kochkurs mit Tici Kaspar

Jeder kann kochen! Das möchte Gourmet-Köchin Tici Kaspar mit ihren Kochkursen beweisen und tut es auch. Denn hier ist für jeden etwas dabei, egal ob bei »Hoamatliebe«, Cucina Italiana oder speziell »männlichen« Kursen – stets qualitätsbewusst schwingt man in Gruppen bis maximal acht Personen gemeinsam den Kochlöffel.

Restaurant Urbani, Meerbothstr. 22, Villach, Tel. +43 660/772 30 01, nach Anm., www.ticikaspar.at

6 Karlbad

Bereits in der achten Generation bereitet Familie Aschbacher morgens das Bad auf traditionelle Art. Dazu werden aus dem Karlbach entnommene Steine im Feuer erhitzt und in die mit eiskaltem radonhaltigem Wasser der Karlbadquelle gefüllten Badetröge aus Lärchenstämmen gelegt.

St. Peter 2, Radentheim, Tel. +43 664/968 39 26, www.badkleinkirchheim.at/karlbad

Entspannt unterwegs

Sieben Bootsverleihe gibt es am Faaker See: Möchte man lieber treten, paddeln, segeln oder doch dem Elektromotor die Arbeit überlassen? Die Auswahl ist groß und die Umgebung traumhaft.
www.faakersee.net

Hotels

Alpinhotel Pacheiner
Unter dem Gipfel der Gerlitzen neu errichtet und mit Satteldächern und Holzarchitektur perfekt in die Landschaft eingebunden. Zu Zimmern mit Aussicht kommt eine schöne Terrasse mit Blick über die Gerlitzen und das Villacher Becken. Die hoteleigene Sternwarte verhilft zu neuen astronomischen Kenntnissen. Kärntnerisch dominiert ist die Küche.
Pölling 20, Treffen,
Tel. +43 42 48/28 88, DZ ab 178 €,
www.pacheiner.at

Wunders Ferienpension
Oberhalb des Stadtzentrums liegt die familiengeführte Pension mit hübschen Zimmern und Apartments mit Selbstverpflegung. Der eigene Strand am Wörthersee ist nur fünf Gehminuten entfernt. Ein besonderer Tipp: den Sonnenaufgang über den Karawanken im Ausblicks-Pavillon nicht verpassen!
Bognerweg 8, Pörtschach,
Tel. +43 4272/25 22, DZ ab 90 €,
www.wunder.at

Hotel Sandwirth
Modernes Altstadtflair erwartet die Gäste des Hotels Sandwirth. Zu dem komfortablen Hotel im Herzen der Stadt gehört auch ein Café mit hervorragenden Mehlspeisen.
Pernhartgasse 9, Klagenfurt,
Tel. +43 463/562 09, DZ ab 88 €,
www.sandwirth.at

49 Steiermark

Österreich

Die Alpen waren schon eine Weile gefaltet, als es hier munter zu brodeln begann: In der heutigen südöstlichen Steiermark blubberte vor 17 Mio. Jahren Lava aus dem Boden. Anders als das erwähnte Hochgebirge hielten die nun entstandenen Berge Wind und Wetter aber weniger gut stand, sodass hier heute nur noch Hügel übrig sind. Schade aus der Sicht von Bergfexen, aber günstig für Gastronauten. Denn während man steilerem Gelände bekanntlich eher wenige Lebensmittel abringen kann, wächst im schönen Vulkanland, wie sich die Gegend heute nennt, Getreide und Obst, Gemüse (Kürbis!) und Wein. Im Ergebnis kann man sich hier herrlich relaxed vom Buschenschank zum Gasthof, vom Biobauern bis zum Winzer durchprobieren. Und die Bergfexe? Brauchen in der Steiermark auch nicht traurig sein. Der alpine Norden mit dem Dachstein und dem Nationalpark Gesäuse, mit seinen Bergseen, Almen und Berghütten bietet ihnen genügend Terrain zum Austoben.

www.steiermark.com

Die Stahlkonstruktion Murinsel in Graz erinnert an eine Muschel, im Inneren birgt sie ein Amphitheater und ein Café.

- 1 Graz
- 3 Österreichischer Skulpturenpark
- 4 Grazer Schlossberg
- 5 Blumenschule Vom Hügel
- 6 Kloster Schwanberg
- 1 Burghotel Deutschlandsberg
- 2 Schlossweingut Melcher
- 3 Hotel Wiesler

1 Graz

Als zweitgrößte Stadt Österreichs nimmt Graz mit rund 270 000 Einw. sowohl in wirtschaftlicher als auch in kultureller Hinsicht eine Vorrangstellung ein. In Mittelalter und Renaissance Residenz der Habsburger, besitzt Graz eine der besterhaltenen mittelalterlichen Altstädte Mitteleuropas, die von der Unesco in die Welterbe-Liste aufgenommen wurde. Der im 12. Jh. angelegte, nahezu geschlossen erhaltene Hauptplatz etwa besticht durch eindrucksvolle spätgotische, barocke und biedermeierliche Fassaden. Im Jahr 2003 war Graz Kulturhauptstadt Europas, was viele Neuerungen brachte – darunter das Kunsthaus und die künstliche Murinsel.

Tourist Info: Herrengasse 16, Graz,
Tel. +43 316/807 50,
tgl. 10–17, Apr.–Okt. und Dez. bis 18 Uhr,
www.graztourismus.at

2 Südsteirische Weinstraße

In einer Achterschlaufe von Ehrenhausen über Gamlitz nach Leutschach erschließt die Südsteirische Weinstraße das Rebenland Windische Bühel, ein Märchenland für Nostalgiker mit anspruchsvollen Geschmacksnerven. Von familiären Buschenschanken bis zur informativen Kellertour, vom fotogenen Klapotetz bis zur größten Weintraube der Welt reicht das bunte Angebot auf der Erlebnisstraße.

www.suedsteirischeweinstrasse.at

3 Österreichischer Skulpturenpark

Mehr als 60 Arbeiten von überwiegend österreichischen Künstlern in Kombination mit einer abwechslungsreichen Gartenlandschaft machen den Österreichischen Skulpturenpark in Unterpremstätten, einer von zwölf Standorten des Universalmuseums Joanneum, zum erholsamen Gesamtkunstwerk. Zwischen Lotusteich, Waldweiher und Labyrinthen können sich zeitgenössische Bildhauer mit ihren teilweise übergroßen Skulpturen bestens präsentieren und Besucher gemütlich spazieren.

Thalerhofstr. 85, Unterpremstätten,
Apr.–Okt. tgl. 10–20 Uhr,
www.museum-joanneum.at

4 Grazer Schlossberg

Was den Parisern ihr Eiffelturm, ist den Grazern ihr 473 m hoher Schlossberg. Der Aufstieg über die Schlossbergstiege und den mediterranen Herbersteingarten, von Gefangenen des Ersten Weltkriegs in den Fels gehauen, ist zwar malerisch, allerdings auch recht mühsam. Wer Kräfte sparen und bequemer auf den Berg kommen will, kann den gläsernen Aufzug im Schlossberg oder die Standseilbahn nehmen. An klaren Tagen sieht man vom Plateau oben im Osten bis Maria Trost, im Westen bis zur Koralpe, im Norden bis zur Gleinalm und im Süden bis zu den Wildoner bzw. Sausaler Bergen. Im Abendlicht

Beste Reisezeit

»Steirischer Herbst« heißt das Grazer Festival für Experimentelles aus den Bereichen Theater, Musik, Tanz, Literatur, Performance und Bildende Kunst. Das Selbstverständnis als »produzierendes Festival« spiegeln viele Uraufführungen und Auftragsarbeiten wider.
www.steirischerherbst.at

Märchenhafte Aussicht und edles Ambiente bezaubern im Burghotel Deutschlandsberg.

glänzt die Dächerlandschaft der Grazer Altstadt besonders fotogen.

Schlossberg, Graz,
www.graztourismus.at

5 Blumenschule Vom Hügel

Wer lernen möchte, wie man aus Schnittblumen, Zweigen, Kräutern und essbaren Blüten dekorative Sträuße, Kränze und Tischdekorationen professionell bindet, ist in der Blumenschule Vom Hügel richtig. In ein- bis dreitägigen Seminaren werden die Bio-Pflanzen gemeinsam auf dem hauseigenen Feld geschnitten und anschließend in der Werkstatt arrangiert. Je nach Saison entstehen dabei unterschiedliche Kunstwerke.

Erbersdorf 1, Eichkögl, Tel. +43 650/422 90 71, Termine siehe Homepage, nach Anm., www.vomhuegel.at

6 Kloster Schwanberg

Das ehemalige Kapuzinerkloster ist einen Besuch wert – »Auszeit im Kloster« lautet hier das Angebot an alle, die Ruhe und Entspannung suchen. Die Gäste können nicht nur die Wirkung von Meditationen verspüren, das ehemalige Kapuzinerkloster bietet außerdem heilsame Moorbäder an – und der köstliche Wein sowie die leckeren Esskastanien tragen auch ihren Teil zum Wohlbefinden bei.

Hauptplatz 1, Schwanberg, Wellnessbereich tgl. 13.30–21.30 Uhr, www.heilmoorbad.at

Entspannt unterwegs

»Steirische Ölspur« nennt sich ein Genussradweg auf fast durchgängig asphaltierten Straßen. Die 94 km lange Tour, von der auch kürzere Varianten möglich sind, ist dem Kürbiskernöl gewidmet und passiert Ölmühlen, Bauernhöfen und Wirtshäuser, in denen mit dem »Schwarzen Gold« gekocht wird. Infos zur Strecke und Rad-Verleihstationen findet man auf www.genussradeln.at.

Hotels

Burghotel Deutschlandsberg
Hätte es das exquisite Burghotel schon gegeben, wäre Schneewittchen nicht bei den sieben Zwergen eingezogen. Hier sind hervorragende Küchenkultur mit luxuriösem Ambiente und dem nostalgischen Glanz der Ritterszeit vereint.
Burgplatz 1, Deutschlandsberg,
Tel. +43 34 62/565 60, DZ ab 120 €,
www.burg-deutschlandsberg.at

Schlossweingut Melcher
Schlossurlaub mit Winzerfamilienanschluss in acht großen Doppelzimmern und drei Appartements, eingerichtet mit alten Möbeln und modernen Elementen. Besonders romantisch übernachtet man im Presshaus. Im 450 Jahre alten Schlosskeller werden die hauseigenen Weine verkostet und auf den kostenlosen Leihrädern lässt sich die herrliche Umgebung erkunden.
Eckberger Weinstr. 32, Gamlitz,
Tel. +43 34 53/23 63, DZ ab 138 €,
www.melcher.at

Hotel Wiesler
Als der Zeitgeist in das Grazer Nobelhotel mit Jugendstilvergangenheit einkehrte, entstand ein Ambiente für Ästheten, Designliebhaber und Romantiker. Geschmackvoll gestaltete Zimmer, bester Service und ein hoteleigener Barbier gehören zum aktualisierten Luxus.
Grieskai 4–8, Graz,
Tel. +43 316/706 60, DZ ab 79 €,
www.hotelwiesler.com

Nordsee, Ostsee? Von wegen: Dieser Leuchtturm befindet sich in Podersdorf am Neusiedler See. Eine Rarität in Österreich.

50 Burgenland

Österreich

Es ist eine etwas zerrupfte Schönheit am östlichen Rand der Alpenrepublik, und mit ebenjenen ist es hier auch nicht weit her. Von den Alpen hat man nur noch die Ausläufer, insofern ist das Burgenland eine Art Cousin dritten Grades im Reigen der österreichischen Bundesländer. Während diese in Sachen Wanderwegen, Skigebieten und allerlei Action miteinander konkurrieren, hat das Burgenland zwei ganz eigene, außergewöhnliche Top Acts des Tourismus zu bieten: den Neusiedler See und den Wein. Das große Gewässer – seines Zeichens ein »Steppensee« und als solcher in erster Linie von Niederschlägen befüllt – hat eine durchschnittliche Tiefe von gerade mal einem Meter und ist deswegen gern bacherlwarm. Das freut die vielen Familien, die hier mit dem Nachwuchs planschen, aber auch Stand-up-Paddler und Surfer in Ausbildung. Wenn der Wind für letztere nicht weht, was durchaus vorkommt, strampelt sich's auf dem Rad dafür umso entspannter auf 1000 km ausgewiesenen Wegen. Kaum zu glauben, dass man in den 1970er-Jahren eine Autobrücke quer über den See bauen wollte, damals wäre es die zweitlängste in Europa gewesen. Und gut, dass viele bekannte Naturschützer Sturm liefen, sonst wäre es nichts geworden mit der Unesco-Würdigung. Und der Wein? Er profitiert seit Jh. vom kontinental-heißen Klima mit vielen Sonnenstunden. Vollmundige Rote und fruchtige Weißweine entstehen hier, aber auch das »Süße Gold des Burgenlands« – Auslesen, Beerenspätlesen, Eis-, Stroh- und Schilfweine. Wohl bekomm's!

www.burgenland.info

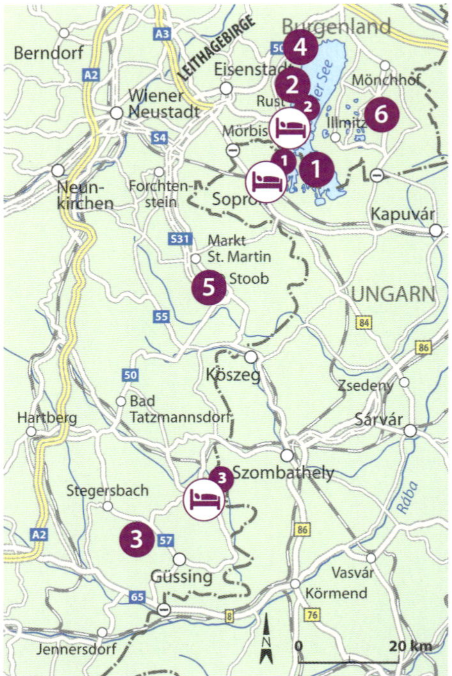

1. Neusiedler See
2. Rust
3. Clusius Naturpark
4. Museumsturm Breitenbrunn
5. Töpferdorf Stoob
6. St. Martins Therme

- Haus im See (1)
- Seehotel Rust (2)
- Wohnothek (3)

1 Neusiedler See

Der Neusiedler See ist kein normaler See, nein, er kann mit allerlei Besonderheiten aufwarten: So ist er als Steppensee ein Exot unter den europäischen Seen und außerdem so groß, dass man aufgrund der Erdkrümmung nicht vom einen Ende zum anderen schauen kann. Er gilt als Segel- und Surfparadies, aber auch über 300 Vogelarten finden hier Platz zum Überwintern. Kein Wunder, dass der See mit seiner einzigartigen Natur- und Kulturlandschaft seit 2001 Unesco-Welterbe ist.

Tourist Info: Designer Outlet Str. 1, Parndorf,
Tel. + 43 21 66/205 20,
Mo–Do 9.30 –19, Fr 9.30–21, Sa 9–18 Uhr,
www.neusiedlersee.com

2 Rust

Freistadt, Stadt der Störche, international prämiert für Denkmalschutz, Weinhauptstadt Österreichs: Kein anderer burgenländischer Ort kann sich mit so vielen Attributen schmücken. Vorbildlich ist die Instandhaltung der aus dem 16. bis 19. Jh. stammenden Bürgerhäuser. Rundbogenportale führen in idyllische, blumengeschmückte Innenhöfe, alte Höfe beeindrucken mit gedeckten Stiegenaufgängen und Arkaden, teils mit Resten der alten Stadtmauer. Schon 1954 war dies Grund genug, den gesamten Altstadtbereich unter den Schutz der Haager Konvention zu stellen.

Tourist Info: Conradplatz 1, Rust, Tel. +43 26 85/502, Mo–Do 9–12, 13–16 Uhr, im Sommer länger, www.rust.at

3 Clusius Naturpark

Nordöstlich von Güssing erstreckt sich auf einer Fläche von 100 ha eine einmalige Symbiose aus Wildpark, Forschungsstation und Erholungsgebiet. In Freigehegen lassen sich hier Hirsche, Mufflons, Tarpane (Wildpferde), Steppenrinder, aber auch Wildschweine oder Damwild beobachten. Ein 2,5 km langer Lehrpfad, der auch den Urbersdorfer Stausee mit Picknick-Spielplatz berührt, informiert über Besonderheiten der heimischen Flora und Fauna.

Ortsteil Urbersdorf, Güssing,
www.naturpark.at

4 Museumsturm Breitenbrunn

In Breitenbrunn lohnt ein kurzer Museumsbesuch, denn das hiesige Heimatmuseum hat immerhin ein veritables Höhlenbären-Skelett sowie bemerkenswerte frühgeschichtliche Exponate zu bieten. Untergebracht ist das Museum im 32 m hohen Wehrturm, von dem man eine herrliche Aussicht auf die zahlreichen Storchennester des Ortes und die umliegenden Weinberge genießt.

Eisenstädter Str. 18, Breitenbrunn,
Mai –Sept. Di–So 9–12, 13–17, Okt. Di–So 9–12, 13–16 Uhr, www.breitenbrunn.at

Beste Reisezeit

Vor einzigartiger Naturkulisse werden bei den Seefestspielen in Mörbisch von Juni bis Anfang Aug. auf einer der größten Freilichtbühnen Europas Meisterwerke der klassischen Operette geboten, meist von österreichischen oder ungarischen Komponisten.

Stimmungsvoll genießt man ein Glas spritzigen Welschriesling oder einen tiefgründigen Blaufränkisch in den Heurigen in der Altstadt von Rust.

5 Töpferdorf Stoob

Der kleine Ort Stoob ist über die Landesgrenzen hinaus für seine hochwertige Keramik berühmt. In dem traditionellen »Töpferdorf« werden typische burgenländische Schmuckvasen und Dekorationsgegenstände aus Keramik angeboten. In Kursen können Besucher Töpfern, das Bemalen von keramischen Fliesen, das Modellieren von Reliefs und Plastiken sowie das Brennen und Glasieren lernen.

www.stoob.at, verschiedene Anbieter

6 St. Martins Therme

Die Ende 2014 eröffnete Wellness- und Thermenlandschaft ist mit ihren Innen- und Außenbereichen und dem hauseigenen Badesee bei jedem Wetter einen Besuch wert. Zum Relax-Programm zählen Wassergymnastik, Solebecken, Saunawelt, ein Kaminzimmer und eine Terrasse.

Im Seewinkel 1, Frauenkirchen, tgl. 9–22 Uhr, www.stmartins.at

Entspannt unterwegs

Per Rad oder E-Bike lässt sich das Burgenland auf reizvolle Art erkunden. Besonders schöne Strecken sind der beliebte Weg um den Neusiedler See oder die Paradies-Route mit vielen kulinarischen Zwischenstopps. Radverleihe und Online-Routenplaner unter www.burgenland.info

Hotels

Haus im See
An der südwestlichen Seite des Neusiedler Sees, an der ungarischen Grenze, liegt das romantische Haus im See. Genau, im See – ein Steg führt zum auf Stelzen gebauten Holzhaus, die Zimmer sind daher etwas hellhörig. Auf der Terrasse mit Blick aufs Wasser wird gegrillt, das entschädigt allemal.
Am Ende der Hauptmole, Fertörákos, Tel. +36 99/35 53 19, Mitte Apr.–Mitte Okt., DZ ab 118 €, www.hausimsee.at

Seehotel Rust
Das am Schilfgürtel gelegene Hotel bietet alles, was den Urlaub angenehm macht. Komfortzimmer, Schwimmbad, Wellnessbereich und eine Liegewiese mit Steg zur hoteleigenen Insel sorgen für unbeschwerte Tage. Im Restaurant kommen regionale Küche und Weine aus dem Burgenland auf den Tisch.
Am Seekanal 2–4, Rust, Tel. +43 26 85/38 10, DZ ab 216 €, www.seehotelrust.at

Wohnothek
Mitten in den Weinbergen liegen die zehn freistehenden und modern, aber natürlich gestalteten Wohnotheken – wahre Ruheoasen! Wer überraschend den Drang nach einem kurzen Ortswechsel spürt, besucht das zugehörige Restaurant Wachter-Wieslers Ratschen.
Deutsch Schützen 254a, Oberwart, Tel. +43 664/418 07 05, DZ ab 118 €, www.wohnothek.at

Cover: AWL Images: Sabine Lubenow

4–5 Corbis; 7 Shutterstock.com: Mikhail Markovskiy; 8–9 mauritius images: Alamy; 11 mauritius images: Alamy; 12 mauritius images: imageBROKER/Carsten Leuzinger; 14 laif: Emmanuel Berthier/hemis.fr; 15 laif: Bernd Jonkmanns; 17 fotolia: Makuba; 18–19 laif: Martin Kirchner; 21 dpa Picture-Alliance: Ingo Wagner; 22–23 fotolia: Gabriele Rohde; 25 LOOK-foto: H. & D. Zielske ; 26–27 JAHRESZEITEN VERLAG: Natalie Kriwy; 29 Deutsches Jugendherbergswerk/ Grüne Wieck; 30 JAHRESZEITEN VERLAG: Lukas Spörl; 32 mauritius images: Alamy; 33 Bildagentur Huber: R. Schmid; 35 Lotsenturm Usedom; 36–37 LOOK-foto; 39 mauritius images: imageBROKER/ Hans Blossey; 40–41 mauritius images: Peter Enzinger; 43 Getty Images: Walter Bibikow; 44–45 mauritius images: Alamy; 47 Getty Images: Holger Leue/LOOK-foto; 48 Fietsen Robbert Maas; 50 mauritius images: CuboImages; 51 Bildagentur Huber: Lubenow; 53 Corbis; 54–55 laif: Andreas Secci/Arcaid; 57 mauritius images: Alamy; 58-59, 61 Bildagentur Huber: Gräfenhain; 62–63 Bildagentur Huber: R. Schmid; 65 Bleiche Resort & Spa; 66–67 JAHRESZEITEN VERLAG: Walter Schmitz; 69 JAHRESZEITEN VERLAG: Darshana Borges; 70 Bildagentur Huber: Gräfenhain; 72 fotolia: jamdesign; 73 INTERFOTO: travel_library; 75 laif: Patrick Escudero/hemis.fr; 76–77 mauritius images: Alamy; 79 Getty Images: JOHN THYS; 80–81 Getty Images: Hans Georg Eiben; 83 HPM-Photographie Petra Stüning; 84–85 laif: Clemens Zahn; 87 mauritius images: imageBROKER/Martin Moxter; 88–89 Bildagentur Huber: Bäck; 91 laif: Clemens Zahn; 92–93 JAHRESZEITEN VERLAG: Arthur F. Selbach; 95 laif: Sabine Bungert; 96 LOOK-foto: Brigitte Merz ; 98 laif: Miquel Gonzalez; 99 Corbis; 101 Avenue Images: Oliver Brenneisen/Bilderberg/ La Phototheque; 102–103 Bildagentur Huber: R. Schmid; 105 dpa Picture-Alliance: David Ebener; 106 Getty Images: Kay Maeritz/LOOK-foto; 108 fotolia: Arochau; 109 Bildagentur Huber: R. Schmid; 111 GlowImages; 112–113 laif: Tobias Gerber; 115 laif: Tobias Gerber; 116–117 Bildagentur Huber: R. Schmid; 119 Karin Ludwig; 120 Bildagentur Huber: Schmid Reinhard; 122 Joska Kristall; 123 laif: Ralf Brunner; 125 JAHREZEITEN VERLAG: Philip Koschel; 126–127 Bregenzer Festspiele/atelier pi; 129 dpa Picture-Alliance: Stoegmueller Katharina; 130–131 Bildagentur Huber: Schmid Reinhard; 133 mauritius images: Bernd Römmelt; 134–135 Shutterstock.com: FooTToo; 137 Romantik Hotel Chalet am Kiental; 138 laif: Thomas Linkel; 140 Bayern-Kamele: Konstantin Klages; 141 laif: Naftali Hilger; 143 mauritius images: imageBROKER/Martin Siepmann; 144–145 Tourismus Salzburg GmbH: Günter Breitegger; 147 Naturhotel Forsthofgut; 148–149 Swiss Image: Christof Schuerpf; 151 JAHRESZEITEN VERLAG: Gregor Lengler; 152–153 Shutterstock: Olimpiu Pop; 155 Swiss Image: Leukerbad Tourismus; 156–157 Getty Images: Olaf Protze; 159 Swiss Image: Christian Perret; 160–161 Bildagentur Huber: Anna Serrano; 163 mauritius images: imageBROKER/Erwin Streit; 164–165 Tobias Schaertl; 167 Gionata Xerra/Therme Meran; 168–169 Bildagentur Huber: Vallenari Flav; 171 Lefay Hotel: Paul Spierenburg; 172–173 Bildagentur Huber: Guido Cozzi; 175 Bildagentur Huber: M. Bortoli; 176–177 mauritius images: Alamy; 179 LOOK-foto: Ingolf Pompe; 180–181 Shutterstock: swa182; 183 laif: Guenter Standl; 184–185 Shutterstock: Ttstudio; 187 Bildagentur Huber: R. Schmid

Icons: Michaela Reitinger; Artco/Fotolia.com; Thierry RYO/Fotolia.com

IMPRESSUM

Liebe Leserinnen und Leser,
vielen Dank, dass Sie sich für einen Titel der Marke Holiday entschieden haben. Wir freuen uns, Ihre Meinung zu diesem Reiseführer zu erfahren. Bitte schreiben Sie uns an holiday@travel-house-media.de, wenn Sie Berichtigungen und Ergänzungen haben – und natürlich auch, wenn Ihnen etwas ganz besonders gefällt.

Alle Angaben in diesem Reiseführer sind gewissenhaft geprüft. Preise, Öffnungszeiten usw. können sich aber schnell ändern. Für eventuelle Fehler übernimmt der Verlag keine Haftung.

Holiday ist eine eingetragene Marke der GANSKE VERLAGSGRUPPE.

1. Auflage
ISBN: 978-3-8342-2135-3

Bei Interesse an maßgeschneiderten Produkten:
veronica.reisenegger@travel-house-media.de
Tel +49 89/4 50 00 99 12

Bei Interesse an Anzeigenschaltung:
KV Kommunalverlag GmbH & Co KG
Tel. +49 89/9 28 09 60
info@kommunal-verlag.de

TRAVEL HOUSE MEDIA
Postfach 86 03 66
81630 München
holiday@travel-house-media.de
www.travel-house-media.de

TRAVEL HOUSE MEDIA

Ein Unternehmen der
GANSKE VERLAGSGRUPPE

Programmgeschäftsleitung
Michaela Lienemann

Idee/Konzept
Verónica Reisenegger, Martina Krammer, Simon Pause

Redaktion
Martina Krammer, Veronika Geiger, Simon Pause

Layout
Michaela Reitinger M-DESIGN

Bildredaktion
Tobias Schärtl, Dr. Nafsika Mylona, Nora Goth

Schlussredaktion
Dr. Anita Meschendörfer

Autoren
Dr. Martin Tschechne, Greta Galiard, Eva Stadler, Wolfgang Rössig, Rasso Knoller, Jürgen Sorges, Gisela Buddée, Anja Bech, Sonja Still, Heidi Bauer, Anke Benstem, Barbara Kreißl, Birgit Bock-Schröder, Christian Eder, Georg Weindl, Gudrun Schön, Heidi Schmidt, Iris Schaper, Knut Diers, Peter Höh, Ralf Nestmeyer, Renate Nöldeke, Sabine Müller, Christel Juchniewicz, Christian Nowak, Christine Rettenmeier, Christoph Münch, Claudia Christoffel-Crispin, Daniela Schetar, Elke Frey, Emil Lenoire, Eva-Maria Koch, Friedrich Köthe, Gerhard Crispin, Heidrun Reinhard, Jutta Kürtz, Nicoletta De Rossi, Nina Wacker, Oliver Gerhard, Pablo Santiago Chiquero, Peer Pierrot, Rolf Goetz, Susanne Kilimann, Susanne Wess, Thomas Gebhardt, Ursula Pfennig-Pérez, Axel Klemmer, Brigitte von Imhof, Christian Haas, Claudia Weber, Dr. Bernd Wißner, Eva Gerberding, Frank Geile, Raimund Haser, Pia de Simony, Barbara Woinke, Wolfhart Berg, Gudrun Raether-Klünker, Simone Holzhäuser, Martina Krammer, Peter Dorsch, Anja Lehner, Axel Nowak, Birgit Chlupacek, Christoph Wagner, Doris Seitz, Gernot Schnedlitz, Hans Otzen, Jakob Hansen, Renate Wagner-Wittula, Simon Pause, Verónica Reisenegger, Wolfgang Seitz

Bearbeitung der Karten
Sybille Rachfall

Produkt- und Projektmanagment
Martina Krammer, Bianca Jasny, Veronika Geiger

Produktion
Anna Bäumner

Repro
Repro Ludwig, Zell am See

Druck und Bindung
Printer Trento, Italien

PEFC
PEFC/18-31-506